i Robinson / Letture

W0410148

Ilvo Diamanti
con Fabio Bordignon
e Luigi Ceccarini

Un salto nel voto

Ritratto politico dell'Italia di oggi

Editori Laterza

© 2013, Gius. Laterza & Figli

www.laterza.it

Prima edizione giugno 2013

					Edizione
	2	3	4	5	6 7

					Anno
2013	2014	2015	2016	2017	2018

Proprietà letteraria riservata
Gius. Laterza & Figli Spa, Roma-Bari

Questo libro è stampato
su carta amica delle foreste

Stampato da
Martano editrice srl - Lecce (Italy)
per conto della
Gius. Laterza & Figli Spa
ISBN 978-88-581-0909-0

Indice

Introduzione

2013: il Paese delle minoranze in-comunicanti

di Ilvo Diamanti

Il voto del 24-25 febbraio 2013 ha segnato una *svolta*, per la politica in Italia. Ha, infatti, prodotto una frattura profonda: rispetto al passato, recente e lontano, che segnerà il futuro della nostra Repubblica. I risultati elettorali, infatti, invece di ridurre e semplificare le divisioni che attraversano gli elettori e la società, le hanno riprodotte e, per qualche verso, accentuate. Hanno, inoltre, reso difficile ogni soluzione, sul piano istituzionale e di governo. Tanto che, due mesi dopo le elezioni, ci troviamo di fronte a uno scenario imprevisto e imprevedibile, alla vigilia del voto. Tanto che, due mesi dopo le elezioni, ogni scenario futuro risulta ancora imprevedibile. Anche se non è implausibile ipotizzare nuove elezioni, fra uno o due anni. O, comunque, molto prima della scadenza naturale della legislatura. Il fatto è che le elezioni dello scorso febbraio non hanno offerto un esito chiaro.

Anzi, l'unico vero elemento di chiarezza è che non c'è chiarezza sull'esito. Perché, anzitutto, non ha vinto nessuno. Nessuna forza o coalizione politica ha, infatti, ottenuto la maggioranza al Parlamento. In particolar modo: al Senato, dove la legge elettorale attribuisce il premio di coalizione su base regionale. Il che rende difficile a chiunque conquistare la maggioranza, se non a condizione di affermarsi in modo netto, sul piano nazionale. E, di conseguenza, anche a livello territoriale. Questa volta non è avvenuto. Anzi, al contrario: il voto ha fatto emergere tre «grandi minoranze». A centro-sinistra, il Partito democratico. Che NON ha vinto. A centro-destra, il Popolo della libertà. Che NON ha perso. All'esterno: il MoVimento 5 stelle di Beppe Grillo. Si è affermato CONTRO gli altri. Più una «piccola minoranza», coalizzata intorno a Mario Monti. Posizionata al centro, ma in effetti ai margini del gioco.

Correnti e componenti politiche largamente «in-comunicanti». Così, il voto ha moltiplicato le divisioni che attraversano il Paese, invece di ridurle. E le ha tradotte e trasferite in un Parlamento di *free rider*. Attraversato da fratture profonde. Per questo, fin troppo simile al Paese e alla società.

Tre grandi minoranze

Sono tre i principali aspetti che inducono a considerare queste elezioni come uno spartiacque, tra passato e futuro della Repubblica.

1. Il primo è l'instabilità, l'incertezza. Dopo una lunghissima stagione di stabilità e di continuità elettorale, infatti, all'improvviso, si è assistito all'irruzione dell'instabilità e della discontinuità. Circa metà degli elettori, questa volta, ha avuto dubbi, fin dall'inizio, se e per chi votare (si veda il cap. 2). Più di uno su dieci ha continuato ad averne fino all'ultimo giorno prima del voto. Inoltre, a differenza del passato, in questa occasione l'incertezza si è tradotta in reale discontinuità. La mobilità – come atteggiamento – ha prodotto movimento – comportamento di concreta distanza dalle scelte precedenti. Tant'è vero che oltre il 40% degli elettori ha votato in modo diverso rispetto al 2008 (si veda il cap. 1).

Questo Paese, diviso su tutto, si è trovato, paradossalmente, unito dalle proprie divisioni e ha ottenuto rappresentanza fornendo rappresentazione al malessere nei confronti della democrazia rappresentativa. Apertamente contestata dal M5s, che propone forme dirette e partecipative di democrazia. Mettendo al centro l'uso della rete.

Per queste e altre ragioni, esposte nel volume, le elezioni del 24-25 febbraio 2013 hanno impresso una *svolta*. Come in poche altre precedenti occasioni. Una, in particolare, che risulta logico e naturale evocare: le elezioni del 1994. Le prime dopo il crollo della Prima Repubblica. Le prime della Seconda Repubblica (Diamanti e Mannheimer 1994). Anche allora si impose un attore politico nuovo: Silvio Berlusconi, alla testa di Forza Italia, insieme ai post-fascisti, guidati da Gianfranco Fini, e accanto alla Lega Nord di Umberto Bossi. Anche allora, inoltre, la protesta contro i partiti tradizionali e la domanda di «nuovo» orientarono le scelte degli elettori. Anche allora, come oggi, il «movimento» elettorale, il cambiamento delle scelte di voto risultò ampio e appariscente. Coinvolse la maggioranza degli elettori.

Tuttavia, allora si trattò, appunto, di una risposta alla crisi del precedente sistema politico e istituzionale.

Quel «voto» indicò un modo per colmare il «vuoto» prodotto dalla scomparsa dei partiti che avevano governato a partire dal dopoguerra. Se metà degli elettori cambiarono partito è perché erano «scomparsi» i partiti che, per oltre quarant'anni, avevano raccolto il voto di oltre metà degli elettori. Quel voto, quella «frattura», tracciarono un percorso, che, piaccia o no, è proseguito per quasi vent'anni. Fino ad oggi.

2. In secondo luogo, si è affermato un soggetto politico «nuovo», il M5s, guidato da Grillo, che alle precedenti elezioni politiche e nel precedente Parlamento non era presente. E fino a pochi mesi prima era considerato solo un movimento di rivendicazione e di protesta civile, rumoroso e un po' pittoresco. In queste elezioni ha superato il 25%. Primo partito, alle elezioni per la Camera dei deputati, nel territorio nazionale.

3. In terzo luogo, mai come in questa occasione è emersa, anzi, esplosa la distanza fra gli elettori e le istituzioni della democrazia rappresentativa: anzitutto i partiti (Revelli 2013). Una «frattura» messa in evidenza, ormai da anni, dalle inchieste di opinione, che stimavano come il grado di fiducia nei partiti e nel Parlamento fosse scivolato intorno al 5%. Alle elezioni di febbraio questo sentimento è stato canalizzato, in primo luogo, dall'astensionismo – che ha raggiunto il 25% – cinque punti più della precedente consultazione. Ma il distacco dalla politica e dalle istituzioni è stato raccolto ed enfatizzato soprattutto dal M5s: «megafono» dell'insoddisfazione contro i partiti, contro lo Stato, contro la classe politica, a livello centrale e locale.

Fine di un ciclo

Queste elezioni, questa volta, e questa *svolta*, per quel che si può intuire, non hanno colmato un «vuoto», ma, piuttosto, lo hanno aperto. Perché hanno definitivamente chiuso un'epoca, un «ciclo» (Ceccarini, Diamanti e Lazar 2012). Che la letteratura scientifica, come il dibattito pubblico e pubblicistico, hanno riassunto nella formula: «Seconda Repubblica». I risultati di queste elezioni ne hanno, infatti, vanificato, comunque, logorato, i tratti caratterizzanti, i fondamenti. Ma senza indicare nuovi lineamenti, nuove prospettive. Hanno, cioè, aperto un «vuoto» di rappresentanza che sarà difficile colmare.

Queste elezioni, più che una mappa del futuro, indicano un «salto» nel vuoto. Se è lecito utilizzare un gioco di parole, in riferimento a un argomento così serio: «un salto nel voto». Per renderlo meno rischioso conviene, almeno, osservare con attenzione come e perché sia avvenuto. In altri termini: occorre chiarire quali mutamenti abbia provocato nella sociologia e nella geografia politica della Seconda Repubblica. Ma anche negli attori e nella meccanica della competizione elettorale. È quel che si cercherà di fare nelle prossime pagine.

Sono quattro le tendenze che hanno trasformato maggiormente il sistema partitico italiano nella Seconda Repubblica.

Le prime due riguardano il funzionamento dei partiti e delle istituzioni di governo: la *personalizzazione* e la *mediatizzazione*, insieme al marketing politico. La terza interessa il rapporto fra partiti e sistema partitico. La quarta, invece, riguarda il «territorio», come ambito di azione e relazione ma anche come riferimento dell'identità.

I processi di personalizzazione e mediatizzazione della politica sono comuni alle democrazie occidentali. Segnano l'avvento della «democrazia del pubblico», come l'ha definita Bernard Manin (1997). Ultimo stadio della «metamorfosi» della democrazia rappresentativa successivo e conseguente alla crisi della «democrazia dei partiti» (di massa). Nella «democrazia del pubblico», i partiti, di fronte agli elettori, si identificano attraverso i leader, surrogano il declino dell'organizzazione attraverso il ricorso crescente ai media e alla comunicazione, mentre fanno fronte all'indebolirsi delle ideologie e delle identità mediante il marketing politico. D'altronde, la centralità assunta dai media e, soprattutto, dalla televisione enfatizza il ruolo delle «persone». Trasforma gli attori politici in attori mediatici mentre i cittadini e gli elettori tendono a divenire «pubblico».

Una terza tendenza specifica della Seconda Repubblica riguarda le relazioni fra i partiti e, quindi, il sistema partitico nel suo insieme, ed è favorita dalle leggi elettorali, peraltro molto diverse, del 1993 e del 2005 (si veda il cap. 12). Questa tendenza si traduce in un *bipolarismo maggioritario*, interpretato anch'esso in modo «personalizzato» e quasi «presidenziale», in quanto le coalizioni si affrontano alle elezioni accomunate da un candidato premier, spesso indicato nel simbolo di partito.

Queste trasformazioni, in Italia, sono state orientate e quasi imposte da Berlusconi e dal (modello di) partito che egli fonda e guida: Forza Italia. Si tratta di un partito che preferiamo definire «personale» più che personalizzato. Perché, a differenza di quel che avviene nelle altre democrazie occidentali, questo partito non agisce come una macchina per selezionare e sostenere il leader. Berlusconi, per primo, non è «prodotto» e sostenuto da Forza Italia, come il migliore dei candidati possibili. Viceversa, è lui stesso a creare il partito, a fornirgli regole e valori, identità e organizzazione.

Si tratta, per questo, di un «partito personale», riconducibile non solo alle scelte ma persino al «corpo del Capo», come ha precisato Mauro Calise (2010). Un partito al servizio del leader, di cui asseconda le scelte e gli interessi, di cui ripercorre e riflette il destino. Il modello creato dal Cavaliere viene imitato dagli altri partiti, in modi e versioni molto differenti, in base alla diversa disponibilità di risorse – simboliche, mediali e, naturalmente, economiche e finanziarie (Sartori 2009). Il centro-sinistra, in particolare, si aggrega intorno a un cartello di sigle, prima, e, in seguito, a un soggetto politico ampio e composito. L'Ulivo, prima, e il Pd, in seguito. Imitando, o almeno echeggiando l'esempio americano, questo soggetto politico individua e indica il suo leader e candidato attraverso consultazioni ampie della base, estese agli elettori, oltre che ai militanti e agli iscritti.

Da ciò la differenza fra i due «poli» principali del bipolarismo all'italiana. Il primo è effettivamente coeso e «personalizzato» intorno alla figura di Berlusconi. L'altro, il centro-sinistra, risulta molto più articolato e «sparso». Oltre che «im-personale», per la difficoltà di identificare figure forti intorno a cui riunirsi, per la forza e la diversità dei soggetti politici da cui origina. I partiti di massa della Prima Repubblica. Il principale motivo di «unità» e unificazione – un limite, oltre che una risorsa – è il territorio. La persistenza e la coerenza del retroterra storico e politico.

È il quarto fattore che caratterizza e attraversa la Seconda Repubblica. Il *territorio* come riferimento dell'identità e della rivendicazione politica: in primo luogo per l'azione della Lega. Ma anche come tema e progetto di riforma istituzionale, mediante il richiamo al federalismo, promosso dallo stesso Carroccio, e da altri attori politici: i sindaci e i governatori di diversi partiti.

Ebbene, i risultati delle elezioni del 24-25 febbraio 2013 modificano sostanzialmente queste quattro premesse. Queste tendenze. Fino ad esaurirne, in alcuni casi, la consistenza e la persistenza. A partire dal riferimento più profondo e di lungo periodo. Il rapporto con il *territorio*, i cui cambiamenti segnano e segnalano anche il declino degli altri elementi, che riguardano il sistema partitico e la meccanica della competizione elettorale.

E l'Italia si colora di giallo

La mappa geopolitica dell'Italia, dopo le elezioni, riproduce i confini e i colori del passato. Recente e lontano. Ma, al tempo stesso, appare sensibilmente cambiata. Perché sono emersi nuovi colori. Uno in particolare: il *giallo*. Che riproduce le stelle del marchio del MoVimento di Grillo. Mentre i colori più tradizionali della geografia politica – il rosso, il verde e perfino l'azzurro – si sono sbiaditi. È come se la politica, che in Italia ha radici profonde e ben piantate sul territorio, avesse «perduto terreno». Si stesse s-radicando. Questa tensione – fra vecchi e nuovi profili della politica – risulta chiara osservando la geografia dei risultati da diverse prospettive.

Le elezioni appena svolte hanno cambiato l'Italia. O meglio: hanno fatto emergere – esplodere – cambiamenti latenti e profondi, ma ancora inespressi e poco visibili. In particolare, sembrano essersi consumate – fino a spezzarsi – le fedeltà politiche territoriali. Tutti i principali partiti della Seconda Repubblica hanno, infatti, perduto consensi in alcune fra le aree dove erano più forti e radicati. Il Pd, come mostra la mappa delle variazioni di voto rispetto alle elezioni del 2008, ha subito un'erosione sensibile in tutta la «Zona rossa» (si veda il cap. 6). In misura particolare nelle province adriatiche (le

Marche). Poi, in Toscana. Ma anche in Basilicata, in Sardegna, in Puglia: dove si era consolidato negli ultimi dieci anni. In aree particolarmente colpite dalla crisi economica e dalla disoccupazione. Lo stesso centro-destra ha visto calare più che altrove la propria base elettorale nel Nord e in Sicilia. In pratica: dove è sorta e si è sviluppata l'avventura politica di Berlusconi, fin dal 1994.

Ma il caso esemplare, maggiormente indicativo dello «sradicamento» avvenuto in queste elezioni, è certamente offerto dalla Lega Nord (Diamanti 1995, 1996). Cresciuta nella «Zona bianca» del Nord Est e della Pedemontana lombarda, dove aveva incalzato e «sostituito» la Democrazia cristiana, negli anni Ottanta e Novanta (Diamanti e Riccamboni 1992). La Lega: ha fondato la sua identità e la sua proposta politica proprio sul rapporto con il territorio. Ne ha fatto un marchio, una bandiera, ma anche un modello organizzativo. La Lega: ha inventato la Padania. La patria del Nord produttivo opposto allo Stato «parassita» e centralista dei partiti e dei poteri «romani». Ha lanciato il progetto federalista, alternato, a seconda delle stagioni, alle iniziative separatiste, variamente denominate: fra secessione e devoluzione. La Lega: come i tradizionali partiti di massa, ha una struttura di sezioni e di volontari diffusa sul territorio. La Lega: in queste elezioni ha subito un profondo arretramento (si veda il cap. 11). In misura forse superiore a ogni altro partito. Sul proprio stesso terreno. E territorio.

Rispetto al 2008, infatti, ha più che dimezzato la sua base elettorale: dall'8,3 è scesa al 4,1%. In particolare, in Lombardia si è ridotta quasi a metà: dal 21,6 al 12,9%. In Veneto dal 27,1 al 10,5%. In Piemonte dal 12,6 al 4,8%. Ma il calo appare ancor più forte se si considerano le elezioni regionali del 2010, quando la Lega ha conquistato la presidenza del Veneto e del Piemonte.

La frattura anti-politica

Tra le cause dell'improvviso smottamento della base territoriale dei principali partiti della Seconda Repubblica c'è, sicuramente, il successo del MoVimento di Grillo. Tanto dirompente da aver catturato elettori da tutte le direzioni. Impossibile, altrimenti, conquistare il consenso di un quarto dei votanti, alla prima occasione. Il M5s ha, comunque, modificato profondamente il retroterra «territoriale» del voto, nel nostro Paese. Anzitutto perché ha un'organizzazione (e un'identità) meta-territoriale. Che si sviluppa attraverso la rete. Poi, perché presenta una geografia elettorale senza concentrazioni di voto né zone di debolezza. È, dunque, un partito «nazionale» che ha intercettato e canalizzato diverse domande, diverse esperienze, diversi sentimenti. Compresa una componente, molto ampia, di elettori critici contro i partiti e la classe politica. E insoddisfatti delle politiche di rigore «imposte» dalla Ue (si veda il cap. 3). Grillo ha, cioè, «nazionalizzato» movimenti locali sui «beni comuni» e risentimenti «nazionali» e (anti) europei.

Se osserviamo la mappa dei risultati ottenuti alla Camera su base provinciale, questo aspetto appare molto evidente (si veda il cap. 5). Il M5s, infatti, è il primo partito, per numero e percentuale di voti, in 50 province. Il Pd in 40. Il Pdl in 17 (quasi tutte nel Sud). La Lega in una sola: Sondrio. La forza elettorale del M5s si sviluppa un po' dovunque. Nelle Isole, nel Mezzogiorno, nel Centro e nel Nord. Tra l'altro, primeggia nelle province adriatiche fra la Romagna e le Marche (oltre all'Abruzzo e al Molise). Ma anche a Livorno. E nel Nord Est. In altri termini: nelle province (un tempo) rosse e in quelle leghiste. Il M5s, dunque, ha «nazionalizzato» il comportamento elettorale non solo perché ha una geografia nazionale, ma anche perché ha eroso le basi dei partiti più caratterizzati su basi territoriali. Il Pd, erede dei partiti di sinistra e, in particolare, del Pci. Ma anche la Lega. Il Sindacato del Nord.

In questo modo, il M5s ha modificato le basi stesse della decisione politica in Italia.

Nel corso di tutta la storia politica della Repubblica, dal 1948 fino ad oggi, la continuità elettorale è stata garantita da una frattura «ideologica», in grado di stabilizzare le scelte e i valori. L'anticomunismo (Bagnasco 1977; Trigilia 1986). Nel 2008, infatti, la zona di forza del centro-sinistra coincideva ancora largamente con quella del Fronte popolare di sinistra nel 1948 (Diamanti 2009, 51). E, al tempo stesso, corrispondeva con l'area di maggior debolezza dei partiti di centro-destra. Anche perché il centro-destra è stato ri-costruito e unificato, nel 1994, da Berlusconi. Nel segno dell'anticomunismo. A cui egli ha attribuito nuovi significati – lo stato-centrismo, la metastasi del pubblico, il *moloch* delle tasse.

Al tempo stesso, Berlusconi ha «personalizzato» la politica. Imponendo se stesso come alternativa e come modello. Come linea di unione e divisione del sentimento politico. Così, la frattura anticomunismo/antiberlusconismo ha congelato gli atteggiamenti e le fedeltà elettorali per quasi vent'anni. Dal 1994 ad oggi. Ha riprodotto i sentimenti sociali e gli orientamenti geopolitici del passato. Allungando il dopoguerra fino ad oggi.

Il M5s, però, ha imposto una diversa frattura: quella anti-politica (Bordignon e Ceccarini 2013[a]). Che raccoglie ed enfatizza il malessere dei cittadini verso i partiti e verso il Parlamento. Nei confronti dei quali, ormai, come si è detto, la fiducia dei cittadini si è ridotta ai minimi termini. Certo, altre forze politiche, in precedenza, avevano utilizzato il medesimo argomento. Agitando la bandiera dell'antipolitica. I «fondatori» della Prima Repubblica per primi: Berlusconi e Bossi. Tuttavia, entrambi avevano ancorato questa rivendicazione agli stessi temi e alle stesse fratture del passato. La Lega: alla frattura territoriale fra *centro* e *periferia* e fra Nord e Sud. Alimentando la protesta contro Roma Capitale. Berlusconi, come si è appena detto, aveva, invece, ricondotto la polemica antipolitica nei confini – tradizionali – dell'anticomunismo.

Il M5s, al contrario, esercita la sua opposizione e il suo antagonismo direttamente contro i partiti e la loro cornice istituzionale. Contro la democrazia rappresentativa (Diamanti 2013[a]; Morlino 2011). Così, supera la distinzione fra destra e sinistra e fra Nord e Sud, ma anche fra *centro* e *periferia*. Non a caso attinge i suoi elettori in egual misura da tutte le aree politiche, ma anche territoriali. È, infatti, equamente distribuito: a Nord, Centro, Sud. È, come abbiamo già detto, il partito più «nazionale» di tutti. Perché non ha ancoraggi specifici e, dunque, non ha interessi locali e di area da rappresentare. Perché, inoltre, intercetta quel distacco dalla politica, ma anche dalla cultura civica, che ha radici profonde e di lunga durata, in Italia (Mastropaolo 2000). Più che una «frattura politica» e territoriale, riflette e impone una «frattura impolitica». A-territoriale.

A differenza dei partiti che l'hanno preceduta, i quali, come ha suggerito Antonio Gesualdi (2013), più che governare e organizzare il territorio, vi hanno aderito. Sono stati – oppure sono –

«portavoce» degli interessi e dei valori di specifiche zone. Oppure «federazioni», aggregazioni di aree.

Ora, dopo un lungo declino, le «molte» e «diverse» Italie interpretate e riprodotte dai partiti sembrano avvicinarsi. Convergere: unite da un comune ri-sentimento. La sfiducia nei «partiti» (Pasquino 2013).

Partiti senza classi

Lo smottamento delle fedeltà politiche territoriali riflette e investe direttamente la base sociale dei due principali schieramenti. Il centro-destra, in particolare, aveva conquistato il consenso dei ceti produttivi privati. Gli imprenditori, ma anche gli operai delle piccole e medie imprese private. E gli stessi in-occupati. Aveva, inoltre, ereditato, dai partiti di governo della Prima Repubblica, il consenso delle aree del Mezzogiorno maggiormente «protette» dallo Stato.

Il centro-sinistra, e soprattutto il Pd, aveva invece intercettato il consenso elettorale dei ceti medi tecnici e impiegatizi. I vent'anni della Seconda Repubblica, in fondo, si riassumono in questa frattura sociale e territoriale. Marcata dalla «questione settentrionale» e dai soggetti politici che, più degli altri, l'hanno interpretata. La Lega e Berlusconi. La Destra popolare opposta alla Sinistra im-popolare. Sostenuta dai professionisti, gli impiegati (soprattutto «pubblici») e gli intellettuali.

Ebbene, oggi il marchio della Seconda Repubblica appare molto sbiadito. L'identità sociale – per non dire di «classe» – delle principali forze politiche risulta sensibilmente ridimensionata.

Il centro-destra «popolare» ha perduto il suo «popolo». Il suo peso, tra gli imprenditori e i lavoratori autonomi, rispetto alle elezioni del 2008, è pressoché dimezzato: dal 68 al 32%. Lo stesso tra gli operai: dal 53 al 31%. Mentre, fra i disoccupati, gli elettori di centro-destra sono calati dal 47 al 31% (come mostrano le indagini proposte in questo volume).

Anche il centro-sinistra e la sinistra si sono «perduti» alla base (si vedano i capp. 6, 9 e 10). Hanno, infatti, intercettato il voto del 30% tra le figure «intellettuali», il personale tecnico e impiegatizio: 17 punti percentuali meno del 2008. Del 31% tra i liberi professionisti: 11 punti in meno delle precedenti elezioni.

Centro-destra e centro-sinistra, soprattutto, hanno smesso di costituire i poli alternativi per i lavoratori dipendenti e indipendenti, occupati e disoccupati. Perché, in queste elezioni, non hanno, semplicemente, cambiato profilo socio-economico. Ma sono rimasti senza profilo. Cioè, senza identità. La base perduta da una delle due coalizioni principali della Seconda Repubblica, infatti, non si è rivolta all'altra. Gli operai – e i disoccupati – non si sono spostati a sinistra. Tanto meno – figurarsi – gli imprenditori e i lavoratori autonomi. I professionisti, gli impiegati e i tecnici, a loro volta, non si sono orientati a destra. I lavoratori «in fuga» si sono rivolti altrove. Hanno scelto il M5s. Per insoddisfazione – spesso: rabbia – verso le «alternative» tradizionali. Hanno votato per il soggetto politico guidato da Grillo.

Così, oggi, in Italia si assiste a una competizione politica singolare, rispetto a quel che succede in Europa. Dove l'alternativa avviene – prevalentemente – fra Liberisti e Laburisti, Popolari e Socialdemocratici, centro-destra e centro-sinistra. Che rappresentano, storicamente, lavoratori indipendenti e dipendenti. Imprenditori e operai oppure impiegati. Mentre oggi in Italia i due principali partiti, Pdl e Pd, prevalgono, in particolare, tra le componenti «esterne» al mercato del lavoro. Il Pdl: fra le casalinghe (33%). Il Pd: fra i pensionati (37%). Quelli che guardano la tv...

Il M5s, invece, ha assunto una struttura sociale interclassista. Da partito di massa all'italiana. Primo fra gli imprenditori e i lavoratori autonomi (44%), fra gli operai (38%), ma anche fra i disoccupati (40%). Fra i «liberi professionisti» (32%) e fra gli studenti (28%) – dunque fra i giovani.

Ciò induce a usare prudenza nel considerare il voto delle recenti elezioni come un evento violento, ma transitorio. Che è possibile riassorbire con strategie tradizionali. Attraverso grandi alleanze, tra vecchi e nuovi soggetti. Oppure integrando nell'area di governo gli «ultimi arrivati». Non è così. Perché il retroterra stesso delle tradizionali forze politiche, dopo una lunga erosione, è franato.

Oltre il bipolarismo

L'indebolirsi delle radici territoriali e sociali del voto rispecchia e ripropone la fine del «bipolarismo» maggioritario che ha accompagnato la Seconda Repubblica. L'indice di bipolarismo – calcolato in base alla somma dei due schieramenti maggiori – risulta, infatti, eloquente e inequivocabile. Alle elezioni del 2013 si è ridotto al 59%. Dal 1994 fino al 2008 non era mai sceso al di sotto dell'80%.

I due principali schieramenti, per motivi diversi, hanno, dunque, perduto consensi ma anche capacità «discriminante». Per primo il centro-destra, intorno a Berlusconi. Il soggetto politico «personale» che più di tutti ha diviso e unito gli orientamenti e il voto, negli ultimi vent'anni. Fino ad oggi.

A dispetto delle letture che parlano di «rimonta» e perfino di «miracolo» di Berlusconi, infatti, il Pdl e il centro-destra hanno toccato il punto più basso della loro storia elettorale, che coincide con la biografia della Seconda Repubblica. Il Pdl ha ottenuto il 21,6% dei voti validi. Il 23,6% se si considerano anche i «Fratelli d'Italia» (e del Pdl). Circa 14 punti meno delle precedenti elezioni, quando aveva superato il 37%. Ma 11 punti e mezzo in meno anche rispetto alle Europee del 2009. Quanto alla coalizione, il discorso cambia poco. Il centro-destra, guidato da Berlusconi, in questa consultazione, ha ottenuto il 29%. Cioè: quasi 18 punti meno del 2008.

In valori assoluti, la distanza rispetto alle precedenti elezioni appare ancor più eloquente (come ha rilevato puntualmente l'Istituto Cattaneo). Abissale. Il Pdl, infatti, ha subito un calo di 6.300.000 elettori. E si è ridotto a circa metà, rispetto al 2008. La coalizione di centro-destra, da parte sua, ha perso oltre sette milioni sui 17 ottenuti nel 2008. Cioè, oltre quattro elettori su dieci.

Un arretramento così pesante ha prodotto conseguenze molto rilevanti e molto evidenti anche sul profilo territoriale. Basta guardare il posizionamento del Pdl che emerge dalla geografia del voto nelle due ultime elezioni (si veda il cap. 7). Nel 2008 era il primo partito in 67 province, il secondo in altre 40. In pratica, era diffuso in tutta Italia. Forte, secondo tradizione, nel Nord Ovest, nel Centro Sud e nelle Isole. Oggi, invece, il Pdl è il primo partito in 17 province e il secondo in altre 26. Insomma, ha rarefatto – ridotto a un quarto – la sua presenza sul territorio nazionale, concentrandola largamente nel Mezzogiorno.

D'altronde, se si ripercorre la parabola del voto del Pdl e dei suoi antecedenti, è evidente come queste elezioni segnino il minimo storico del «partito personale» di Berlusconi, in quasi vent'anni di elezioni. Oggi, infatti, il Pdl ha ottenuto pochi consensi più di Forza Italia, da sola, all'esordio, nel 1994.

Se Berlusconi ha rischiato il pareggio e perfino il sorpasso, dunque, non è tanto per merito proprio, ma per i demeriti altrui. In particolare, è perché il centro-sinistra e in primo luogo il Pd lo hanno quasi raggiunto. In discesa. D'altronde, neppure i sondaggi del Cavaliere immaginavano il Pd così in basso (si veda il cap. 15). Poco sopra il 25%. Rispetto al 2008 ha perduto otto punti percentuali. In termini assoluti: quasi tre milioni e mezzo di voti – il 28% della propria base elettorale precedente.

Monti, insieme al centro, ha mantenuto una base elettorale ridotta. Limitata. Incapace di inserirsi nel bipolarismo tradizionale fra destra e sinistra. Fra il Berlusconismo e il suo opposto e reciproco. Ambiva a diventare, almeno, l'ago della bilancia, a occupare uno spazio politico determinante. E forse anche qualcosa di più: a divenire la guida del Paese per «volontà popolare», e non del presidente della Repubblica. Non è stato così. E ha allargato di pochi punti percentuali (non più di 4-5) il perimetro elettorale del centro (si veda il cap. 8).

La frammentazione e il superamento del *bipolarismo*, in effetti, sono stati provocati dal MoVimento 5 stelle. Il quale, come si è già detto, ha conquistato elettori su base trasversale. Un terzo a sinistra e un terzo a destra. Mentre i rimanenti provengono dall'area grigia dell'astensione e del non-voto (si veda il cap. 1). Nel complesso, il M5s ha attinto da tutte le direzioni politiche. E ciò ne spiega la riluttanza ad assumere responsabilità precise di governo. E ad allearsi con qualcuno in modo esplicito. Perché qualunque scelta produrrebbe, inevitabilmente, distacco e delusione presso una parte dei propri elettori.

Non solo rete

Più complesso è il discorso relativo alla personalizzazione e alla mediatizzazione, imposte e interpretate da Berlusconi, fin dalla sua «discesa in campo». Marchio ineludibile e indelebile della Seconda Repubblica. Abbiamo, infatti, già visto come il risultato elettorale abbia sancito un ridimensionamento del «partito personale» di Berlusconi. Al tempo stesso, però, sono scomparsi o quasi anche gli altri «partiti personali». Dall'Italia dei valori di Antonio Di Pietro a Futuro e libertà per l'Italia di Fini. Nella Lega, peraltro, Bossi, fondatore e leader carismatico, travolto da scandali «familiari», aveva già ceduto il comando a Roberto Maroni. Assai meno in grado di personalizzare il partito.

Tuttavia, la personalizzazione continua a svolgere un ruolo significativo (si veda il cap. 4). Spiega, in parte, le difficoltà del Pd, incapace di dotarsi di una leadership forte ed efficace, dal punto di vista mediatico e della comunicazione. La scelta di Pier Luigi Bersani e la sconfitta di Matteo Renzi, attraverso le primarie, sottolineano la difficoltà di contrastare le logiche della nomenclatura, centrale e soprattutto locale. Tuttavia, il peso della personalizzazione resta significativo. Sottolineato, in negativo, dalla debolezza del Pd, in campagna elettorale. Inoltre, dalla «salita» in politica di Monti, ma anche di Antonio Ingroia, con risultati modesti. Nel caso del magistrato: mediocri (si veda il cap. 10). E dal ritorno di Berlusconi, con esiti superiori alle attese. Ma soprattutto, dal risultato del M5s. Impensabile senza il ruolo di Grillo. Senza la sua capacità di mobilitare e «personalizzare» elettori tanto diversi. Senza le sue performance in pubblico: nelle piazze e sui media. Vecchi e nuovi.

Anche il ruolo dei media, peraltro, sottolinea come il passaggio oltre la Seconda Repubblica sia più lungo e complesso del previsto. Certo, siamo entrati nell'era di Internet. Il M5s ha scelto i candidati al Parlamento attraverso la rete. E, prima ancora, il web gli ha permesso di bypassare i vincoli delle televisioni pubbliche e private. Controllate dai partiti maggiori e da Berlusconi. Però la rete funziona soprattutto in fase – e come metodo – di mobilitazione (si veda il cap. 14). E non arriva, ancora, a tutti. Anche se, ormai, circa il 60% degli italiani naviga in Internet. Metà di essi, il 30%, costituisce, peraltro, il popolo dei «cives.net», come li hanno definiti Luigi Ceccarini e Martina Di Pierdomenico (2013). Quelli «[...] che discutono di politica nei blog o nei social network [...]». Inoltre, il 40% utilizza quotidianamente la rete per informarsi. Ciò ne sottolinea i pregi ma anche i limiti. Qualitativi: perché gli internauti e, ancor più, i «cives.net» costituiscono una componente specifica della popolazione. Comunque, più istruita, attenta e coinvolta. Con un'idea già precisa su chi – o, almeno, «contro» chi – votare.

Invece la Tv generalista resta ancora e di gran lunga il medium informativo più frequentato, come emerge dalle indagini condotte da LaPolis prima e dopo il voto. Infatti, il 90% l'ha utilizzata «spesso» per avere informazioni politiche durante la campagna elettorale, più di quanto avvenga nella fase in cui non ci sono elezioni (quando l'80% la usa comunque quotidianamente per informarsi). Ma, soprattutto, c'è una componente – intorno al 20% – che si informa «solo» attraverso la Tv, sia durante la campagna elettorale sia in momenti «normali», o comunque di «campagna permanente». Ne fanno parte molti elettori delusi e indecisi. Per questo la Tv è così importante, in questa fase. Perché consente di arrivare in fretta a tutti gli elettori. Ma, soprattutto, permette di stanare il «pubblico» tentato dall'astensione. Indeciso se e per chi votare. In misura significativa si tratta di elettori che hanno votato Pdl. Per questo Berlusconi, dopo essere ridisceso in campo, si è trasferito stabilmente negli studi televisivi. Partecipando a tutti i talk, a tutti i Tg, a tutti i programmi, in tutte le reti possibili (si veda il cap. 13). Per snidare i «suoi» spettatori scontenti e incerti. Per rassicurarli e mobilitarli.

Per questo, peraltro, la televisione si è confermata, di gran lunga, il medium più utilizzato e frequentato, durante la campagna elettorale. Più ancora delle elezioni precedenti, perché l'attenzione verso la campagna elettorale, in questa occasione, è cresciuta. E la televisione ha giocato un ruolo importante, determinante nell'orientare la scelta degli «indecisi» e degli elettori *last minute* (Ceccarini e Diamanti 2013).

Non è un caso che Grillo, l'unica novità vera e inattesa di queste elezioni, abbia svolto una campagna su un piano «multimediale» (Bordignon e Ceccarini 2013[c]). La piazza e il territorio, dove ha condotto il suo Tsunami Tour. La rete, che ha annunciato e riprodotto ogni evento. Dove, inoltre, si sviluppa, costante, il dialogo fra il leader e il suo popolo. La Tv, dove, inevitabilmente e puntualmente, rimbalza ogni manifestazione, ogni dichiarazione, ogni performance di Grillo. Nuovi e vecchi media: Grillo li attraversa e li occupa. Tutti, insieme, appassionatamente.

Così, si conferma l'idea e l'immagine di un voto di *svolta* e di *transizione*, al tempo stesso. Di svolta: perché sono state erose e, in parte, scollate le basi del rapporto fra società, elettori e politica che hanno caratterizzato la Seconda, ma anche la Prima Repubblica. Le fedeltà territoriali, le preferenze di classe e di categoria, il bipolarismo, i partiti e gli attori politici principali. Di transizione: perché, comunque, persistono alcuni elementi di continuità, anche se diversi e mutati, rispetto al passato recente. La personalizzazione: comunque, punisce le forze politiche che non la sanno esprimere e affermare. Il ruolo dei media, nuovi – ma soprattutto vecchi. La televisione ancor più di Internet e dei social network.

Ne esce uno scenario necessariamente instabile e provvisorio. Dove nessuno è in grado di tracciare un percorso definito. Di proporre modelli di riferimento, in ambito politico. Dove è difficile ogni mediazione, ogni negoziato, ogni compromesso. E dove nessuno ha la forza di imporsi agli altri.

Per questa ragione, in fondo, dal novembre 2011 l'Italia non ha più un governo politico. Né le elezioni del 2013 hanno risolto il problema, visto che hanno riproposto un Parlamento che rispecchia fedelmente le divisioni della società. Un Parlamento dove coabitano tre «grandi minoranze in-comunicanti». O comunque scarsamente compatibili.

La crisi di credibilità dei partiti e dei loro leader spiega efficacemente il ruolo assunto dal presidente della Repubblica, in Italia, non a caso a partire dagli anni Novanta, nel corso della Seconda Repubblica. Ma soprattutto negli ultimi anni. In particolare: dal 2011 ad oggi. D'altronde, è sufficiente scorrere l'andamento della fiducia espressa dai cittadini nei confronti dei principali soggetti istituzionali e politici, negli ultimi sette anni. Il credito attribuito al presidente della Repubblica è superiore a tutte le altre istituzioni considerate: dalla Ue allo Stato. Per non parlare dei partiti (Ignazi 2012). Ciò riflette l'accresciuta credibilità del presidente e la parallela, crescente, in-credibilità degli altri organismi.

Giorgio Napolitano, peraltro, succedeva a Carlo Azeglio Ciampi. Il quale aveva rafforzato l'immagine e la credibilità dell'istituto presidenziale in misura rilevante, dopo le tensioni degli anni Novanta. Segnati da Tangentopoli, dalla caduta della Prima Repubblica e dalla sfida secessionista della Lega.

Il presidente, tuttavia, non ha impiegato molto tempo a riconquistare la fiducia popolare. Già nel dicembre 2007, infatti, oltre il 70% degli italiani esprimeva (molta o moltissima) fiducia nei suoi confronti. In altri termini, 14 punti in più rispetto al momento dell'elezione, un anno e mezzo prima (Diamanti 2013[b]). «Premiato», già allora, per le qualità che ne caratterizzeranno il percorso: a) la capacità di «unire» un Paese diviso. Politicamente e non solo; b) il ruolo di supplenza, dapprima, e, dunque, di guida in un sistema frammentato e im-potente.

In altri termini, Napolitano offre un riferimento comune a una società dove è difficile ogni maggioranza stabile. L'occasione definitiva, che ha permesso al Capo dello Stato di rafforzare questo ruolo è, sicuramente, costituito dalle celebrazioni del 150enario dell'Unità nazionale. Nel corso del 2011. Quando il presidente gira l'Italia, facendosi testimone e sostenitore dello spirito unitario. A cui offre e da cui ricava grande legittimazione. Tanto che, durante l'anno, avvicina e talora supera l'80% dei consensi, fra gli italiani. Un riconoscimento così elevato, tuttavia, riflette anche la capacità di Napolitano di garantire rappresentanza a un Paese provato dalla crisi. E da un governo debole e poco credibile. In ambito nazionale e internazionale. Così, l'Italia si è trasformata in una Repubblica «quasi-presidenziale». Dove i poteri del presidente sono dettati e moltiplicati dall'impotenza altrui. Delle istituzioni e degli attori politici più importanti. Il Parlamento, i partiti. I leader. L'esperienza del «governo tecnico», guidato da Monti, ne è la logica conseguenza. È stato, infatti, il «governo del presidente». Napolitano, non Monti. Perché è Napolitano che lo sceglie e lo propone. Anzi, lo impone ai principali partiti e al Parlamento. Ed è Napolitano che lo sostiene, gli fornisce il consenso – personale e istituzionale – di cui dispone.

Il ruolo del presidente, peraltro, si è riproposto e, anzi, rafforzato dopo il voto di febbraio. Quando è tornato a costituire un riferimento unitario – forse l'unico esistente – in un Paese di «minoranze in-comunicanti», nella società e in Parlamento. Ancor più diviso di prima. Perché l'Italia è divenuta una Repubblica a «presidenzialismo preterintenzionale». Che si è affermato senza riforme.

Napolitano: non avrebbe mai voluto essere rieletto. Per ragioni di età e di opportunità – non c'erano precedenti nella nostra storia repubblicana. Ma ha dovuto arrendersi a questo stato – o meglio, Stato – di emergenza. Perché è rimasto l'unica soluzione possibile di fronte all'impossibilità di trovare altre soluzioni. La Seconda Repubblica: ispirata al maggioritario e alla personalizzazione dei partiti – anzi, dai partiti personali. Oggi è senza ancore e senza timoni. Come una nave che non tiene la rotta, perché l'equipaggio è diviso in squadre che remano in direzioni diverse. Perché il leader, Berlusconi, ha svolto con abilità un ruolo di «interdizione». Ha, cioè, impedito agli altri di intraprendere percorsi sgraditi. Gli è bastato imporre se stesso come riferimento negoziale, al tempo stesso necessario e insostenibile per gli altri. Perché, per quanto indebolito, costituisce la principale linea di frattura che attraversa la Seconda Repubblica.

Grillo e il M5s: hanno proposto per il Quirinale candidati molto vicini al centro-sinistra. In particolare Stefano Rodotà e lo stesso Romano Prodi. E in questo modo hanno creato serio imbarazzo al Pd. D'altronde, al M5s non interessa partecipare a una stabile maggioranza di governo. Semmai, impedirla. Accelerare la decomposizione della democrazia parlamentare e rappresentativa che, sempre più fragile e incerta, regola l'Italia.

Per paradosso, la crisi del berlusconismo ha travolto il Pd prima ancora del Pdl. Un po' come la Dc e i partiti di governo, dopo la caduta del muro di Berlino. Scomparsi in fretta, mentre il Pci si ri-definiva, e, per una parte, si ri-fondava. La crisi del Pd, peraltro, appare particolarmente insidiosa, perché investe i principali modelli e soggetti genetici del partito (Panebianco 1982; D'Alimonte 2013). Insieme alla candidatura di Franco Marini, come presidente della Repubblica, è stata bocciata l'idea del compromesso fra i gruppi dirigenti e le identità dei partiti di massa della Prima Repubblica: Pci e Dc. L'Ulivo dei partiti, post-comunisti e post-democristiani, perseguito, in particolare, da Massimo D'Alema insieme a Marini. A cui si opponeva il progetto del Partito dell'Ulivo. Concepito e sostenuto da Prodi, insieme ad Arturo Parisi. Soggetto politico maggioritario e presidenzialista. «Organizzato» intorno alle primarie. Riprodotto, nel 2007, dal Pd, sulla spinta di Walter Veltroni.

In una settimana entrambi i modelli si sono dissolti. Sconfitti, insieme ai loro leader di riferimento. Marini e Prodi: candidati presidenti e bocciati, dal «voto amico» dei parlamentari Pd.

Le primarie, infine, invece di riassorbire queste tensioni, hanno accentuato il distacco tra base e vertice, fra gruppi dirigenti, militanti ed elettori.

Tutte queste differenze sono divenute *fratture* nel percorso che ha condotto alla scelta e alla successiva bocciatura dei candidati. Anche per l'irruzione, nella comunicazione politica, della rete e dei social network. Che hanno moltiplicato ed enfatizzato il dissenso reale della base.

La rielezione di Napolitano alla presidenza della Repubblica è, dunque, divenuta necessaria e inevitabile. Come le larghe intese – fra il Pd, il Pdl e il centro. Perché nessun Polo, da solo, è in grado di imporsi agli altri. E uno di essi, il M5s, non è in grado di sopportare un'intesa, un'alleanza.

Così il presidenzialismo delle «larghe intese», che prosegue l'esperienza del *governo dei tecnici*, diventa lo specchio di un Parlamento e di una società dove i margini di intesa sono *stretti*. Troppo stretti per proporre assetti stabili e solidi.

Le elezioni del febbraio 2013 hanno, dunque, costituito una «svolta». Non si sa verso dove. Un salto nel «vuoto». Anzi: nel «voto». Che apre la strada a un altro voto. Quando non si sa. Di cui è difficile indovinare la scadenza. Tanto meno l'esito. Il poi. Perché il futuro, di questi tempi, non ha futuro. Meglio non fare previsioni. Il futuro: è ieri.

Nota degli autori

Questo volume presenta i principali risultati di una ricerca sulle elezioni politiche del 2013, condotta nell'ambito delle attività dell'Osservatorio elettorale LaPolis (Laboratorio di studi politici e sociali, Università di Urbino Carlo Bo) e diretta da Ilvo Diamanti, Fabio Bordignon e Luigi Ceccarini.

L'analisi elettorale è uno dei principali settori di studio sviluppati dal LaPolis, che ha analizzato il rapporto tra società e politica sotto diversi profili: dalla dimensione territoriale a quella soggettiva, dalla prospettiva locale a quella internazionale. Ne sono scaturiti numerosi contributi scientifici, approfonditi in diversi seminari – e pubblicati in diverse sedi. Questa volta abbiamo deciso di accelerare l'analisi, ma anche la pubblicazione, cercando di coniugare tempestività e rigore. Per questo abbiamo coinvolto i ricercatori e collaboratori dell'Osservatorio LaPolis. Ma anche esperti e studiosi, con cui da anni intratteniamo rapporti di dialogo, collaborazione. E amicizia. Neolaureati e ricercatori – giovani e meno giovani – che in tanti anni di lavoro hanno coltivato l'impegno e la passione per la ricerca. D'altronde, LaPolis è stato fondato nel 1997. Da allora ha percorso molta strada, insieme a coloro che vi hanno lavorato e collaborato. Noi compresi.

La scelta di produrre una sorta di *instant book* è stata suggerita dai tempi *strani* che stiamo vivendo. E dall'eccezionalità di questa consultazione. Più che un'elezione, una *svolta* elettorale. E non solo. Così ci siamo «tuffati». Abbiamo fatto un vero «salto nel voto». Una metafora efficace di quel che attende il sistema politico e il Paese dopo l'esito delle elezioni. Così abbiamo iniziato a condurre l'analisi e, al tempo stesso, a progettare il prodotto editoriale. Consapevoli dell'incertezza che pervade e scuote il sistema politico e le istituzioni. D'altronde, nei giorni in cui consegniamo il dattiloscritto all'editore, a meno di due mesi dalle elezioni e a meno di un mese dalla conclusione del sondaggio post-elettorale su cui si basa larga parte del lavoro di analisi del voto e degli elettorati, tutto sta cambiando. Di giorno in giorno. Per cui corriamo il rischio di pubblicare una ricerca vecchia. Consapevoli che, comunque, offrirà elementi per capire cosa stia succedendo. E cosa possa succedere ancora. Perché tutto è destinato a cambiare, per molto tempo. E occorrerà, comunque, tenere d'occhio quel che è avvenuto alle elezioni del 24-25 febbraio 2013 – e ritornarvi ancora a lungo – per comprendere da dove originino i mutamenti che ci attendono.

Non possiamo, com'è giusto, non ricordare quanti hanno permesso la realizzazione di questo libro – insieme alle ricerche a cui fa riferimento. Anzitutto il gruppo di lavoro dell'Osservatorio elettorale LaPolis, che comprende, oltre a noi tre, Andrea Girometti, Alex Pazzaglia, Alice Securo e Fabio Turato. Un ringraziamento particolare a Martina Di Pierdomenico, che ha svolto gran parte delle elaborazioni dei dati e curato la documentazione grafica e tabellare presente nel volume. Con la consueta qualità e velocità.

Ringraziamo, inoltre, Terenzio Fava, Elisa Lello, Claudia Mariotti e Natascia Porcellato, per il loro contributo, frutto di una collaborazione che dura da tempo. E ancora: Ludovico Gardani, coordinatore di Demos & Pi, il quale ha reso disponibili i dati delle indagini condotte dall'Istituto per l'*Atlante Politico*. Gianluigi Storti, presidente dell'Associazione di ricerca LaPolis, ha, come sempre, costituito un riferimento importante, dal punto di vista organizzativo, ma anche «personale», durante le convulse settimane post-elettorali.

Infine, e, come si dice, *last but not least*, ringraziamo gli esperti, che hanno curato i capitoli tematici. Più (e oltre) che collaboratori, amici, con cui si è instaurato un lungo e solido legame di confidenza. Nando Pagnoncelli, peraltro direttore scientifico del corso di formazione OPeRA (Opinione Pubblica e Rappresentanza), organizzato da LaPolis presso la Scuola di Scienza politica della Carlo Bo. Antonio Nizzoli, che insegna nella stessa Scuola, con cui da anni collaboriamo, incrociando le informazioni sulla programmazione televisiva raccolte dall'Osservatorio di Pavia – che egli dirige – con i nostri sondaggi di opinione. Giovanni Boccia Artieri, amico e docente nel nostro ateneo. Con cui abbiamo trovato un fertile terreno di confronto, dialogando sul rapporto fra *social media* e partecipazione politica. Nico(la) D'Amelio (allievo del nostro amico e «socio fondatore» di LaPolis, Antonio Agosta), anche lui docente nella nostra Università, ma, soprattutto, nostro «agente» al Ministero degli Interni. Fondamentale e puntuale nella trasmissione dei dati elettorali. Infine, Roberto Biorcio, amico da una vita (uno di noi ha vissuto insieme a lui gli anni del dottorato di ricerca, a Trento. Un secolo fa). Ma, soprattutto, attento e accreditato studioso della politica italiana in – perenne – *movimento*.

Ovviamente imprecisioni ed errori non vanno attribuiti a quanti ricordiamo in queste righe. Ma solo ed esclusivamente a noi tre.

Urbino, 20 aprile 2013

I.D. F.B. L.C.

Un salto nel voto

Parte prima

Scelte di voto

1.
Ritratto politico dell'Italia di oggi

di Fabio Bordignon e Luigi Ceccarini

Sorpresa, *rimonta*, *boom*, *stallo*: sono queste le parole chiave utilizzate nelle aperture dei principali giornali e telegiornali, all'indomani del voto, per descrivere l'esito delle Politiche 2013. Parole cariche di significato, che indubbiamente risentono delle immancabili (e sicuramente legittime) letture «di parte»: i risultati elettorali possono essere selezionati, confrontati e interpretati in modo differente, adottando angolazioni spesso non del tutto neutrali. Che in questa occasione sottolineano, a maggior ragione, la difficoltà nel ricavare dai numeri del voto indicazioni «oggettive»: a partire dall'individuazione dei vincitori e dei vinti. Sottolineano, inoltre, lo stato confusionale (e di preoccupazione) di un Paese e di una classe politica che sarebbero entrati, di lì a poco, in una fase di elevata incertezza.

La *sorpresa*, il vero e proprio stato di *choc*, è quella del centro-sinistra di fronte alla mancata vittoria: alla sconfitta nella vittoria. La *rimonta* – che diventa *miracolo* nella lettura dei giornali vicini al centro-destra – è quella di Silvio Berlusconi, che non solo non scompare dalla scena politica, ma arriva ad un soffio da Pier Luigi Bersani alla Camera.

I dati analizzati attraverso un «sondaggio sui sondaggi» (si veda il cap. 15) mostrano come, in realtà, molti dei trend che hanno preso forma al momento dello spoglio fossero in parte visibili nelle rilevazioni pre-elettorali. Come il risultato non fosse del tutto imprevisto e imprevedibile, sulla base delle stime ottenute dai principali istituti, nelle settimane precedenti al voto: nonostante l'evidente scarto tra sondaggi e «realtà». Allo stesso modo, l'idea del recupero di Berlusconi e del Pdl è fortemente messa in discussione dalla conta dei voti e dal confronto con le passate elezioni (si veda il cap. 7).

Il dato difficilmente contestabile è che l'autentico vincitore del voto sia il MoVimento 5 stelle. L'unico vincitore, protagonista di un nuovo *boom*, dopo quello della precedente primavera. Dopo la straordinaria progressione del 2012, nei sondaggi e nelle urne, il partito di Beppe Grillo conquista una frazione di voti senza precedenti, per una forza politica alla prima partecipazione alle elezioni generali – ancor più di Forza Italia nel 1994. Diventando un attore di primo piano su scala nazionale (si veda il cap. 5). Con il quale fare i conti nelle delicate scelte della fase post-elettorale: dalla costruzione del governo all'elezione del Capo dello Stato. Una affermazione chiara, difficilmente discutibile, quella del M5s.

Chiaro (si fa per dire) è anche l'esito complessivo: quello di un Parlamento altamente frammentato, diviso in almeno tre grandi anime – «tre grandi minoranze» – per lungo tempo incapaci di dare vita ad una maggioranza operativa. Uno *stallo* destinato a durare mesi.

In questo capitolo, le principali coordinate – geografiche, sociali e politiche – del voto 2013 vengono tracciate cercando di «prendere le distanze» da interpretazioni di parte, adottando una prospettiva avalutativa. Con l'obiettivo di delineare lo sfondo sul quale collocare le questioni e i casi analizzati, più nel dettaglio, nei successivi capitoli. Una lettura trasversale, che rimanda agli approfondimenti che strutturano questo volume. Dopo aver tracciato il quadro complessivo dei risultati, seguirà una ricostruzione della mappa del voto 2013, a partire dal suo impianto territoriale e sociale.

Tanti sconfitti. Un solo vincitore

Chi ha vinto e chi ha perso, dunque? Ha perso, anzitutto, la partecipazione elettorale: qualche punto percentuale in meno, ma tanto da dare l'idea di un ulteriore allontanamento dei cittadini dalla politica (Caciagli e Scaramozzino 1983; Caciagli e Nuvoli 1990). Si è trattato dell'affluenza più bassa registrata nell'Italia repubblicana, per quanto riguarda le elezioni politiche (Tuorto 2010). Da quasi il 94% negli anni Cinquanta, oggi gli elettori che si sono recati alle urne sono tre su quattro: 75,2% (fig. 1.1). Oltre cinque punti percentuali in meno rispetto al 2008, una flessione di oltre otto rispetto al 2006. A fronte di una base di aventi diritto stabilmente intorno ai 47 milioni, i votanti sono stati circa 39,3 milioni nel 2006, 37,9 nel 2008, 35,2 nel 2013.

Figura 1.1. *Serie storica dell'andamento della partecipazione elettorale (v. % - Camera dei deputati)*

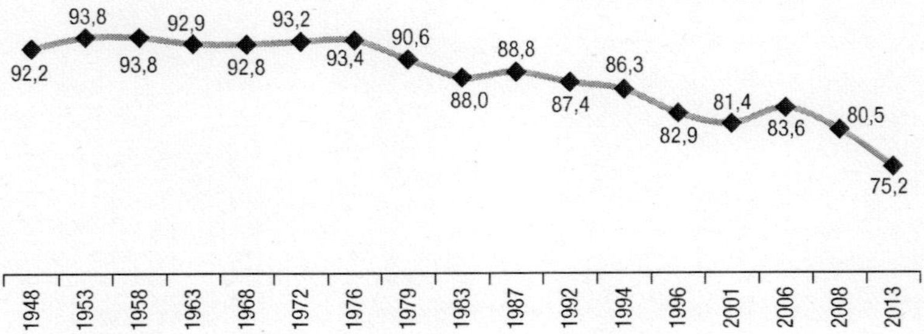

Fonte: Osservatorio elettorale LaPolis (Univ. di Urbino) su dati del Ministero dell'Interno.

Sconfitti, soprattutto, sono i principali partiti che hanno segnato la recente storia politica italiana. Berlusconi è tornato in campo, dopo quasi venti anni dalla prima discesa in politica e dopo il «passo indietro» annunciato in Tv il 24 ottobre 2012. Con il consueto stile presidenziale e la consueta scenografia istituzionale: «non mi candiderò a premier. Primarie per il mio successore» (così i giornali sintetizzavano il suo discorso). Una scelta rimessa in discussione a pochi giorni di distanza, durante una «drammatica» conferenza stampa. Le primarie, dopo una lunga discussione, sono state poi accantonate e il Cavaliere ha ripreso il timone del centro-destra: come capo della coalizione, anche se non come candidato premier.

Durante la campagna, Berlusconi ha riproposto un copione ormai noto (e di indubbio successo): un protagonismo mediatico interamente centrato sulla sua persona (si vedano i capp. 4 e 13). Così facendo, è in parte risalito rispetto alle previsioni più negative, registrate nei momenti di maggiore difficoltà per il centro-destra (e caratterizzati da un'offerta politica ancora poco chiara e in fase di strutturazione, con il Pd che godeva di una visibilità mediatica e di un consenso sociale indotto dallo svolgimento delle primarie).

Berlusconi ha sicuramente evitato lo sgretolamento di quello che, ancora nel 2008, era il principale partito italiano. Di qui, il «mito della rimonta»: ma i risultati raccontano un'altra storia. La rimonta è stata del tutto «relativa», sicuramente non miracolosa, vista l'emorragia dei consensi subita dal Pdl.

Sconfitto, rispetto al posizionamento sulla griglia di partenza della campagna elettorale, è stato certamente il Pd (si veda il cap. 6). Lo stesso Bersani lo ha sottolineato nella consueta conferenza stampa post-voto: «siamo arrivati primi. Ma non abbiamo vinto!». Ed è difficile non parlare di sconfitta di fronte alla curva (cfr. fig. 6.1, nel cap. 6) che ne ricostruisce retrospettivamente la serie storica, mostrando come il 25,4% conseguito nel 2013 sia il risultato più basso rispetto a quelli delle forze che fanno parte della sua storia costitutiva. Un esito che ha frustrato l'ambizione del centro-sinistra di conseguire una maggioranza in Parlamento, autonoma o con il concorso dei parlamentari centristi. Anche perché gli altri grandi sconfitti del voto sono stati, indubbiamente, Mario Monti e il suo cartello di centro (si veda il cap. 8).

Sconfitti, infine, sono stati altri partiti minori, dentro e fuori le due principali coalizioni. La Lega Nord, pur superando la soglia simbolica del 4%, rientra nel suo «perimetro» del 2006: dopo una fase di crescita (tra il 2008 e il 2010) torna, di fatto, ai voti che aveva raccolto sette anni prima; perde molto in tutto il Nord, in particolare in Veneto, e torna del tutto marginale nelle regioni dell'Italia centrale, sostituita dal M5s. Un vero *imprenditore politico*, il partito di Grillo, che come la Lega in passato ha saputo far fruttare, in termini elettorali, il malessere esistente in diverse aree del Paese (si veda il cap. 11).

Sinistra ecologia e libertà (3,2%), fin troppo imbrigliata nel ruolo di alleato affidabile del Pd e di Bersani, non va oltre il risultato ottenuto alle Europee del 2009 (si veda il cap. 9).

Dopo la sconfitta del 2008, l'area della sinistra radicale rimane ancora priva di rappresentanza parlamentare, nonostante il tentativo di riunire sotto le insegne di Rivoluzione civile le diverse anime di questa tradizione politica. Al progetto, guidato da Antonio Ingroia, hanno partecipato i Comunisti italiani di Oliviero Diliberto, Rifondazione comunista di Paolo Ferrero, la Federazione dei Verdi di Angelo Bonelli, l'Italia dei valori di Antonio Di Pietro e una serie di soggetti associativi (si veda il cap. 10). Ciò nondimeno, la lista si ferma al 2,3%, lontano dalla soglia di sbarramento del 4% (prevista per le liste non coalizzate – si veda il cap. 12).

Le stesse opinioni degli italiani, raccolte dai sondaggi all'indomani del voto[1], mostrano come appena il 9% degli elettori indichi Berlusconi come vincitore del confronto elettorale. Una quota ben più ampia, ma comunque minoritaria (il 28%), incorona Bersani. Ma nel giudizio dell'opinione pubblica l'autentico vincitore di questa tornata è Grillo: il 51% lo ritiene tale. Una lettura, peraltro, difficilmente contestabile, anche alla luce dei dati «reali».

La progressione del M5s ha generato un vero e proprio *tsunami*, che si è abbattuto sul Parlamento e sui partiti. Il risultato complessivo è quello di una accelerazione del processo di destrutturazione del sistema politico (Ceccarini, Diamanti e Lazar 2012), che mette in discussione, anzitutto, lo schema bipolare che ha contraddistinto l'Italia durante la Seconda Repubblica.

L'immagine complessiva restituita dal voto è, dunque, quella di *tre italie*: distanti e difficili da ricomporre. Come ha confermato il lungo e travagliato percorso per la formazione di un nuovo governo.

La conta dei voti nell'Italia multipolare

La coalizione di Bersani prevale di 124 mila voti alla Camera e, in questo modo, strappa il premio di maggioranza su base nazionale, come previsto dalla attuale legge elettorale. Ottiene così 340 seggi a Montecitorio: un'ampia maggioranza. Al Senato, invece, l'assegnazione dei premi su base regionale ha prodotto l'assenza di una maggioranza definita (tabb. 1.1 e 1.2). La meccanica di questa particolare legge elettorale (si veda il cap. 12) obbligava il centro-sinistra a stra-vincere per prevalere anche al Senato. «Il Porcellum» costringeva Bersani, di fatto, ad espugnare contesti tradizionalmente ostili, come la Lombardia: dopo oltre 17 anni con Roberto Formigoni sulla poltrona di governatore e l'area berlusconiana stabilmente sopra il 50% in ogni consultazione politica dal 1994 ad oggi.

Bersani perde non solo in Lombardia, ma anche in Veneto, Abruzzo, Calabria, Campania, Puglia e Sicilia. Rendendo vano anche il possibile accordo con il centro di Monti. Che peraltro,

[1] Sondaggio post-elettorale LaPolis. Si veda la *Nota di metodo*.

superando di poco la soglia del 10% alla Camera, resta al di sotto delle aspettative, trasformando la sua «discesa» nella competizione elettorale in un'autentica «salita» politica (si veda il cap. 8). Dopo le elezioni, non ha avuto i numeri per imporsi come interlocutore forte nelle trattative per la formazione del governo. Al Senato conquista solo 19 senatori (mediamente uno per regione, anche se in molte realtà del Sud non supera la soglia dell'8%).

Bersani, invece, ottiene la maggioranza relativa a Palazzo Madama che, tuttavia, anche sommata ai seggi del centro montiano, rimane lontana dalla soglia dei 158 senatori che assicurerebbero la maggioranza, e quindi i «numeri» per ottenere la *fiducia*.

Come nel 2006, forse in una situazione ancora più complicata del 2006, il quasi pareggio tra centro-destra e centro-sinistra produce equilibri parlamentari che determinano una situazione di sostanziale ingovernabilità. Il modo in cui si arriva a questo risultato è però molto diverso. Il riequilibrio tra i due principali blocchi che hanno caratterizzato la Seconda Repubblica si realizza, infatti, in retromarcia. Prodi e Berlusconi, nel 2006, anche grazie alla costruzione di due coalizioni ampie, avevano di fatto saturato l'intero spazio elettorale: assieme raccoglievano il voto del 99,5% degli elettori. Nel 2008, Walter Veltroni e Berlusconi arrivavano all'84,4% (Pd e Pdl, da soli, superavano il 70%). Oggi, Bersani e (ancora) Berlusconi appaiono alla guida di schieramenti in forte difficoltà. Il cui monopolio non c'è più, o quantomeno è messo in forte discussione: assieme, come coalizioni, ottengono il 58,7% dei consensi.

Se consideriamo un indice di bipolarismo, costruito sommando i voti delle due coalizioni di centro-destra e centro-sinistra dal 1996 in poi, esso tocca il livello minimo proprio nel voto del 2013 (tab. 1.3).

Il sistema politico disegnato dal voto definisce una configurazione *multipolare*. A mettere in discussione lo schema precedente, di tipo bipolare, non è stato tanto il tentativo di occupare (e allargare) la porzione centrale dello spazio politico, di incunearsi tra centro-destra e centro-sinistra, per fare magari da ago della bilancia: il centro montiano, infatti, è rimasto molto al di sotto delle aspettative. La sfida terzista si è invece realizzata ad opera di un soggetto politico che si chiama «al di sopra» del tradizionale asse sinistra-destra (cfr. fig. A.5 in appendice), e si mostra indispo-

Tabella 1.1. *Elezioni politiche 2013 - Riepilogo Camera dei deputati*

	Italia (esclusa Valle d'Aosta)		
	%	Voti	Seggi
Pd	25,4	8.644.523	292
Sel	3,2	1.089.409	37
Altri di centro-sinistra	0,9	313.876	11
Totale Centro-sinistra (Bersani)	*29,6*	*10.047.808*	*340*
Pdl	21,6	7.332.972	97
Lega Nord	4,1	1.390.014	18
Fratelli d'Italia	2,0	665.830	9
Altri di centro-destra	1,6	534.034	--
Totale Centro-destra (Berlusconi)	*29,2*	*9.922.850*	*124*
Scelta civica con Monti per l'Italia*	8,3	2.824.065	37
Udc	1,8	608.210	8
Fli	0,5	159.332	--
Totale Centro (Monti)	*10,6*	*3.591.607*	*45*
Rivoluzione civile	2,3	765.188	--
MoVimento 5 stelle	25,6	8.689.458	108
Fare - per fermare il declino	1,1	380.756	--
Altri	1,8	604.857	--
Totale	*100*	*34.002.524*	*617*

* Con Monti per l'Italia nel voto all'estero.

Fonte: Osservatorio elettorale LaPolis (Univ. di Urbino) su dati del Ministero dell'Interno.

nibile al dialogo con i partiti tradizionali: il M5s. Il successo del MoVimento, con più di 8,5 milioni di voti, pari al 25,6%, e 162 parlamentari, ha cambiato il volto politico del Paese.

La portata delle dinamiche in atto è ben visibile se si considerano le differenze, in termini sia assoluti sia percentuali, con i voti

Valle d'Aosta			Estero			Totale		
%	Voti	Seggi	%	Voti	Seggi	%	Voti	Seggi
--	--	--	29,3	288.092	5	25,5	8.932.615	297
--	--	--	1,8	17.375	--	3,2	1.106.784	37
--	--	--	--	--	--	0,9	313.876	11
--	--	--	*31,1*	*305.467*	*5*	*29,5*	*10.353.275*	*345*
--	--	--	14,8	145.824	1	21,3	7.478.796	98
3,3	2.384	--	--	--	--	4,0	1.392.398	18
4,2	3.051	--	--	--	--	1,9	668.881	9
--	--	--	--	--	--	1,5	534.034	--
7,5	*5.435*	--	*14,8*	*145.824*	*1*	*28,7*	*10.074.109*	*125*
--	--	--	18,4	180.674	2	8,6	3.004.739	39
1,9	1.355	--	--	--	--	1,7	609.565	8
--	--	--	--	--	--	0,5	159.332	--
1,9	*1.355*	--	*18*	*180.674*	*2*	*10,8*	*3.773.636*	*47*
--	--	--	1,6	15.910	--	2,2	781.098	--
18,5	13.403	--	9,7	95.041	1	25,1	8.797.902	109
1,0	748	--	1,0	10.160	--	1,1	391.664	--
71,1	51.495	1	23,3	229.251	3	2,5	885.603	4
100	*72.436*	*1*	*100*	*982.327*	*12*	*100*	*35.057.287*	*630*

ottenuti alle precedenti consultazioni (fig. 1.2). Il Pd di Bersani perde 3,5 milioni di voti rispetto al 2008: otto punti percentuali rispetto al Pd di Veltroni. Nel caso del Pdl l'arretramento è addirittura di 6,3 milioni nel confronto con le precedenti Politiche. Complessivamente, i voti in uscita dalla coalizione di centro-destra sono oltre 7 milioni. La Lega Nord, come anticipato, dimezza

Tabella 1.2. *Elezioni politiche 2013 - Riepilogo Senato della Repubblica*

	Italia (escluse Valle d'Aosta e Trentino-Alto Adige)			Valle d'Aosta		
	%	Voti	Seggi	%	Voti	Seggi
Pd[1]	27,4	8.400.161	105	--	--	--
Sel	3,0	912.308	7	--	--	--
Altri di centro-sinistra	1,2	374.002	1	--	--	--
Totale Centro-sinistra (Bersani)	*31,6*	*9.686.471*	*113*	--	--	--
Pdl[2]	22,3	6.829.587	98	--	--	--
Lega Nord	4,3	1.328.555	17	3,9	2.608	--
Fratelli d'Italia	1,9	590.083	--	--	--	--
Altri di centro-destra	2,1	657.669	1	3,0	2.014	--
Totale Centro-destra (Berlusconi)	*30,7*	*9.405.894*	*116*	*7,0*	*4.622*	--
Scelta civica con Monti per l'Italia[3]	9,1	2.797.486	18	2,4	1.594	--
Rivoluzione civile	1,8	549.995	--	--	--	--
MoVimento 5 stelle	23,8	7.285.850	54	20,7	13.760	--
Fare - per fermare il declino	0,9	278.396	--	1,2	814	--
Altri	2,0	613.453	--	68,7	45.649	1
Totale	*100*	*30.617.545*	*301*	*100*	*66.439*	*1*

[1] Nel Trentino-Alto Adige i voti sono attribuiti al Pd solo quando è presente con una lista autonoma, non insieme alla Svp o altri soggetti.
[2] Nel Trentino-Alto Adige presenta una lista comune con la Lega Nord.
[3] Udc in Valle d'Aosta, Scelta civica-Con Monti per l'Italia in Trentino-Alto Adige.

Fonte: Osservatorio elettorale LaPolis (Univ. di Urbino) su dati del Ministero dell'Interno.

la base del proprio consenso. Cala anche l'area della sinistra radicale, sia nel confronto tra Rivoluzione civile e Sinistra arcobaleno, sia sommando il contributo delle due formazioni che si sono alternate nel ruolo di partner del Pd: Sel nel 2013 e Idv nel 2008.

Cresce il centro rispetto alle performance della sola Udc nel 2008, anche se, come detto, il traino rappresentato dalla popolarità e dal prestigio di Monti è risultato, alla fine, meno forte rispetto

Trentino-Alto Adige			Estero			Totale		
%	Voti	Seggi	%	Voti	Seggi	%	Voti	Seggi
1,6	8.797	--	30,7	274.732	4	27,0	8.683.690	109
--	--	--	--	--	--	2,8	912.308	7
50,0	272.420	6	--	--	--	2,0	646.422	7
51,6	*281.217*	*6*	*30,7*	*274.732*	*4*	*31,9*	*10.242.420*	*123*
15,7	85.298	1	15,2	136.052	--	21,9	7.050.937	99
--	--	--	--	--	--	4,1	1.331.163	17
--	--	--	--	--	--	1,8	590.083	--
1,3	6.960	--	--	--	--	2,1	666.643	1
16,9	*92.258*	*1*	*15,2*	*136.052*	--	*30,0*	*9.638.826*	*117*
1,4	7.646	--	19,8	177.402	1	9,3	2.984.128	19
2,1	11.262	--	1,6	14.134	--	1,8	575.391	--
15,1	82.499	--	10,0	89.562	--	23,3	7.471.671	54
--	--	--	0,9	7.892	--	0,9	287.102	--
12,8	69.956	--	21,8	195.385	1	2,9	924.443	2
100	*544.838*	*7*	*100*	*895.159*	*6*	*100*	*32.123.981*	*315*

alle attese. Con la sua lista, peraltro, il premier va a prosciugare il bacino elettorale degli alleati.

Il principio del *voto utile*, invocato e sfruttato nel 2008 dai due principali candidati a Palazzo Chigi – nella logica di una competizione bipartitica (Itanes 2008) –, oggi è apparso molto meno determinante. E il risultato ha evidenziato una crisi netta dell'assetto bipolare che ha caratterizzato la Seconda Repubblica.

Tabella 1.3. *Indice di bipolarismo (v. %)*

	Centro-destra (A)	Centro-sinistra (B)	Indice di bipolarismo (A+B)
2013	29,2	29,5	58,7
2008	46,8	37,5	84,4
2006	49,7	49,8	99,5
2001*	49,6	35,6	85,2
1996*	44,0**	43,4***	87,4

* Parte proporzionale. ** Esclusa Lega Nord. *** Inclusa Rifondazione comunista.

Fonte: Osservatorio elettorale LaPolis (Univ. di Urbino) su dati del Ministero dell'Interno.

Figura 1.2. *Risultati elezioni politiche 2013: differenze rispetto alle elezioni 2008 - Camera dei deputati (v. %, tra parentesi v.a.)*

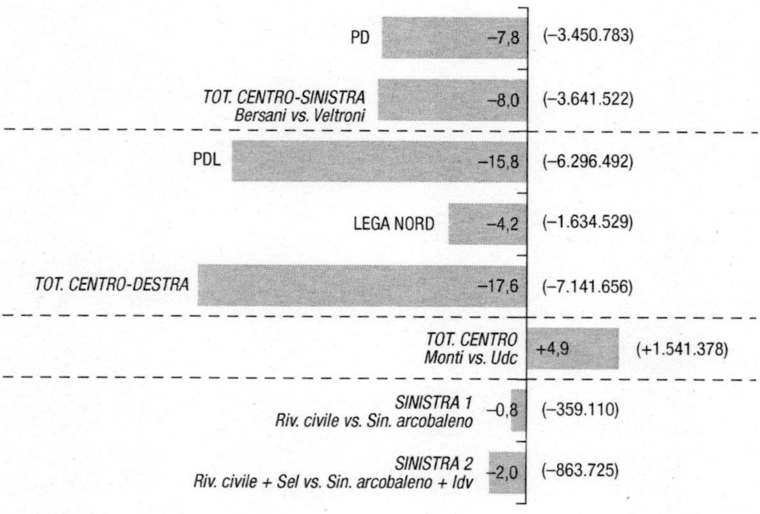

Fonte: Osservatorio elettorale LaPolis (Univ. di Urbino) su dati del Ministero dell'Interno.

Le «tre italie» della nuova geografia politica

L'esistenza, nel 2013, di (almeno) *tre italie* politico-elettorali emerge con chiarezza dalla distribuzione dei voti su base geografica (cfr. tab. A.1 in appendice). Se si ragiona per coalizione, il modello centro-sinistra *vs.* centro-destra mantiene una certa rilevanza. Le due maggiori coalizioni sono vicine, come voti complessivi, sul territorio nazionale: 29,6% lo schieramento di Bersani, 29,2% quello di Berlusconi. E si «spartiscono» la parte più ampia delle province (fig. 1.3). Il centro-destra prevale in 48 di queste, che riflettono l'impianto territoriale dei due principali alleati. Il patto tra Pdl e altri alleati minori (in particolare Fratelli d'Italia, La destra e Grande Sud-Mpa) garantisce la conquista di molte realtà del Mezzogiorno. Mentre il patto con la Lega permette al fronte «forza-leghista», sebbene indebolito rispetto al recente passato, di colorare di verde e di azzurro buona parte del Nord padano (Bordignon e Porcellato 2008).

Il blocco di Bersani prevale, invece, in 39 province, la cui dislocazione geografica ripropone, anzitutto, la tradizionale Zona rossa, cui si aggiungono: 1) alcune province del Sud (soprattutto in Basilicata, Calabria e Sardegna) dove il centro-sinistra ha mostrato una particolare forza nel corso della Seconda Repubblica; 2) alcuni contesti del Nord, dove il peso relativo della sinistra è sempre stato superiore alla media (Torino e la Liguria di Levante, Mantova, Trento e la Venezia Giulia), più la significativa novità di Milano.

Tra queste *due italie*, che per molti versi disegnano una mappa ormai consueta nell'analisi territoriale del voto (Diamanti 2009), se ne inserisce una terza: l'«Italia a cinque stelle». Si tratta di un'area composita, distribuita, che non evidenzia precise radici geopolitiche. L'avanzata grillina va a insidiare entrambi i blocchi di centro-sinistra e di centro-destra nelle loro aree tradizionali di insediamento. Una geografia nuova, dunque, la cui copertura territoriale cresce se ragioniamo a livello di partito. Il M5s è dappertutto: primo partito in ben 50 province su 108[2]. Il Pd «resiste» in 40, il Pdl si deve accontentare di 17, tutte concentrate nel Sud

[2] Esclusi i contesti a statuto autonomo della Valle d'Aosta e della Provincia di Bolzano.

Figura 1.3. *Coalizione vincente nelle province* (v. %)*

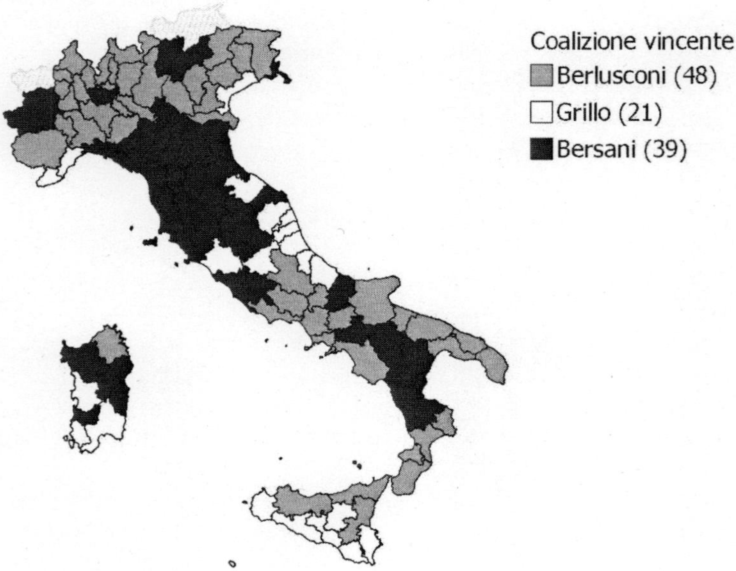

* Dalla rappresentazione cartografica sono escluse le province di Aosta e Bolzano.

Fonte: Osservatorio elettorale LaPolis (Univ. di Urbino) su dati del Ministero dell'Interno.

(con la sola eccezione di Como). La Lega Nord, invece, vince nella sola provincia di Sondrio (fig. 1.4).

Gli ambiti provinciali in cui prevale il voto a 5 stelle mostrano una geografia interessante quanto diffusa. Essa riflette, peraltro, la natura composita dell'elettorato grillino. Il M5s si insedia nel Nord Est come nel Nord Ovest, lungo la dorsale adriatica che dalla provincia di Rimini si estende fino al Molise. È forte in alcuni tradizionali contesti di centro-sinistra. È primo partito, in particolare, nelle Marche, anche nelle sue province «rosse», collocate nella parte settentrionale. E si allunga verso Sud, andando ad insidiare le roccaforti molisane di Di Pietro. Occupa, ancora, parte del Lazio, della Calabria e della Basilicata. Quasi interamente la Sardegna e, soprattutto, la Sicilia, dove cresce sull'onda del successo alle Regionali dell'ottobre 2012. Complessivamente, diventa il primo partito sul territorio nazionale, con il 25,6% dei

Figura 1.4. *Partito vincente nelle province* (v. %)*

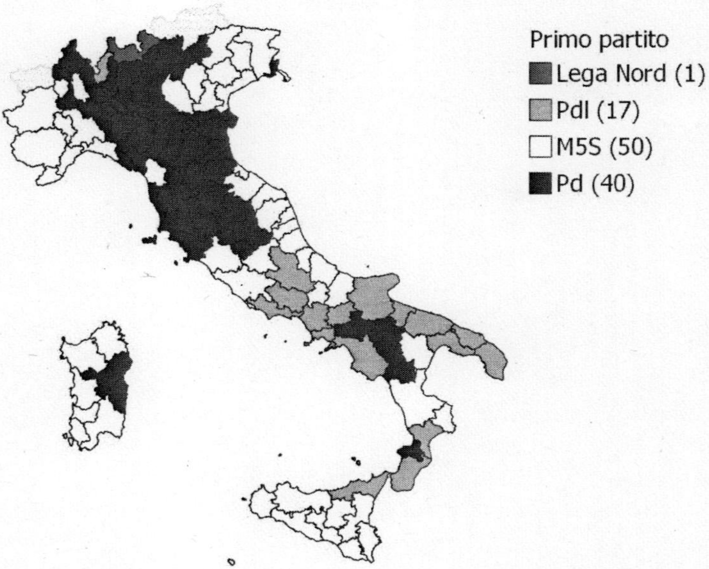

* Dalla rappresentazione cartografica sono escluse le province di Aosta e Bolzano.

Fonte: Osservatorio elettorale LaPolis (Univ. di Urbino) su dati del Ministero dell'Interno.

voti, anche se scivola al secondo posto (a favore del Pd, con uno scarto di circa 135 mila voti) conteggiando le ripartizioni estere.

La mappa della coalizione di centro-sinistra, come detto, suggerisce una geografia nota fin dai tempi della Prima Repubblica. Lo schieramento costruito sull'asse Bersani-Vendola va in ampia misura a sovrapporsi, nella rappresentazione cartografica, alla mappa del suo maggiore partito: il Pd. Le 27 province in cui ottiene i migliori risultati evidenziano ancora una volta la concentrazione del voto nel «cuore rosso» dell'Italia (Ramella 2005). Le prime dieci province, dove il peso elettorale si avvicina alla soglia del 50% (senza superarla), rientrano tutte nei confini di quest'area: guidano la graduatoria Firenze (49,3%), Siena (45,6%) e Bologna (45,3%).

Proprio in questa zona, tradizionalmente favorevole al centro-sinistra, si registra però una particolare sofferenza sotto il profilo elettorale. Anche la geografia delle perdite rispetto al 2008, infatti, mette sotto i riflettori la Zona rossa e, più precisamente, una linea adriatica «allargata». Essa include integralmente le Marche e l'Umbria (ma anche buona parte della Toscana e dell'Emilia-Romagna), per poi estendersi verso Sud, toccando l'Abruzzo, il Molise e parte del Lazio. Questo tipo di dinamica riflette, in parte, la mancata partecipazione all'alleanza dell'Idv di Di Pietro (partner di Veltroni nel 2008). Ma anche un malessere crescente in alcune regioni del Centro.

Inutile sottolineare come le dinamiche appena delineate risultino in larga misura speculari rispetto alla progressione del M5s. Contrazioni significative si osservano anche nel Mezzogiorno e nelle Isole, proprio in quelle regioni che maggiormente avevano sostenuto la candidatura di Bersani alle ultime primarie di coalizione.

L'impianto territoriale del centro-destra si presenta, anzitutto, complementare rispetto a quello di centro-sinistra: le prestazioni peggiori riguardano, infatti, le roccaforti della coalizione di Bersani e, in particolare, la Zona rossa (cfr. figg. A.1 e A.2 in appendice). La sua mappa (cfr. fig. A.3 in appendice) somma le zone di forza del Pdl, nel Sud, e i principali bastioni del voto leghista, nel Nord: da un lato, Puglia, Lazio e Campania; dall'altro, la Lombardia e la pedemontana veneta. Allo stesso modo, la distribuzione geografica delle perdite rispetto al 2008 (cfr. fig. A.4 in appendice) mette insieme le zone dove i due partiti sono arretrati maggiormente: in particolare le due Isole e il Veneto. Se si esclude la provincia di Imperia (dove il blocco berlusconiano arretra di quasi 27 punti), tra le dieci province dove il saldo negativo è più consistente troviamo solo province venete (-25 punti a Treviso e Belluno, -23 a Vicenza e Verona) e siciliane (-28 punti a Catania, -25 a Caltanissetta, -23 a Trapani, Messina e Siracusa).

L'identikit degli elettorati

Allo scolorimento della mappa politica della Seconda Repubblica corrisponde il venir meno delle radici sociali dei due blocchi che hanno segnato tale epoca. Centro-destra e centro-sinistra, Pd e Pdl, hanno perso il proprio *popolo* (o una parte significativa di esso). Dopo le coordinate territoriali del voto, è dunque opportuno prendere in considerazione la sua distribuzione in base alle principali categorie socio-demografiche.

Genere. Uomini e donne, nel 2013, hanno votato in modo non molto diverso: ma con alcune lievi caratterizzazioni. Il voto femminile si è maggiormente indirizzato verso centro-destra e in particolare verso il Pdl, che ottiene il 24% circa tra le donne contro il 19% degli uomini (cfr. tab. A.2 in appendice).

Età. La debolezza delle due principali coalizioni è visibile anche in chiave prospettica. Rispetto a quanto accade per altre forze politiche, le coalizioni di Bersani e Berlusconi sembrano beneficiare in misura molto più ridotta del ricambio generazionale degli elettori. La fotografia della loro composizione anagrafica appare piuttosto chiara (cfr. tab. A.3 in appendice). Se l'indice di bipolarismo considerato in precedenza si attesta, nel complesso dell'elettorato, poco sotto il 60%, esso varia in misura significativa in funzione dell'età: supera il 70% tra gli over 65, per scendere intorno al 50% tra gli under 45.

Il centro-sinistra è nettamente in vantaggio tra i più anziani, dove supera il 40%, ma scende sotto il 30% tra chi ha meno di 55 anni. Il centro-destra (così come il suo maggiore partito) presenta invece due picchi. Raccoglie, infatti, il 33% sia nel segmento più anziano dell'elettorato (65 anni e più) sia nella fascia compresa tra i 30-44 anni: la componente, cioè, che ha vissuto la propria esperienza di socializzazione politica all'epoca del berlusconismo.

L'elettorato della coalizione montiana mostra una relazione diversa con l'età: pur raggiungendo il valore massimo tra i più anziani (poco sotto il 14%) e scendendo molto nelle fasce centrali, tra i giovani al primo voto sale sopra il valore medio (14%).

Ma è soprattutto l'elettorato a 5 stelle a presentare, in assoluto, il profilo più giovane. Un tratto che si rispecchia nel profilo dei suoi rappresentanti in Parlamento, come mettono in evidenza gli identikit di «openpolis.it» sulla composizione delle nuove aule parlamentari. Gli eletti con età media più bassa appartengono infatti al M5s sia alla Camera (33 anni) sia al Senato (47 anni). Anche nella categoria dei nuovi elettori, le matricole del voto 2013, il MoVimento risulta essere il primo partito. Ma percentuali significative, in questo segmento elettorale, si indirizzano anche verso gli alleati di Pd e Pdl, in particolare in direzione di Sel e Fratelli d'Italia.

Livello d'istruzione. Il profilo anagrafico dell'elettorato di centro-sinistra e centro-destra si riflette anche sulla composizione per titolo di studio (cfr. tab. A.4 in appendice). Il centro-sinistra raggiunge il suo massimo tra le persone con basso livello d'istruzione (licenza elementare o senza titolo), ed è intorno alla media tra quelle con un livello di scolarizzazione superiore (trainato soprattutto dal risultato di Sel). Si attesta su livelli inferiori, invece, tra coloro che hanno un livello d'istruzione medio, settore nel quale tocca il suo massimo la coalizione berlusconiana. In modo complementare, il M5s ottiene pochissimi consensi tra le persone poco istruite (e perlopiù anziane), mentre sale al di sopra della media, precisamente al 28%, tra chi ha un livello medio d'istruzione e al 26% tra chi dispone del diploma di scuola media superiore o della laurea.

Categoria socio-professionale. A fotografare, meglio di ogni altra caratteristica personale, il venir meno della base che in passato aveva sostenuto centro-destra e centro-sinistra è probabilmente il voto per categoria socio-professionale (cfr. tab. A.5 in appendice). È significativo, in particolare, che a premiare il partito di Grillo siano soprattutto le persone attive sul mercato del lavoro: il M5s prevale, infatti, in tutte le categorie produttive; è superato, ma di misura, dalla coalizione di Bersani solamente presso il ceto medio impiegatizio e i dipendenti pubblici. In particolare, sottrae al centro-destra il monopolio del lavoro indipendente: ottiene il 44% tra i lavoratori autonomi e gli imprenditori, il 32% tra i liberi professionisti. Raggiunge, inoltre, il 38% tra gli operai e il 40% tra i disoccupati. Il centro-destra continua ad attrarre il voto delle casalinghe (40%). Mentre il centro-sinistra prevale tra gli studenti (30%), i tecnici, gli impiegati e i funzionari (30%) e, soprattutto, tra i pensionati (41%).

Pratica religiosa. L'ultima variabile considerata per tracciare il «ritratto» degli elettorati è quella che rimanda alla «questione cattolica». Si tratta di un aspetto tradizionale del rapporto tra voto e politica in Italia. Anche se, con l'indebolirsi delle appartenenze, sotto la spinta della secolarizzazione e dei processi di mutamento sociale, appare sempre meno rilevante come determinante del voto. Sul piano partitico, la frammentazione della rappresentanza cattolica si è intensificata, al punto che da tempo si parla di «fine della questione cattolica».

Inoltre, i temi della campagna elettorale si sono incentrati sulle questioni economiche, lasciando nell'ombra quelle sui «valori» (si veda il cap. 3). In occasione delle Politiche del 2008, si era già messo in evidenza come il segmento dei cattolici suggerisse l'idea di un elettorato plurale, eterogeneo sotto il profilo dell'orientamento ideologico e della cultura politica (Ceccarini 2008). Il voto del febbraio 2013 lo ha confermato ulteriormente. Questa componente elettorale si è infatti distribuita nelle diverse coalizioni, pur con qualche ricorrente caratterizzazione, che non permette però di considerare l'identità cattolica un fattore condizionante la scelta di voto. I praticanti assidui – coloro cioè che vanno regolarmente a messa – nel 26% dei casi hanno preferito una lista del centro-sinistra (un dato di poco inferiore alla media; cfr. tab. A.6 in appendice). Questa parte politica attira maggiormente i non praticanti (32%), ma non in misura tale da segnare in modo deciso il suo profilo elettorale. La distribuzione dei cattolici nella compagine di centro-sinistra propone, di fatto, una sintesi delle diverse culture politiche che la compongono.

Sul fronte del centro-destra si osserva, come in passato, una maggiore presenza di cattolici: i praticanti assidui lo hanno votato nel 34% dei casi. Un po' più della media.

La coalizione che presenta l'identità «cattolica» più evidente è, prevedibilmente, quella di centro. La proposta neo-centrista vede, come in passato, il protagonismo di Pierferdinando Casini, in questa occasione alleato di Monti. In termini relativi, si tratta dello schieramento in cui la componente dei cattolici praticanti è maggiore e, per converso, minore quella dei non praticanti. Infine, vi sono formazioni come quelle di Grillo e di Ingroia che fanno osservare il profilo più secolarizzato. Hanno attratto in misura maggiore il voto dei non praticanti e, il M5s, anche quello dei praticanti saltuari.

In definitiva, se si considerano i diversi elettorati, emerge come nella base del Pdl quattro elettori su dieci vadano a messa regolarmente. Il dato relativo all'Udc e a Scelta civica è ancor più elevato, circa uno su due. Ben al di sotto è quanto si rileva nel Pd o nella Lega Nord (tre su dieci). Nel M5s, Sel e Rivoluzione civile, i praticanti sono ancora meno (circa due su dieci).

La componente dei cattolici praticanti appare come in passato diversa da partito a partito. Il 60% di loro si divide tra la coalizione di Bersani e quella di Berlusconi. Queste elezioni confermano ulteriormente come sia sempre più difficile trovare indizi che richiamino «l'unità politica» dei cattolici.

Movimento, scelta di voto e MoVimento

Le elezioni politiche 2013 hanno costituito un importante passaggio nel processo di ridefinizione del sistema politico italiano avviato, alla fine del 2011, con le dimissioni di Berlusconi: una nuova transizione, che si innesta sulla «lunga transizione politica italiana», mai del tutto compiuta, iniziata negli anni Novanta. Alla destrutturazione del formato della politica nazionale, per anni centrato sul bipolarismo, i cittadini hanno risposto con una elevata propensione al movimento elettorale (si veda il cap. 2). I flussi di voto tra il 2008 e il 2013 (cfr. tabb. A.7 e A.8 in appendice) evidenziano come una componente molto significativa di elettori abbia modificato la propria scelta rispetto alle precedenti consultazioni, superando i confini dei due grandi blocchi che hanno segnato la Seconda Repubblica.

Tale scongelamento dei comportamenti di voto ha (in parte) modificato una geografia elettorale ormai consolidata, disallineato gli orientamenti delle diverse categorie sociali. A beneficiare di tale fluidità è stato un soggetto «nuovo»: il MoVimento di Grillo, la cui presenza sul territorio e nelle amministrazioni locali, in rete e nel Parlamento, sfida gli schemi e le liturgie della vecchia politica. Soprattutto, il M5s ha già messo in discussione il «principio dei vasi non comunicanti»: l'indisponibilità degli elettori ad attraversare il confine tra destra e sinistra. Infatti, la formazione grillina ha attinto, in misura quasi uguale, dal bacino elettorale di entrambi i blocchi.

Se le Politiche 2013 hanno rappresentato una tappa del percorso che conduce alla «Terza Repubblica», i tempi e la destinazione appaiono ancora indefiniti.

Guardando alla parabola della Seconda Repubblica – come è nata e come si è sviluppata – non è ancora chiaro se le elezioni di febbraio possano essere accostate alle Politiche del 1994 (le prime di una nuova era) oppure a quelle del 1992 (la chiusura di un'intera epoca). Se saranno ricordate, cioè, come un passaggio interlocutorio, in attesa di ulteriori svolte, oppure come l'avvio di una nuova stagione e di un nuovo paradigma politico.

La risposta a tale interrogativo si intreccia, inevitabilmente, con la traiettoria della rivoluzione a 5 stelle: si lega al suo successo o al suo insuccesso. Al segno che saprà imprimere sulla politica italiana.

2.
Campagna elettorale e (in)decisione di voto

di Luigi Ceccarini

Queste elezioni hanno prodotto risultati inattesi e cambiamenti importanti su piani differenti. Inducono a riflettere, tra gli altri aspetti, su una duplice questione, che interessa il voto nella prospettiva e nelle prassi dei cittadini:

a) il ruolo della campagna elettorale e la fruizione dell'informazione;

b) i processi di scelta. In particolare, i tempi che hanno caratterizzato la decisione o, forse è meglio dire, l'indecisione di voto.

In questa consultazione, infatti, l'incertezza ha accompagnato il percorso elettorale in modo più significativo rispetto alle precedenti. Conseguentemente, la decisione di voto è stata rinviata nel tempo, a ridosso delle giornate di apertura dei seggi.

Non si tratta certamente di un fenomeno nuovo. Sono, infatti, passati i tempi della Prima Repubblica, quando una gran parte degli elettori non aveva dubbi. Votava per «atto di fede», sempre per lo stesso partito, anche per tutta la vita (Biorcio e Diamanti 1987). Erano evidenti, ed influenti, le fratture ideologiche, sociali e territoriali, sulle quali si innestava l'orientamento politico (Diamanti 2009).

La campagna elettorale nella Prima Repubblica aveva un minor peso (Legnante e Baldassarri 2010), mentre l'avvio della Seconda, con l'irruzione di Silvio Berlusconi sulla scena politica nel 1994, le ha attribuito un'importanza in precedenza sconosciuta (Diamanti e Mannheimer 1994). In particolare, ha contribuito a *mediatizzare* e a *personalizzare* la presenza dei partiti nella scena pubblica (Calise 2010; Manin 1997).

Così, le ricerche dimostrano che le campagne hanno sensibilmente aumentato la loro rilevanza. Ma registrano anche un atteggiamento di maggior incertezza degli elettori. Sul piano delle scelte effettive di voto questo sentimento ha avuto conseguenze molto più circoscritte. La crescente in-decisione, infatti, non si è meccanicamente tradotta in un cambiamento, di pari entità, della opzione elettorale.

C'è stata, in altre parole, *mobilità* senza *movimento* (Parisi 1980): di fronte alla disponibilità a cambiare preferenza di voto, non è seguito un comportamento coerente in tal senso. La quota di elettori in *movimento*, che ha preferito, da un'elezione all'altra, uno schieramento diverso è sempre stata contenuta. Nel complesso inferiore al 10%, come fanno osservare le indagini di Itanes relative alle elezioni del 2008 (De Sio 2008, 59).

Questa volta molti elettori hanno modificato la loro scelta di voto, non tanto e non solo per quel che riguarda il partito dentro una coalizione. Ma anche al di fuori di quello schieramento in precedenza votato in modo ricorrente. Tant'è che le prime due coalizioni, fondate su Pd e Pdl, nel 2008 avevano ottenuto, insieme, l'84,4% delle preferenze. Nel 2013 ne raccolgono solo il 58,7%. E i flussi elettorali ci dicono che una quota pari a circa 41 elettori su 100 ha, rispetto al 2008, cambiato scelta.

La (in)decisione di voto

La componente di elettori che non «ha mai avuto dubbi» su quale partito votare si è, prevedibilmente, ridotta nel corso tempo. In occasione di queste ultime elezioni politiche ha fatto registrare il valore più basso degli ultimi dieci anni; poco più della metà dei votanti aveva le idee chiare.

Verrebbe da dire che non c'è da meravigliarsi. L'elettorato di *appartenenza* è ormai un ricordo. Un retaggio del passato, un po' come le zone geopolitiche. Le quali, oggi, appaiono fortemente destrutturate, come rivelato dalla geografia politica del voto (si veda il cap. 1). Del resto, la Seconda Repubblica ci ha abituati a modelli nuovi di partito con un diverso rapporto con il territorio e con la base elettorale. Dalla nascita di Forza Italia, con la *discesa in campo* di Berlusconi quasi vent'anni fa. Fino alle ultime elezioni, segnate dal fenomeno Grillo e dal successo del M5s (Bordignon e Ceccarini 2013[a]).

Con l'erosione delle basi tradizionali della politica, il voto è sempre più diventato una *scelta* e sempre meno espressione di una

Figura 2.1. *«Quando ha deciso per chi votare alle elezioni politiche?» - Confronto 2006, 2008, 2013 (v. %)*

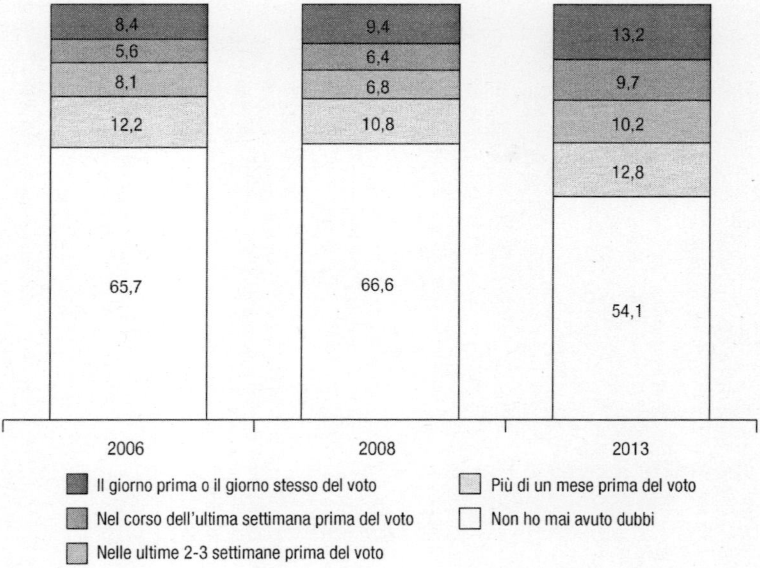

Fonte: Indagine Osservatorio elettorale LaPolis (Univ. di Urbino), marzo 2013 (base: 1528 casi).

appartenenza (Bellucci e Segatti 2010). Questo implica la presenza di un elettorato meno stabile e più fluttuante tra i diversi appuntamenti. Oggi, infatti, il cittadino prima di tutto decide se andare a votare (Mannheimer e Sani 2001; Tuorto 2010). Per questo si è parlato di un elettore *intermittente*. Poi, e spesso all'ultimo minuto, ragiona su chi votare.

I risultati delle indagini di LaPolis riportano informazioni interessanti a questo proposito. Fanno osservare, ad esempio, che gli elettori i quali «non hanno mai avuto dubbi» sulla scelta di voto erano due su tre nel 2006 e nel 2008. Senza differenze apprezzabili tra queste consultazioni: rispettivamente 66% e 67% (fig. 2.1). In occasione delle Politiche 2013, tuttavia, quelli *decisi* sono scesi al 54%. Nel corso di una legislatura, cioè, l'area dell'indecisione è cresciuta di quasi 13 punti percentuali, corri-

Figura 2.2. *Elettori che «non hanno mai avuto dubbi» sul voto per il partito indicato (v. %)*

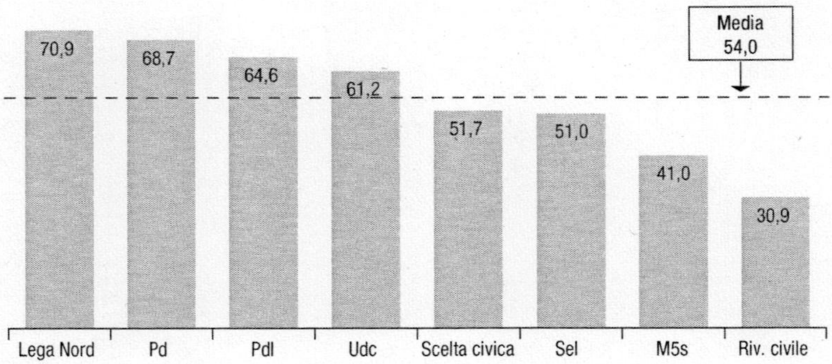

Fonte: Indagine Osservatorio elettorale LaPolis (Univ. di Urbino), marzo 2013 (base: 1528 casi).

spondenti a circa 4,5 milioni di votanti. Non pochi, cresciuti in pochi anni.

Gli indecisi: tra ritardatari e «last minute»

Gli indecisi – va detto – sono una componente articolata al proprio interno. Tra di loro si registrano tempi diversi per giungere alla scelta di voto (Barisione, Catellani e De Sio 2010).

Alcuni hanno risolto la questione della scelta ancor prima dell'avvio della campagna elettorale, canonicamente stabilita nel mese precedente le elezioni: sono il 13% dei votanti. Altri, invece, hanno spostato questo momento sempre più a ridosso delle giornate elettorali. C'è, infatti, chi ha preso una decisione nelle due-tre settimane precedenti il voto (10%). Cioè, nel mezzo della campagna. Una quota equivalente ha definito la propria preferenza la settimana prima di recarsi alle urne (10%). Questi, che chiameremo *ritardatari*, sono in sensibile crescita rispetto ai due precedenti appuntamenti elettorali – 2006 e 2008 – quando erano circa il 6%.

Infine, ci sono i votanti *last minute*: definiamo in questo modo quanti hanno dichiarato di aver deciso il giorno precedente o lo stesso giorno in cui si sono recati alle urne, magari nella stessa ca-

Figura 2.3. *Atteggiamento degli elettori prima della scelta di voto in base al tempo della decisione (v. %)*

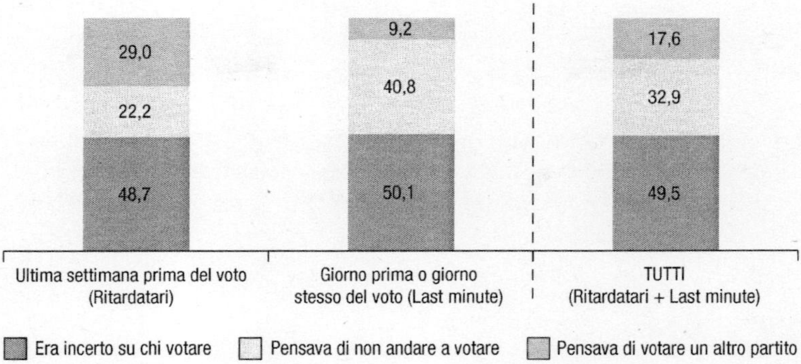

Fonte: Indagine Osservatorio elettorale LaPolis (Univ. di Urbino), marzo 2013 (base: 1528 casi).

bina elettorale. Sono anch'essi una componente non trascurabile: il 13%. Ha preso una decisione definitiva il sabato precedente l'apertura delle urne – cioè il primo giorno senza campagna e tradizionalmente riservato alla pausa di riflessione – oppure negli stessi giorni del voto. Quindi la domenica o il lunedì. Anche questa componente faceva osservare un peso sensibilmente minore alle scorse elezioni politiche; l'8% nel 2006 e il 9% nel 2008.

Gli elettori più decisi, che presentano quindi una maggiore «fedeltà» e probabilmente un certo sentimento di appartenenza (si veda il cap. 4), sono quelli dell'area di centro-sinistra – in particolare del Pd (69%) – e del centro-destra, come Lega Nord (71%) o Pdl (65%).

Per quanto riguarda il M5s, invece, trattandosi di una nuova formazione politica, non si osserva, come prevedibile, una base di elettori ampia che «non ha mai avuto dubbi» se votarlo (fig. 2.2). Questa componente si ferma, infatti, al 41%, ben al di sotto del dato medio (54%).

È interessante notare come i votanti *last minute*, in misura maggiore rispetto ai *ritardatari*, fossero intenzionati a non recarsi alle urne. Infatti, sul totale di coloro che sono giunti alla scelta di voto nel corso dell'ultima fase, il 33% pensava di astenersi e solo successivamente ha deciso di andare a votare (fig. 2.3).

Si osserva comunque una netta distinzione tra a) i votanti *last minute*, che nel 41% dei casi non intendevano recarsi al seggio, e b) i *ritardatari*, che invece presentavano una propensione a disertare le urne decisamente inferiore (22%). Questi ultimi, più che astensionisti «mancati» sono elettori *in movimento*: nel 30% dei casi, infatti, pensavano di scegliere un altro partito, ma hanno cambiato opzione di voto nell'ultima fase. Dietro al processo di decisione, anche in questa occasione elettorale si nascondono tempi, dinamiche e modelli differenti di comportamento degli elettori (Bellucci 2013).

Una campagna elettorale seguita

Questa campagna non è passata inosservata. Stavolta gli elettori vi hanno prestato un'attenzione ancor maggiore rispetto alle due Politiche precedenti. Nel 2006 e nel 2008 era stata seguita dall'81% degli elettori. In occasione dell'appuntamento del febbraio 2013, invece, il dato è salito all'89%. Quindi si è passati da otto a, circa, nove casi su dieci. Segno della rilevanza assunta da queste elezioni, e da questa campagna, nella prospettiva dei cittadini.

Nel mese precedente le consultazioni, gli elettori si sono esposti a un intreccio di flussi di informazione politica (fig. 2.4). La televisione continua ad essere il mezzo più diffuso e trasversale, a cui ricorre il 90% degli italiani. Seguono poi i giornali (63%). Anche l'interazione interpersonale appare piuttosto estesa e praticata: più della metà degli elettori, infatti, afferma di aver discusso di politica in famiglia, con gli amici o nei luoghi di lavoro (55%).

Troviamo poi altri mezzi tradizionali di comunicazione politica: la radio, il materiale propagandistico dei partiti o i manifesti elettorali che coinvolgono, anche in questo caso, circa la metà dei soggetti (intorno al 47-48%). Le informazioni di carattere politico arrivano, in modo rilevante, anche dai settimanali e dai periodici, come indica il 42% degli intervistati.

Infine, il ricorso ai cosiddetti *nuovi media*. Internet – nelle sue diverse forme – è stato ampiamente utilizzato come fonte informativa (39%). È ormai uno strumento fondamentale per assicurare la presenza dei candidati nel dibattito pubblico e per favorirne la promozione durante la campagna (Bentivegna 2006). Decisa-

Figura 2.4. *«Con che frequenza, nel mese precedente il voto, lei ha ricevuto informazioni sulla campagna elettorale per le elezioni politiche dalle seguenti fonti?»* (v. %)

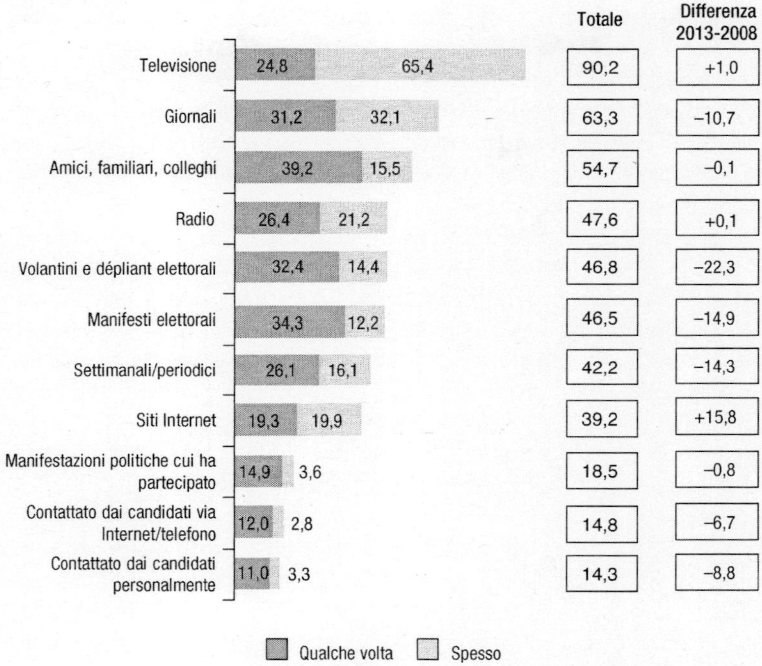

Fonte: Indagine Osservatorio elettorale LaPolis (Univ. di Urbino), marzo 2013 (base: 1528 casi).

mente più basso è il peso assunto dalla partecipazione a manifestazioni politiche (19%) e ancor minore quello che riguarda le varie modalità del *contacting* da parte dei candidati: personale, via Internet o attraverso il telefono (14-15%).

Una campagna elettorale differente

Nel corso di questa campagna, rispetto alle precedenti elezioni del 2008, i cittadini hanno in parte usato in modo differente i mezzi di informazione. Questo diverso stile di fruizione non riflette soltanto il cambiamento delle loro scelte. Da un lato, rinvia all'offerta informativa, quindi alle strategie di comunicazione adottate da partiti e candidati. Dall'altro, vanno considerate le diverse opportunità messe a disposizione, nel frattempo, dalla tecnologia; nella fattispecie dalle piattaforme web. I social media, infatti, hanno assunto un ruolo importante al punto che, anche per l'Italia, si è parlato di *prime elezioni 2.0*. L'analisi sull'uso dei mezzi di informazione, con le differenze rispetto al 2008, fanno osservare tre specifiche tendenze (fig. 2.4):

a) il minore utilizzo di alcune specifiche fonti di informazione, quali la carta stampata – con riferimento sia ai periodici che ai quotidiani – e i manifesti elettorali. Lo stesso avviene per il materiale propagandistico prodotto, verosimilmente, in misura ridotta in occasione di queste elezioni. Meno che in passato sembra poi essere stato praticato il *contacting* da parte dei candidati verso i cittadini, potenziali elettori. A sottolineare, quasi, il distacco, dal punto di vista comunicativo oltre che nel territorio, tra il candidato e l'elettore, tra la politica e i cittadini;

b) altre fonti di informazione sono invece state utilizzate nella stessa misura delle scorse elezioni. Ad esempio, non è cambiata la fruizione del mezzo televisivo per finalità di informazione politica. Nessuna variazione è avvenuta per ciò che riguarda la radio e la partecipazione ad eventi e manifestazioni pubbliche di natura politica. Così è stato, infine, per la comunicazione interpersonale, su temi politici, nei luoghi della socialità quotidiana degli elettori;

c) Internet è l'unica voce che, proprio in queste elezioni, ha aumentato il suo peso nello stile di informazione politica. Fa registrare una crescita sensibile: +16 punti percentuali. Era utilizzato dal 23% degli elettori nel 2008, oggi sfiorano il 40%. Una diffusione sociale estesa che richiama l'importanza del ruolo politico assunto dai social media (Vaccari 2012). In primo luogo da Twitter, i cui contenuti, anche durante questa campagna elettorale, sono spesso rimbalzati dai *new* agli *old* media (e viceversa), favorendo quello scambio tra spazio pubblico online e offline di cui sempre più spesso si parla (Mosca e Vaccari 2011). Va però detto che, in particolare Twitter, viene usato da una minoranza di elettori, il 6% circa, e con modalità peraltro molto differenti: spesso con un basso livello di *engagement* (si veda il cap. 14). Inoltre, l'informazione politica in rete non circola solo attraverso i social network. Ma viene anche raccolta visitando le pagine online della stampa quotidiana e periodica, i blog e le altre fonti di informazione in rete.

L'utilizzo di queste risorse di rete, i social media in particolare, richiama la presenza di una domanda stimolata dall'offerta crescente di informazione online – prodotta da candidati e leader. Ma l'uso «politico» della rete si è esteso anche grazie alla diffusione di strumenti portatili – come gli smartphone e i tablet – oltre alle accresciute opportunità di connessione tramite wifi e alla possibilità di abbonamenti ad Internet in mobilità a costi accessibili. Coinvolgono di conseguenza fasce sempre più ampie di popolazione, che poi li utilizzano anche in questo senso.

Ma la campagna elettorale non prescinde dalla Tv, che resta lo strumento principale della comunicazione politica. La strategia mediatica adottata da Berlusconi lo ha confermato anche in questa occasione. Nonostante lui, come gli altri candidati, abbia fatto ricorso a canali diversi, tra cui quelli digitali. La Tv ha giocato un ruolo centrale.

Non c'è stata solo la Tv. Né sul fronte dell'offerta né su quello della domanda di informazione politica. Gli elettori costruiscono stili personalizzati e articolati di consumo mediale, e non solo durante la campagna (Ceccarini e Di Pierdomenico 2010). Ma per ragioni oggettive, di facilità di utilizzo, delle minori risorse – cognitive e di competenza – necessarie, la televisione resta lo strumento più utilizzato e si colloca al centro della dinamica informativa politica. Viene scelta dai consulenti elettorali anche per la sua capacità di raggiungere target differenti; per questo continua a mantenere un'importanza fondamentale nelle strategie comunicative di leader e candidati.

Per uscire dall'incertezza

Coniughiamo ora incertezza e fonti di informazione. Cerchiamo di capire come gli elettori, indecisi, abbiano valutato le diverse modalità informative al fine di superare questo stato di incertezza.

Nello specifico, è stato chiesto quali fossero i modi migliori per risolvere l'indecisione. Le risposte raccolte presso tutti gli elettori, più o meno (in)decisi sul voto, forniscono un'idea generale sulla questione.

Gli intervistati avevano la possibilità di fornire fino a due risposte alla domanda, scegliendo tra programmi Tv, consigli di persone di fiducia, lettura di articoli di politica nei giornali o di materiale propagandistico. Tra le opzioni figuravano anche il ricorso ad Internet e al suo potenziale informativo.

Nel complesso delle risposte, la Tv viene indicata come lo strumento più adatto a superare l'incertezza di voto da parte del 61% degli elettori (fig. 2.5). Il dato è cresciuto rispetto alle elezioni del 2008, il che conferma ulteriormente la centralità assunta dal mezzo in questa tornata, nonostante non vi siano stati *faccia a faccia* tra candidati come avviene in altre democrazie (si veda il cap. 13).

Tuttavia, pur essendo il ruolo del mezzo televisivo dominante, va sottolineato che molti elettori valorizzano anche altri strumenti. Quasi il 40% infatti non segnala mai la Tv a questo fine. E quanti la indicano come prima opzione, quindi lo strumento più importante, sono il 38%. I cittadini riconoscono, con una certa frequenza, l'importanza di altri e diversi canali di informazione: la lettura di articoli di giornale (49%), il rivolgersi a persone più competenti che appartengono alla propria cerchia di relazioni – e per questo ritenute particolarmente affidabili (26%). Oppure il ricorso alla rete (40% nel 2013, era il 25% nel 2008).

I materiali propagandistici prodotti da partiti e candidati sono quelli che, nelle valutazioni degli elettori, vengono considerati meno utili per superare l'incertezza di voto (13%).

A questi diversi orientamenti corrispondo profili sociali piuttosto netti, come prevedibile. Donne, adulti e anziani, ma anche casalinghe, pensionati e soggetti meno scolarizzati, sono coloro che vedono nelle persone appartenenti alle cerchie sociali di riferimento una fonte di informazione particolarmente rilevante. Si tratta, grossomodo, dello stesso profilo di quanti ritengono la televisione il canale principale per ridurre l'incertezza di voto. Queste persone ricordano il *civis marginalis* (Sani 2007, 300), non solo dal punto di vista dei caratteri sociodemografici, ma anche per il minore coinvolgimento e interesse per la politica.

Quanti valorizzano i nuovi media e la rete si caratterizzano,

Figura 2.5. *«Agli elettori capita a volte di essere indecisi su chi votare. In questo caso a suo parere qual è il modo migliore per superare l'indecisione? Me ne può indicare un secondo?»* (v. %)

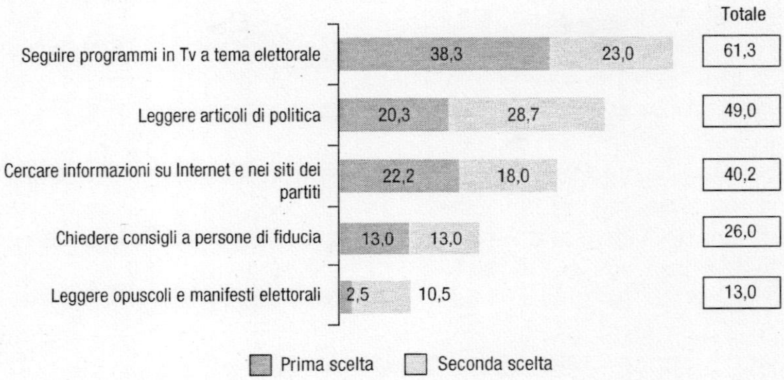

Fonte: Indagine Osservatorio elettorale LaPolis (Univ. di Urbino), marzo 2013 (base: 1528 casi).

invece, per essere più giovani e scolarizzati, in prevalenza uomini, studenti e disoccupati (che sono in larga misura giovani). Ma anche lavoratori autonomi, impiegati e professionisti.

Indagando invece le risposte fornite dai cittadini indecisi possiamo osservare come la rete di relazioni sociali sia per loro un riferimento fondamentale. Proprio gli indecisi – il target privilegiato dei consulenti delle campagne elettorali, nell'imminenza del voto – sono quelli che più valorizzano il consiglio di familiari, amici e colleghi. Infatti, la percentuale di coloro che indicano le cerchie sociali come prima risposta e, quindi, come riferimento più importante sale dall'11% della media al 17% tra i *ritardatari* e i votanti *last minute*.

In-decisi e in movimento

Anche sul fronte del processo decisionale del voto e delle fonti informative utilizzate, le consultazioni del 2013 hanno segnato una *svolta*. L'incertezza è stata più ampia. La decisione è maturata in ritardo rispetto ad altre tornate elettorali. Per una parte consistente di elettori essa ha preso forma nell'ultimo mese o nell'ultima settimana. Per altri si è spinta anche più avanti, nei giorni stessi delle elezioni.

La in-decisione, questa volta, ha però coinciso con una decisione *differente*. La dilazione dei tempi della scelta si è collegata al cambiamento di voto. Allungandosi la fase dell'incertezza, e quindi della *mobilità*, è diventato più probabile ed effettivo il *movimento*.

Questo diverso orientamento, più aperto e infedele, è alla base del maggiore interesse registrato nei confronti della campagna elettorale. Che è stata seguita mediante i vecchi e i nuovi media: la Tv, i giornali, ma anche la rete e i social media. Le relazioni interpersonali, e quindi i *leader (intermedi) d'opinione* – come sono stati definiti da Lazarsfeld e Katz negli anni Cinquanta – hanno contato tanto, come sempre (Ceccarini 2013).

L'indecisione è stata, questa volta, alimentata dal mutamento dell'offerta elettorale. La delegittimazione della politica, dei partiti e dei leader, ha portato all'affermazione di un nuovo soggetto politico – il partito di Grillo – che è stato in grado di raccogliere una diffusa insofferenza sociale. Un voto su tre al M5s è stato deciso proprio nell'ultima settimana (Ceccarini e Diamanti 2013). Si è trattato sicuramente di una espressione di protesta (Bordignon e Ceccarini 2013[b]). Ma anche il frutto di un diverso modello di competizione elettorale e di un diverso processo decisionale del voto che ha segnato queste elezioni. Più aperto, plurale, e in-deciso.

3.
Le ragioni della scelta

di Roberto Biorcio

Il voto degli italiani nelle recenti elezioni politiche ha spiazzato e scompaginato gli schemi ai quali eravamo abituati negli ultimi venti anni. Appare definitivamente in crisi il modello di competizione bipolare fra centro-destra e centro-sinistra. Non è stata la lista Monti a provocare i cambiamenti più importanti, ma soprattutto l'affermazione del MoVimento 5 stelle.

Silvio Berlusconi ha riconfermato la sua grande capacità di condurre la campagna elettorale, riuscendo a far dimenticare, almeno in parte, le moltissime critiche e le delusioni suscitate dal suo passato governo. Il risultato è che, vincendo in molte regioni, al Senato ha messo un'ipoteca sulla possibilità del centro-sinistra di formare un governo con una maggioranza certa e solida. Pier Luigi Bersani non è riuscito a cogliere una vittoria che appariva scontata secondo i sondaggi perché si è preoccupato più di rassicurare i mercati e le istituzioni europee che di raccogliere e di interpretare la forte domanda di cambiamento.

Il voto ha bocciato le politiche del governo dei «tecnici» premiando chi chiede scelte concrete e immediate per dare sollievo alle sofferenze e ai problemi provocati dalla crisi. Ma neppure altre liste che si proponevano di raccogliere la domanda di cambiamento – Sinistra ecologia e libertà, la lista Rivoluzione civile di Antonio Ingroia e quella di Fermare il declino di Oscar Giannino – sono riuscite ad intercettarla in modo significativo.

Le elezioni politiche del febbraio 2013 sono state quelle con il maggior numero di cambiamenti delle scelte di voto negli ultimi venti anni. Può essere perciò interessante analizzare le motivazioni e i temi che hanno maggiormente influenzato le decisioni degli elettori.

Le motivazioni

Due importanti fattori hanno influenzato in modo rilevante le scelte di voto: gli effetti della crisi economica e delle politiche di austerità da una parte, e la crescente sfiducia verso i partiti e il ceto politico dall'altra. Questi fattori hanno messo in discussione, almeno in parte, le tradizionali appartenenze di partito e di area politica che in passato si sono di regola collegate al posizionamento sull'asse sinistra/destra.

L'analisi delle motivazioni di voto dichiarate dagli intervistati fa emergere anche alcune importanti novità. I programmi elettorali presentati dai partiti e le personali idee politiche mantengono naturalmente una notevole importanza (tab. 3.1). E continua ad avere un peso notevole anche la fiducia nel partito votato e nel leader che lo guida. Ma assume un rilievo non trascurabile l'idea del voto come espressione di protesta contro tutti i partiti.

Le motivazioni hanno comprensibilmente un peso diverso nell'ambito dei differenti elettorati.

Il riferimento al programma elettorale è trasversale, ma ha relativamente più importanza per gli elettori del M5s e di Sel, mentre appare meno rilevante per l'elettorato di centro-destra (Pdl e Lega). Il ruolo delle precedenti idee personali risulta invece considerevole soprattutto per chi ha votato per il Pd e per la Lega: un segno evidente del peso del voto di appartenenza nell'ambito dei due elettorati.

La fiducia nel leader di partito e in quello della coalizione è stata centrale soprattutto per la lista Scelta civica, costruita in pochi mesi a partire dalla visibilità e dalla credibilità del presidente del Consiglio uscente Mario Monti (si veda il cap. 4).

Compare però, con una importanza non trascurabile fra le motivazioni del voto, l'idea di manifestare la propria protesta verso tutti i partiti. Questo orientamento è molto più diffuso fra gli elettori del M5s (30%), ma è segnalato in misura non trascurabile anche da quelli della Lega (18%). Resta, evidentemente, anche fra gli elettori del Carroccio un settore non trascurabile che si mantiene fedele alle idee su cui il partito aveva costruito la sua affermazione nella prima metà degli anni Novanta.

La motivazione della protesta si trova però diffusa in modo significativo anche negli elettorati degli altri partiti. Se si mettono direttamente a confronto, come fattori della scelta di voto, la fiducia nel partito votato e la volontà di protestare, la seconda opzione è condivisa da più di un quarto degli elettori di tutti i partiti (tab. 3.2). L'opzione della protesta è decisamente elevata fra gli elettori del MoVimento di Grillo (68%) e fra quelli della Lega (33%). Si riduce in modo sensibile solo fra gli elettori della lista guidata da Monti (10%).

I temi

Si è cercato di esplorare più a fondo le motivazioni degli elettori con una domanda aperta sui temi che hanno influenzato maggiormente la personale scelta di voto. Le molteplici tematiche e argomentazioni suggerite dagli intervistati sono state sintetizzate nelle categorie presentate dalla tab. 3.3. Si può subito rilevare come molti dei temi proposti si ricolleghino agli effetti della crisi economica e ai problemi che investono le istituzioni e i principali attori politici. Sono finiti invece in fondo alla classifica delle motivazioni i problemi della lotta alla criminalità e del contenimento dell'immigrazione: i temi su cui si era basato il successo della Lega (e in parte quello del Pdl) nelle elezioni del 2008 (Biorcio 2010; Bellucci *et al.* 2010).

Le tematiche che si ricollegano agli effetti della crisi economica sono naturalmente le più diffuse: la domanda di interventi per lo sviluppo economico e la lotta alla disoccupazione (23%); la richiesta di aiuti per giovani, famiglie e gruppi sociali più in difficoltà (11%); la necessità di ridurre l'imposizione fiscale (10%). Si tratta di motivazioni trasversali rispetto a tutti gli schieramenti politici. Ma non mancano le differenze in relazione alle diverse scelte di voto. L'esigenza di politiche che combattano la disoccupazione e che offrano un concreto aiuto ai settori sociali più in difficoltà è relativamente più diffusa fra gli elettori del Pd, di Scelta civica e del M5s. La richiesta di riduzione delle tasse è molto più forte tra gli elettori del partito di Berlusconi. La critica nei confronti delle politiche attuate dal governo Monti è presente soprattutto tra gli elettori del M5s.

Le difficoltà crescenti che incontra il nostro sistema politico-istituzionale sono percepite con chiarezza dagli elettori di tutti gli schieramenti, che hanno spesso motivato il loro voto con una

Tabella 3.1. *Fattori importanti per la scelta di voto: «Cosa ha influito di più sulla sua scelta di voto alle elezioni?» - Prima più seconda risposta (v. % in base al voto alle Politiche 2013)*

	Voto Politiche 2013							
	M5s	Pd	Pdl	Scelta civica	Lega Nord	Altri di centro-sinistra	Altri	*Tutti*
Il programma elettorale	41,2	36,3	27,8	33,5	17,2	46,0	29,7	*32,5*
Le sue idee politiche	22,0	38,7	23,9	30,4	42,3	27,1	38,8	*30,4*
La fiducia nel leader di partito/lista	13,3	20,5	22,6	38,0	26,4	29,2	10,0	*20,4*
La fiducia nel partito/lista	14,8	26,3	21,8	8,6	22,6	23,4	11,2	*20,3*
La fiducia nel candidato presidente	13,7	19,5	21,4	46,3	13,7	15,1	20,3	*19,7*
Per votare contro un partito/i partiti	30,0	9,3	5,2	1,1	17,9	3,3	14,1	*12,5*
Il consiglio di amici, familiari, parenti	6,7	7,3	14,3	4,8	2,2	4,5	18,6	*9,0*
Non sa, non risponde	1,9	0,4	0,0	0,0	0,0	0,0	0,0	*2,6*
Totale	*100*	*100*	*100*	*100*	*100*	*100*	*100*	*100*

Fonte: Indagine Osservatorio elettorale LaPolis (Univ. di Urbino), marzo 2013 (base: 1528 casi).

vasta gamma di richieste di riforma dello Stato e della rappresentanza politica: dal cambiamento della legge elettorale all'abolizione delle province, alla trasformazione delle forme di governo a tutti i livelli, con l'esigenza di ampliare gli spazi di democrazia e le possibilità di controllo dei cittadini. Un intervistato su sei ha espresso motivazioni di questo tipo (15%). Meno numerose ma rilevanti sono state invece le motivazioni del voto fondate sull'esigenza di esprimere la critica e la protesta contro i partiti e il ceto politico (10%) e sulla volontà di ridurre i costi della politica e del funzionamento delle istituzioni pubbliche (9%). Queste motivazioni sono state soprattutto dichiarate dagli elettori del M5s. Ma la riduzione della spesa per il funzionamento dello Stato è stata segnalata anche da non pochi tra gli elettori del Pdl.

Non mancano naturalmente i fattori più tradizionali delle scelte di voto: i sentimenti di appartenenza ai partiti e alle diverse aree politiche (11%) e la fiducia nei leader dei partiti o delle coalizioni (12%). Ma non sono pochi gli intervistati che offrono

Tabella 3.2. *La fiducia e la protesta, il voto «per» e il voto «contro» (v. % in base al voto alle Politiche 2013)*

	Voto Politiche 2013							
	M5s	Pd	Pdl	Scelta civica	Lega Nord	Altri di centro-sinistra	Altri	*Tutti*
Direbbe che nella sua scelta ha contato soprattutto...								
...la fiducia verso quel partito	31,3	83,2	80,6	88,4	66,9	72,2	50,2	*60,7*
...la volontà di protestare	68,4	16,5	18,0	10,4	33,1	27,1	42,5	*28,1*
Non sa, non risponde	0,2	0,2	1,4	1,2	0,0	0,7	7,3	*11,2*
Lei ha votato soprattutto per...								
...sostenere quel partito	56,2	75,8	71,8	83,3	55,5	71,0	61,2	*63,4*
...evitare che vincesse un altro partito	43,8	24,2	27,9	15,9	37,7	29,0	29,1	*25,6*
Non sa, non risponde	0,0	0,0	0,3	0,8	6,7	0,0	9,7	*11,0*
Totale	*100*	*100*	*100*	*100*	*100*	*100*	*100*	*100*

Fonte: Indagine Osservatorio elettorale LaPolis (Univ. di Urbino), marzo 2013 (base: 1528 casi).

una «giustificazione» minimalista della loro scelta di voto: l'idea che il partito prescelto sia in ultima analisi il meno peggio (7%). Una posizione che viene espressa molto più spesso dagli elettori del Pd e della Lega, un segnale evidente di un voto deciso con poco entusiasmo.

Restano invece marginali altri temi che avevano avuto molta più importanza in altre elezioni. In primo luogo la richiesta di migliorare e rendere più efficienti i servizi pubblici come la scuola e la sanità (3%): un tema che era (ed è) sostenuto soprattutto dagli elettori di sinistra e di centro-sinistra. Anche diversi temi etici, che hanno suscitato ampie discussioni e aspri conflitti, ottengono poca attenzione da parte degli elettori. Le posizioni personali sull'introduzione delle unioni di fatto, la fecondazione assistita, il testamento biologico, le procedure per l'eutanasia sono presentate come motivazioni del voto da un segmento limitato degli intervistati (3%). Ancora più marginale appare la richiesta di restare in Europa e nell'euro (2%): una questione

Tabella 3.3. *Temi importanti per la scelta di voto: «Quale tema ha influito maggiormente sulla sua scelta per chi votare?» - Prima più seconda risposta (v. % in base al voto alle Politiche 2013)*

Interventi per lo sviluppo economico e contro la disoccupazione
Richieste di cambiamenti delle istituzioni politiche e della legge elettorale
Fiducia nei leader e nei candidati
Interventi a favore di soggetti con difficoltà economiche
Sentimenti di appartenenza a partiti e aree politiche
Riduzione tasse
Critica e protesta contro partiti e ceto politico
Riduzione dei costi per il funzionamento dello Stato
Voto meno peggio
Contro le politiche del governo precedente
Fiducia nei giovani candidati
Questioni etiche
Miglioramento servizi
Per restare in Europa
Per sostenere ruolo internazionale dell'Italia
Lotta alla criminalità
Per ecologia e ambiente
Solidarietà con i più deboli
Immigrazione
Altro
Totale

Fonte: Indagine Osservatorio elettorale LaPolis (Univ. di Urbino), marzo 2013 (base: 1528 casi).

che ha qualche rilevanza solo tra gli elettori della lista Monti e, a un livello molto inferiore, tra quelli del Pd.

Si può poi osservare come si sia molto ridotta, rispetto al passato, la rilevanza dei temi relativi alla difesa dell'ambiente e allo sviluppo sostenibile (1%). In una fase di crisi economica queste *issues* suscitano un relativo interesse solo tra gli elettori di Sel e di altre formazioni di sinistra (15%).

Voto Politiche 2013							
M5s	Pd	Pdl	Scelta civica	Lega Nord	Altri di centro-sinistra	Altri	*Tutti*
22,8	30,5	14,2	26,9	18,3	22,7	25,0	*23,1*
14,3	14,0	15,4	14,4	12,0	18,6	5,8	*14,7*
4,8	12,8	11,5	31,6	13,3	10,0	6,8	*11,8*
11,5	13,0	7,7	6,2	0,8	8,6	20,8	*11,3*
2,8	12,9	15,8	7,8	11,7	15,8	2,3	*11,0*
10,4	8,4	26,1	6,2	15,6	--	2,3	*10,4*
28,6	2,7	7,1	0,9	2,8	2,9	24,1	*9,7*
12,2	8,9	11,2	5,4	6,3	4,4	0,0	*8,9*
4,1	10,8	3,2	8,5	10,3	3,8	4,4	*6,6*
12,6	4,7	3,7	0,8	0,0	2,9	2,3	*5,4*
3,8	6,3	3,7	3,9	0,0	0,0	16,8	*4,6*
2,3	2,3	1,0	6,6	0,0	13,5	4,5	*3,3*
2,8	6,0	1,7	0,0	0,0	5,0	5,7	*3,0*
0,0	2,5	1,4	5,1	0,0	2,2	2,3	*1,6*
0,3	1,4	0,0	5,9	3,8	0,0	0,0	*1,6*
0,5	1,3	1,0	0,0	0,0	4,6	5,3	*1,1*
1,1	0,5	0,0	0,0	0,0	15,4	1,3	*0,9*
0,3	1,1	0,0	0,4	8,5	1,4	0,0	*0,8*
0,0	0,0	0,0	0,0	1,2	0,6	1,3	*0,1*
4,7	1,7	4,3	3,1	10,3	3,7	8,2	*4,1*
100	*100*	*100*	*100*	*100*	*100*	*100*	*100*

I significati

Ci possiamo chiedere se le scelte di voto nelle elezioni del febbraio 2013 siano ancora associate ai significati tradizionali che, in Italia più che in altri paesi, hanno connotato le diverse posizioni politiche.

Possiamo osservare che si mantiene netta la polarizzazione degli elettori sull'asse sinistra-destra per quei partiti che sono stati protagonisti della politica negli ultimi venti anni. Per gli elettori del Pd, di Sel e di Rivoluzione civile è molto forte la tendenza a collocarsi su posizioni di sinistra e di centro-sinistra (tab. 3.4). Molto meno numerosi e quasi marginali sono gli elettori di questi partiti che scelgono le posizioni di centro o di centro-destra. Un discorso simmetrico vale per quanti hanno votato Pdl e Lega: quasi tutti si collocano su posizioni di destra o di centro-destra, mentre sono pochissimi gli elettori che scelgono le posizioni dal centro alla sinistra. È interessante rilevare come quasi metà dell'elettorato che ha scelto di votare per la Lega si percepisca come appartenente alla destra. Il partito di Maroni che era stato fondato con la prospettiva di superare la distinzione destra-sinistra si trova oggi ad essere la formazione politica più a destra presente nelle competizioni elettorali.

La polarizzazione degli elettori sull'asse sinistra-destra viene invece messa in discussione dalla lista Monti e, soprattutto, dal M5s. Gli elettori che hanno votato per Scelta civica si collocano in prevalenza sulle posizioni di centro (42%), ma la lista ha mostrato una capacità non trascurabile di attirare persone più orientate verso il centro-sinistra o verso sinistra (23%). E di attrarre quasi nella stessa misura elettori che si collocano sulle posizioni di centro-destra o di destra (22%). Si può affermare che la presenza della lista guidata dal presidente del Consiglio dimissionario ha molto ridimensionato le possibilità del Pd e del Pdl di attrarre gli elettori che gravitano sulle posizioni di centro, ma anche quelli che, restando su posizioni più orientate a destra o a sinistra, vorrebbero il superamento della forte polarizzazione che ha contrassegnato la politica italiana nella Seconda Repubblica.

Anche il M5s contesta la polarizzazione tradizionale fra centro-destra e centro-sinistra, ma ne chiede il superamento attraverso cambiamenti politici radicali su diversi temi molto popolari tra i cittadini (Corbetta e Gualmini 2013; Biorcio e Natale 2013). Gli elettori del movimento di Grillo rifiutano molto spesso di collocarsi sull'asse sinistra-destra (32%). In misura limitata si orientano su posizioni di centro (7%). L'attrazione del MoVimento è molto forte anche sugli elettori che mantengono i loro orientamenti politici tradizionali (si veda il cap. 5): sia quelli che si collocano su posizioni di sinistra o di centro-sinistra (36%), sia su altri elettori che si riconoscono su posizioni di destra o di centro-destra (25%). Il movimento guidato da Grillo ha così indebolito i due tradizio-

Tabella 3.4. *Auto-collocazione politica degli elettori (v. % in base al voto alle Politiche 2013)*

	Voto Politiche 2013							
	M5s	Pd	Pdl	Scelta civica	Lega Nord	Altri di centro-sinistra	Altri	*Tutti*
Sinistra	17,1	32,0	0,7	6,0	0,0	61,2	6,5	*16,6*
Centro-sinistra	18,9	53,5	1,1	16,5	8,2	25,4	16,8	*23,3*
Centro	7,0	5,3	3,2	42,1	1,6	6,4	24,2	*9,3*
Centro-destra	13,0	2,4	58,7	17,2	31,4	1,3	19,8	*16,0*
Destra	12,3	1,2	27,5	4,5	49,1	0,0	25,9	*10,4*
Esterni (rifiutano di prendere posizione)	31,7	5,5	8,8	13,7	9,8	5,7	6,9	*24,4*
Totale	*100*	*100*	*100*	*100*	*100*	*100*	*100*	*100*

Fonte: Indagine Osservatorio elettorale LaPolis (Univ. di Urbino), marzo 2013 (base: 1528 casi).

nali schieramenti che si sono alternati negli ultimi venti anni al governo. Il richiamo del MoVimento è stato però molto diverso da quello esercitato dalla lista Monti: ha soprattutto attratto cittadini più sfiduciati e critici rispetto ai partiti tradizionali e verso le politiche del governo dei «tecnici».

La tradizionale polarizzazione dell'elettorato sulla dimensione sinistra-destra e sui temi che ad essa sono strettamente intrecciati è stata in parte rimessa in discussione, più in generale, dalla crescita della sfiducia e delle critiche nei confronti delle istituzioni politiche.

Possiamo osservare dalla tab. 3.5 come solo per il presidente della Repubblica si mantenga una estesa fiducia. Una fiducia elevatissima tra gli elettori del Pd e della lista Monti, ma condivisa anche dalla maggioranza degli elettori del Pdl e del M5s. Solo gli elettori del Carroccio esprimono pochissima fiducia nei confronti di Giorgio Napolitano, comprensibile in quanto rappresentante dell'*unità nazionale*.

Ai livelli minimi è invece la fiducia degli elettori italiani nei partiti politici, nel Parlamento e nello Stato: un chiaro segno del profondo disagio dei cittadini e delle critiche nei confronti dell'azione delle istituzioni politiche e dei soggetti che avevano il mono-

Tabella 3.5. *Fiducia nelle istituzioni politiche (v. % molta/più/abbastanza fiducia in base al voto alle Politiche 2013)*

	Voto Politiche 2013									
	M5s	Pd	Pdl	Scelta civica	Lega Nord	Altri di centro-sinistra	Altri	Astenuti	Non sa, non risponde	*Tutti*
Presidente della Repubblica (Giorgio Napolitano)	54,2	84,6	58,8	81,4	20,9	63,4	60,8	57,4	64,8	*66,6*
Magistratura	38,1	68,8	17,5	48,7	9,2	67,7	39,9	35,3	32,9	*42,5*
Unione Europea	19,3	45,6	27,6	55,2	19,6	61,6	43,2	28,6	26,8	*33,2*
Stato	8,1	21,4	18,0	21,6	1,0	28,3	26,5	10,5	12,5	*15,5*
Parlamento	6,7	22,4	6,2	15,7	4,0	21,1	9,6	6,8	8,3	*11,9*
Partiti	4,9	11,0	4,1	7,6	3,2	9,9	2,5	5,8	2,7	*5,9*
Totale	*100*	*100*	*100*	*100*	*100*	*100*	*100*	*100*	*100*	*100*

Fonte: Indagine Osservatorio elettorale LaPolis (Univ. di Urbino), marzo 2013 (base: 1528 casi).

polio della rappresentanza. Le critiche e la sfiducia raggiungono i livelli massimi tra gli elettori del movimento guidato da Grillo e della Lega. Ma sono largamente maggioritarie anche nell'elettorato del Pd, del Pdl e della lista Monti.

Più controverse sono le valutazioni nei confronti della magistratura. Una istituzione che riscuote la fiducia da parte dei due terzi degli elettori del Pd e degli altri partiti di sinistra e centro-sinistra, mentre viene fortemente criticata dall'elettorato del Pdl e del Carroccio. Permane, dunque, anche in una fase di grandi cambiamenti nelle scelte degli elettori, una forte contrapposizione di giudizio sull'operato della magistratura: una delle questioni che più hanno caratterizzato la politica delle Seconda Repubblica.

Anche il giudizio sulle istituzioni internazionali non è molto positivo presso l'opinione pubblica italiana. La fiducia nell'Unione Europea è caduta ai livelli minimi, ed è espressa solo da un terzo degli intervistati (33%). Negli anni Novanta del secolo scorso i giudizi positivi sulle istituzioni comunitarie erano condivisi da quasi due terzi degli elettori. La fiducia nell'Unione Europea è maggioritaria solo tra gli elettori della lista Scelta civica. Più ambigua è invece la valutazione delle politiche comunitarie nell'ambito degli elettori del Pd. La fiducia nell'Unione cade poi fortemente tra i sostenitori del Pdl e, soprattutto, in quelli del M5s e della Lega.

Oltre la destra e la sinistra

L'indebolimento relativo dei due principali partiti italiani registrato nelle recenti elezioni appare pertanto l'effetto di complesse trasformazioni negli orientamenti e nei giudizi politici degli elettori, che si dividono e polarizzano su molte questioni non più riducibili alla possibile alternanza fra centro-destra e centro-sinistra. Il MoVimento di Grillo da una parte e la lista Monti dall'altra hanno offerto, almeno in parte, uno sbocco elettorale alle nuove domande espresse dai cittadini. Due approdi chiaramente alternativi che hanno portato all'elezione di una rappresentanza parlamentare fortemente rinnovata e ringiovanita, che può favorire, quindi, l'approvazione di riforme molto importanti per i cittadini, rendendo però più difficile la costruzione di una maggioranza di governo.

4.
Per il leader o per il partito?

di Fabio Bordignon

La caduta del governo Berlusconi, alla fine del 2011, e l'avvio dell'esperienza del governo tecnico di Monti sono stati interpretati da molti osservatori come la fine della Seconda Repubblica. La scelta del presidente della Repubblica di formare un governo di tecnici (e «professori») è apparsa, almeno in una prima fase, in netta discontinuità rispetto agli anni del berlusconismo (Ceccarini, Diamanti e Lazar 2012). Essa è stata interpretata come indizio «definitivo» della crisi del modello affermatosi nei due decenni precedenti: un modello fondato sulla spettacolarizzazione della politica, sulla comunicazione e il marketing elettorale. In particolare, sulla personalizzazione della politica. Nei giorni dell'insediamento del nuovo esecutivo, Francesco Merlo, su Repubblica Tv, descriveva quella dei tecnici come una squadra «non di persone, ma di funzioni». Mentre sulle pagine della «Stampa» Lucia Annunziata (2011), allargando lo sguardo alle difficoltà del presidente degli Stati Uniti Barack Obama, liquidava le teorie sul carisma personale come «materia per tempi grassi», poco adatta ad un momento di crisi.

L'avvicinamento al voto 2013 ha coinciso, per converso, con un brusco cambiamento di rotta, evidenziando la persistenza – per certi versi l'irreversibilità – della politica mediatizzata e personalizzata. La ri-discesa in campo di Berlusconi e la speculare «salita» di Monti (alla guida di una propria lista personale) hanno riproposto lo schema, ormai consolidato, del rapporto diretto tra leader ed elettore, mediato solamente dallo schermo televisivo. Anche il radicale tentativo di rottura portato avanti da Beppe Grillo e dal M5s ha incorporato – in una miscela di tradizione e innovazione, tra rete e piazza – molti elementi della politica personalizzata: il carisma e le doti comunicative del leader, il totale controllo sul partito, la fusione tra politica e spettacolo (Bordignon e Ceccarini 2013[b]; Mazzoleni e Sfardini 2009). A tali strategie si sono contrapposte, ancora una volta, le difficoltà del Pd e del centro-sinistra di adattarsi, fino in fondo, alle logiche della politica personalizzata.

Ma se il voto 2013 suggerisce, ancora una volta, l'immagine di una competizione tra leader, ci si può domandare fino a che punto ciò si rifletta sul comportamento di voto degli italiani. I dati presentati in questo capitolo mostrano come la componente di elettorato orientata al leader possa essere stimata, oggi, intorno al 30%.

Tipi di elettori

La campagna elettorale 2013 ha proposto strategie ormai consolidate: tutte le forze politiche, specie con l'approssimarsi degli appuntamenti più importanti con il voto, tendono a parlare con una sola voce e a presentarsi con un solo volto; ad affidare al leader il compito di riassumere la propria identità, i propri progetti, e di trasmetterli all'elettorato. Di «invadere» i mezzi di comunicazione: in particolare la Tv (si veda il cap. 2).

Se questa impostazione, in riferimento agli ultimi anni, è chiaramente confermata dai dati empirici, che delineano una forte sovrapposizione tra la figura del leader e il partito nell'occupazione degli spazi mediatici (Bordignon 2011), più complicato appare «misurare» l'impatto del fattore personale sulle intenzioni di voto. Un punto sul quale, peraltro, i ricercatori (e i risultati di ricerca) sono spesso in disaccordo.

Maggiore convergenza si registra, per converso, nel sottolineare un altro trend, che vede i sentimenti di vicinanza ai partiti, in Italia come in tutte le democrazie occidentali, indebolirsi notevolmente nel corso degli ultimi decenni (Bellucci e Segatti 2010). Sempre meno i legami con i partiti si configurano come appartenenze solide e durature, lasciando spazio a fattori di medio e breve periodo: tra i quali è possibile includere i giudizi sui leader (Bellucci *et al.* 2010). Il legame con il leader, tuttavia, a sua volta può essere interpretato come specifico legame identitario, alternativo rispetto alle tradizionali appartenenze politiche. Alla classica tripartizione tra *voto di scambio*, *di opinione* e *di appartenenza* (Parisi e Pasquino 1977), andrebbe ad aggiungersi, così, un voto personale e carismatico. Accanto (e in sostituzione) ad un voto *party oriented*, si affiancherebbe un voto *leader oriented* (Calise 2010; Di Gregorio 2010).

Se il *voto di scambio* è difficilmente «misurabile», almeno attraverso dati demoscopici, alcuni indizi sul peso delle altre tre componenti possono essere ricavati a partire da una domanda diretta sui fattori che hanno maggiormente influito sulla scelta di voto (tab. 4.1).

Il 27%, tra gli elettori dei principali partiti, dichiara di avere espresso un voto che può essere definito *di opinione*, basato su una valutazione del programma: un valore che tocca il suo massimo nell'elettorato a 5 stelle (non a caso, la retorica grillina contrappone le idee alle ideologie).

Il 32% circa dei rispondenti può essere ricondotto alla categoria del *voto ideologico*, legato al partito e alla sua visione del mondo. In questo caso, sono i partiti di centro-sinistra (47% Pd, 40% Sel), assieme alla Lega (51%), a raccogliere le quote più elevate, all'interno del proprio elettorato, di questo tipo di voto.

Il 29% degli elettori esprime un voto «personale», legato anzitutto alla fiducia nel leader del partito o della coalizione (figure che, peraltro, nella maggior parte dei casi coincidono). Le frazioni più ampie, per tale criterio di scelta, si osservano nell'elettorato del Pdl (41%), di Rivoluzione civile (41%) e, in particolare, di Scelta civica (68%). Non sorprende che siano le liste formatesi a ridosso del voto, assieme al partito «di» Berlusconi, a fare maggiormente leva sul ruolo di sintesi e di traino garantito dal proprio *frontman*.

Si sottrae a questo schema il M5s: il peso della proposta (i punti del programma) e della protesta (il 19% dichiara di avere votato «contro»: i partiti e il sistema politico) sembra infatti sovrastare il legame con il leader e con lo stesso MoVimento.

I fattori appena citati, tuttavia, presentano un elevato tasso di sovrapposizione. In particolare, è difficile scindere motivazioni di ordine strumentale – che guardano cioè al raggiungimento di obiettivi programmatici – e il legame fiduciario nei confronti del partito oppure del leader (Bellucci *et al.* 2013) che fanno propria tale *mission*. Emblematico, a questo proposito, è il caso della coalizione centrista, nelle cui strategie la centralità dell'«agenda Monti» sottolinea la fusione tra l'immagine (il profilo e le com-

Tabella 4.1. *I fattori della scelta: «Cosa ha influito di più nella sua scelta di voto alle elezioni politiche?» - Prima risposta (v. % in base al partito votato alle elezioni politiche 2013)*

	Pd	Sel	Pdl	Lega Nord	Scelta civica	Riv. civile	M5s	Media 8 partiti*
Voto di opinione: il programma elettorale	**23**	**27**	**22**	**20**	**15**	**23**	**38**	**27**
Le sue idee politiche	30	30	18	30	12	24	17	22
La fiducia nel partito/lista	17	10	10	21	0	4	7	10
Totale voto ideologico/al partito	**47**	**40**	**28**	**51**	**12**	**28**	**24**	**32**
La fiducia nel candidato presidente	12	8	22	9	34	18	7	15
La fiducia nel leader di partito/lista	10	21	19	14	34	22	7	14
Totale voto alla persona/leader	**22**	**29**	**41**	**22**	**68**	**41**	**14**	**29**
Il consiglio di amici, familiari, parenti	3	3	7	1	4	3	4	4
Per votare contro un partito/i partiti	5	2	3	6	1	6	**19**	8
Non sa/Non risponde	0	0	0	0	0	0	1	0
N. casi	*409*	*42*	*149*	*29*	*104*	*31*	*261*	*1025*

* Nella tabella non sono riportati i dati dell'elettorato Udc perché il numero di casi non era sufficiente; anche nel caso di Sel, Lega Nord e Rivoluzione civile i dati vanno valutati con cautela a causa della esigua numerosità.

Fonte: Indagine Osservatorio elettorale LaPolis (Univ. di Urbino), marzo 2013 (base: 1528 casi).

petenze) del leader e la prosecuzione del progetto avviato dal governo uscente.

Per tali ragioni, può essere interessante circoscrivere l'analisi al tentativo di scindere percorsi decisionali centrati sul partito oppure sul leader. Una matassa a sua volta difficile da districare, proprio a causa della crescente compenetrazione tra le due dimensioni.

L'elettore «leader oriented»

Analisi sul comportamento di voto condotte negli ultimi anni hanno evidenziato come i giudizi sui capi-partito, in Italia, abbiano un impatto rilevante (e crescente) sulle preferenze di voto, anche al netto delle identificazioni partitiche e dell'auto-collocazione sull'asse sinistra-destra (Bordignon 2011). Ma se il nesso fiduciario di tipo personale sembra poter «competere» con quello riferito al partito, il clima anti-politico fa sì che entrambi si configurino come «legami deboli»: ancor più di quanto avveniva all'inizio della Seconda Repubblica. Guardando all'interno dell'elettorato delle principali formazioni (tab. 4.2), nel 1995 si registrava una forte vicinanza, superiore al 50%, sia verso il partito sia verso il leader (sentimenti, all'epoca, strettamente associati). Prendendo in esame, invece, i sondaggi condotti nel corso dell'ultima legislatura, il clima d'opinione si presenta sensibilmente più freddo. Tra il 2010 e il 2011, in un periodo lontano dall'appuntamento al voto, appena il 31% degli elettori si dice molto vicino al «proprio» partito e una quota appena superiore, il 37%, esprime sentimenti di forte apprezzamento per il leader. All'interno di questo quadro, si osservano però alcuni elementi di un certo interesse:

1) con l'avvicinarsi del voto, e l'aumento dell'interesse per la competizione politica (si veda il cap. 2), i cuori degli elettori sembrano «scaldarsi», soprattutto grazie alla figura del leader;

2) considerando, poi, come i due riferimenti si combinino tra loro, il ruolo del leader sembra, nel confronto con il passato, caratterizzato da maggiore autonomia rispetto a quello del partito. Gli elettori molto vicini al leader (e meno al partito) erano appena il 9% all'inizio degli anni Novanta, mentre raddoppiano nelle rilevazioni condotte negli ultimi tre anni (20%). Inoltre, il loro peso tende a crescere, fino al 26%, a ridosso del voto.

Le stesse analisi, tuttavia, individuano una componente non trascurabile di elettori molto vicini sia al leader sia al partito. Al fine di individuare il riferimento prevalente è possibile adottare una strategia diversa (figg. 4.1 e 4.2), che consiste nel chiedere direttamente all'elettore (a) chi sia il suo leader preferito, all'interno del partito votato e (b), in seconda battuta, se si senta anzitutto «elettore del partito» oppure «elettore del leader». A partire dalle risposte ottenute attraverso questa sequenza di domande, si possono costruire alcuni indici sintetici di personalizzazione dei partiti e del comportamento di voto. In primo luogo, va sottolineato che i due terzi degli intervistati – il 65% – indicano come esponente politico preferito il leader in carica: segno di come l'im-

Tabella 4.2. *Elettori orientati al leader e al partito (strategia indiretta); composizione degli elettorati degli 8 principali partiti in base alla vicinanza al partito e al suo leader. La tipologia è stata costruita combinando la vicinanza al leader (punteggio superiore a 7, su scala da 1 a 10) e la vicinanza al partito («molto» vicini nel periodo 2010-11; livello di fiducia superiore a 7, su scala da 1 a 10, nel 1995)*

	Nessuna vicinanza	Vicinanza al partito e al leader	Vicinanza solo al partito	Vicinanza solo al leader	*N. casi*[1]	Vicinanza al partito (molto)	Vicinanza al leader (>7)
Scelta civica (Monti)	21	33	3	42	*104*	37	75
M5s (Grillo)	40	29	7	24	*552*	36	53
Pdl (Berlusconi)	40	28	8	24	*493*	36	52
Pd (Bersani)	49	19	9	24	*1.388*	28	42
Rivoluzione civile (Ingroia)	54	22	5	20	*56*	26	42
Lega Nord (Maroni)	43	29	15	12	*107*	44	41
Sel (Vendola)	44	31	16	9	*155*	47	41
Udc (Casini)	58	17	16	9	*118*	33	25
Media 8 partiti (set. 2012-mar. 2013)	**45**	**23**	**9**	**23**	***3.071***	**32**	**46**
Serie storica: media principali partiti							
gennaio-marzo 2013	39	28	7	26	*1.583*	35	54
settembre-dicembre 2012[2]	50	19	12	20	*1.488*	30	38
novembre 2010-ottobre 2011[2]	51	19	12	18	*3.798*	31	37
gennaio 1995 (6 partiti)[3]	35	45	10	10	*1.832*	55	55

[1] Le numerosità non fanno riferimento all'effettivo peso elettorale dei partiti nel periodo considerato, in quanto non tutte le variabili necessarie alla costruzione della tipologia erano disponibili, per tutti i partiti, in tutte le indagini considerate.
[2] Fonte: sondaggi *Atlante politico* Demos & Pi (Pd, Idv, Pdl, Lega Nord, Fli, Sel, Udc, M5s).
[3] Fonte: sondaggio ISPO, gennaio 1995 (Pds, Prc, Forza Italia, Lega Nord, An, Ppi).

Fonte: Indagine Osservatorio elettorale LaPolis (Univ. di Urbino), marzo 2013 (base: 1528 casi).

magine complessiva di un partito tenda, comunque, a coincidere con un solo volto.

Il 28% delle persone interpellate, poi, si auto-definisce come elettore orientato al leader (mentre un ulteriore 14% si dichiara elettore personale, ma di un altro esponente del partito votato). Una quota inferiore (23%), ma forse ancora più significativa, sarebbe pronta a modificare la propria scelta di voto

Figura 4.1. *Il leader preferito dagli elettori di ciascun partito (v. %): «All'interno di [nome del partito votato] chi è il suo politico o leader preferito?»*

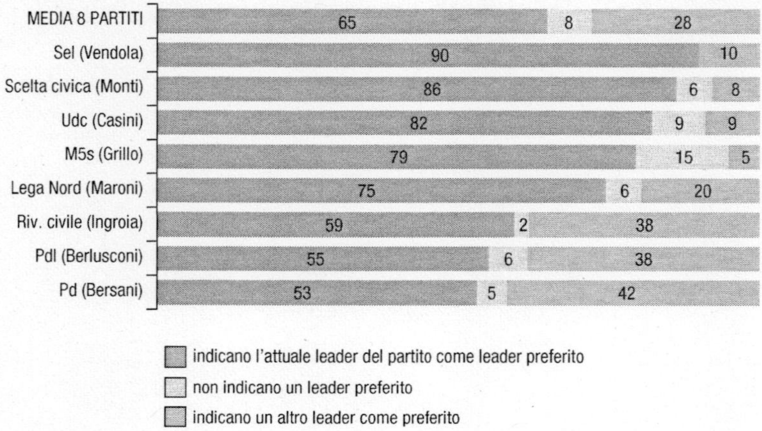

L'evoluzione degli equilibri interni	marzo 2013	febbraio 2013	dicembre 2012
Partito democratico			
Bersani	40	57	66
Renzi	49	34	20
Popolo della libertà			
Berlusconi	63	58	43
Alfano	20	20	28

Fonte: Indagine Osservatorio elettorale LaPolis (Univ. di Urbino), marzo 2013 (base: 1528 casi).

«per» il leader: a seguirlo cioè in un'altra formazione, qualora cambiasse casacca oppure fondasse un nuovo partito (personale, naturalmente).

Le differenze tra i partiti e tra i leader

L'elettorato orientato al leader oscilla quindi tra il 20 e il 30%. Tuttavia, le differenze tra i maggiori partiti, a questo proposito, sono tutt'altro che trascurabili.

Il *Popolo della libertà* fa registrare, complessivamente, valori non molto lontani dalla media. Tale posizionamento riflette, oggi, i travagli vissuti a partire dal 2011: una crisi del partito, legata a doppio filo a quella del suo presidente. Non va trascurato, allo stesso tempo, come il Pdl rappresenti un contenitore più ampio rispetto a Forza Italia (e ad altri soggetti che compongono l'attuale offerta politica), nel quale la momentanea uscita di scena di Berlusconi (in seguito alla caduta dell'esecutivo, alla fine del 2011) aveva aperto una convulsa corsa sulla successione. Questa fase ha portato sotto i riflettori il segretario Angelino Alfano: privo del *quid* del leader, nel giudizio di Berlusconi, ma che sembra comunque disporre di una quota non trascurabile di voti personali. Se si considera però l'evoluzione di questi dati nei mesi che precedono il voto, si nota come Berlusconi, dal momento della ri-discesa in campo, si sia rapidamente «ripreso il partito»: non solo mettendo fine agli scontri interni, ma anche concentrando sulla propria persona le preferenze degli elettori. Nonostante i suoi consensi, nell'elettorato generale, siano ai minimi storici (di poco superiori al 20%). È significativo osservare, peraltro, come questa operazione sia coincisa con un parziale recupero nei consensi per il Pdl.

Il *Partito democratico* è sicuramente la forza politica per la quale l'impatto del leader appare meno decisivo. Il metodo delle primarie ha innescato un processo di personalizzazione del partito, garantendo margini di manovra al segretario e sovrapponendo il suo profilo a quello del Pd, dal punto di vista dell'immagine e della comunicazione. Ciò nondimeno, la frazione di voti «portati» da Bersani appare piuttosto contenuta: solo due elettori democratici su dieci si riconoscono, anzitutto, nel capo della coalizione di centro-sinistra, e appena uno su dieci seguirebbe Bersani in un nuovo partito. Inoltre, il Pd si presenta, oggi, come un partito (almeno) bi-personalizzato: investito, nei mesi prima del voto, da una dinamica opposta rispetto a quanto avvenuto per il Pdl. Dopo il picco di popolarità per Bersani, registrato all'indomani delle primarie, i consensi verso il suo *competitor* Matteo Renzi sono progressivamente cresciuti, diventando maggioritari, all'interno dell'elettorato Pd, dopo le elezioni di febbraio. (Renzi è peraltro, già da prima del voto, il leader politico più apprezzato dagli ita-

Figura 4.2. *Elettori orientati al leader e al partito (strategia diretta). La tipologia e gli indici qui riportati sono stati costruiti attraverso una serie di quattro domande dirette rivolte agli elettori di ciascun partito (vedi Nota per il testo esatto delle domande)*

	Non indica un leader	Si dice elettore del partito votato	Si dice elettore di un altro esponente del partito (A)	**Si dice elettore del leader del partito (B)**	*Totale*	*N. casi*	**Indice voto orientato alla persona (A+B)**
Scelta civica (Monti)	6	29	3	**62**	*100*	*165*	**65**
Sel (Vendola)	0	45	8	**47**	*100*	*121*	**55**
Udc (Casini)	9	46	0	**45**	*100*	*67*	**45**
Lega Nord (Maroni)	6	52	7	**34**	*100*	*100*	**42**
Riv. civile (Ingroia)	2	51	18	**28**	*100*	*45*	**46**
Pdl (Berlusconi)	6	50	18	**26**	*100*	*437*	**44**
M5s (Grillo)	15	59	0	**25**	*100*	*534*	**26**
Pd (Bersani)	5	51	24	**20**	*100*	*1.160*	**44**
Media 8 partiti (dic. 2012-mar. 2013)	7	51	14	**28**	*100*	*2.647*	**42**

Fonte: Indagine Osservatorio elettorale LaPolis (Univ. di Urbino), marzo 2013 (base: 1528 casi)

liani, con oltre il 60% di giudizi positivi.) Inoltre, la componente renziana dell'elettorato democratico esprime un'impronta leaderistica decisamente più marcata: il 66%, in questo segmento, si dice anzitutto elettore del sindaco di Firenze; oltre la metà (51%) lo seguirebbe in un nuovo partito.

È l'elettorato di *Scelta civica*, come già sottolineato, a caratterizzarsi maggiormente in chiave personale: sette elettori su dieci affermano di avere votato anzitutto per Monti; una quota ancora superiore abbandonerebbe la lista centrista insieme al Professore, qualora quest'ultimo decidesse di intraprendere una nuova avventura politica. Anche all'interno dell'elettorato *Udc*, fortemente ridimensionato in seguito al patto con Monti, il peso di Casini

Indice 1. Si dichiarano innanzitutto elettori del leader in carica del partito (% tra gli elettori di ciascun partito)

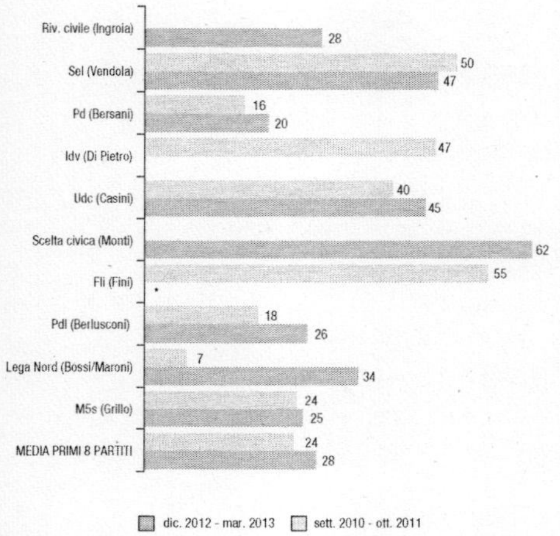

Indice 2. Se il leader lasciasse il partito o ne fondasse uno nuovo, voterebbero per il partito del leader (% tra gli elettori di ciascun partito)

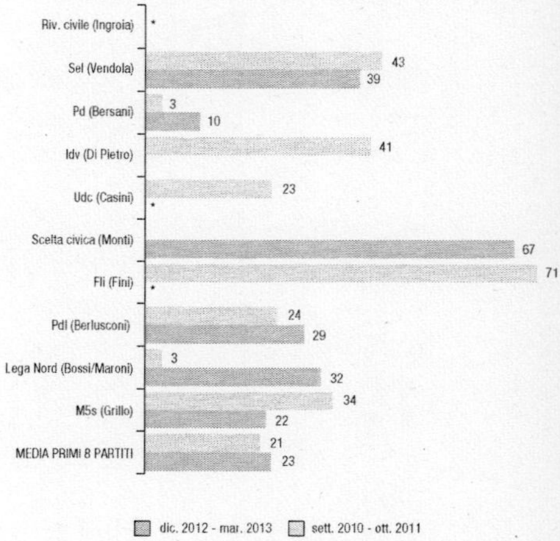

* Numero casi insufficiente.

Nota: *Domanda 1*: intenzioni di voto. *Domanda 2*: all'interno di [partito votato domanda 1] chi è il suo politico o leader preferito? *Domanda 3*: Lei direbbe di votare soprattutto per [partito votato domanda 1] o per [leader preferito domanda 2]? *Domanda 4*: Se [leader preferito domanda 2] lasciasse il partito o ne fondasse uno nuovo lei continuerebbe a votare per [partito votato domanda 1] o voterebbe per il partito di [leader preferito domanda 2]?

rimane rilevante, pari a quello del partito, anche se entrambi i riferimenti non sembrano suscitare sentimenti di attaccamento particolarmente forti.

Il *MoVimento 5 stelle* rappresenta, indubbiamente, uno dei casi più interessanti, considerata la peculiarità della collocazione del leader all'interno dell'organizzazione (Bordignon e Ceccarini 2013[a]). Il fatto che l'80% dei suoi elettori indichi proprio l'ex comico come esponente politico preferito ribadisce l'assenza (almeno per ora) di figure alternative all'interno del partito. Sebbene il MoVimento si auto-descriva come orizzontale (non gerarchico, privo di leader), i suoi elettori fanno segnare un grado di personalizzazione della propria scelta di voto non lontano dalla media generale: uno su quattro si dice «grillino» (in senso stretto). Sei su dieci, però, hanno votato anzitutto per il (non)partito: indubbiamente un marchio di successo, quello a 5 stelle (peraltro di proprietà dello stesso Grillo).

Per la *Lega Nord*, il passaggio di consegne da Bossi a Maroni sembra avere (in modo per certi versi paradossale) aumentato il tasso di personalizzazione del voto. Fino a pochi mesi fa il Carroccio era il soggetto politico che, nelle prospettive del suo elettorato, più da vicino approssimava i tradizionali meccanismi del voto di appartenenza. Nonostante l'impostazione carismatica della leadership, il legame della base con il *senatùr*, sebbene solido, sembrava discendere anzitutto dal vincolo fiduciario nei confronti del partito (e non viceversa). Gli scandali relativi alla gestione dei finanziamenti pubblici che hanno coinvolto il partito (e il «cerchio magico» di Bossi), oltre ad averne dimezzato il peso elettorale, hanno reso decisamente più tiepido il clima interno all'elettorato leghista, creando maggiore spazio per il voto personale. L'*appeal* di Maroni (combinato alla candidatura alla presidenza della Regione Lombardia) sembra avere, anzi, in una certa misura tamponato l'emorragia di consensi. Tre elettori leghisti su quattro, oggi, indicano l'ex ministro dell'Interno come politico preferito. Più di uno su tre si definisce suo elettore (ancor prima che leghista).

Sinistra ecologia e libertà è ancora «il partito di Vendola»: quasi un elettore su due afferma, infatti, di avere votato anzitutto per il governatore pugliese (che peraltro ancora oggi, in termini di popolarità, non ha avversari interni). Ciò nondimeno, la sua immagine sembra essersi appannata, nell'ultima fase, in particolare durante una campagna elettorale interpretata da comprimario (e affidabile alleato) di Bersani. Le fortune di Sel hanno seguito la curva del leader: dal 6% stimato dai sondaggi all'inizio del 2012, fino al 3,2% conseguito nel voto di febbraio. Anche tra i suoi elettori, così, l'identità del partito si è in parte «sganciata» da quella del suo fondatore. Al punto che la sopravvivenza di Sel si lega, oggi, anche alla capacità di guardare «oltre» Vendola (si veda il cap. 9).

Rivoluzione civile, cartello di associazioni e partiti aggregatisi a sostegno della candidatura di Antonio Ingroia, ha affidato all'ex magistrato il compito di veicolare la propria identità e il proprio progetto. La composizione interna del suo elettorato, peraltro piuttosto ristretto, sembra riflettere tale impostazione. Il 28% ha votato facendo riferimento alla figura del leader siciliano: un dato che risulta perfettamente allineato alla media dei primi otto partiti. A tale componente si aggiunge, peraltro, il traino garantito dalle altre personalità di spicco che hanno aderito al progetto (in particolare Antonio Di Pietro).

Il leader come fattore di successo

Dall'inizio degli anni Novanta, una delle dinamiche centrali, nel processo di ridefinizione del funzionamento della democrazia italiana, riguarda senza dubbio i fenomeni, strettamente connessi, della presidenzializzazione (Poguntke e Webb 2005) e personalizzazione (Barisione 2006) della politica. La nascita di Forza Italia e, più in generale, il «fenomeno Berlusconi» hanno rappresentato, sotto questo profilo, un'esperienza forse unica nel panorama internazionale. Ma tutti o quasi i principali protagonisti, nella fase recente, della scena politica italiana hanno esibito, seppur in diversa misura, i segni di questa metamorfosi. E il prototipo berlusconiano del *partito personale* (Calise 2010) si è ripresentato in molteplici varianti.

Le elezioni politiche 2013 hanno confermato come il legame con il leader rappresenti un fattore di crescente importanza nei processi che conducono alla scelta di voto. Con il venire meno delle solide appartenenze del passato, l'orientamento al leader diventa una «scorciatoia» nell'assunzione della propria scelta elettorale. La rilevanza di tale meccanismo appare evidente, in particolare, per i soggetti più lontani dalla politica e incerti su come votare: circa la metà, tra coloro che hanno maturato la propria scelta nelle ultime 24 ore, dichiara di aver votato anzitutto *la persona* e non *il partito*.

Le principali compagini che si sono confrontate nel voto di febbraio, di conseguenza, si presentano come formazioni «con un leader»: indipendentemente dal fatto che si tratti dell'effettivo «capo». Tutte appaiono alla ricerca di una figura che sappia narrare «una storia»: che diventi la storia del partito stesso e punti ad «intercettare» quelle del suo elettorato. Una personalità che sappia conquistare spazio sui media, in particolare in Tv, adottando un registro popolare e, spesso, populista.

Allo stesso tempo, le sorti di tutti i principali partiti appaiono vincolate, nel bene e nel male, alle capacità del proprio leader di interpretare tale ruolo. È così per il Pdl, che continua a legare le proprie performance alla (residua) capacità del Cavaliere di scuotere e ri-mobilitare il «suo» popolo. È così per la coalizione centrista, il cui candidato, nonostante l'evidente tentativo di piegare la propria immagine alle logiche della politica pop, non è riuscito ad entrare in sintonia con un «pubblico» più ampio, a capitalizzare il consenso raccolto come presidente del Consiglio, trasformandosi da *funzione* a *persona*. È così, indubbiamente, per il M5s, che a partire dal 2012 ha progressivamente allargato i suoi consensi grazie (anche) alle straordinarie doti comunicative di Grillo. Pure nel caso di formazioni più piccole, come Rivoluzione civile e Sel, la deludente performance elettorale può essere ricondotta all'inadeguatezza (o alla momentanea rinuncia) del leader a giocare la carta del carisma personale.

Infine, l'incapacità del Pd di sfondare, di vincere sfruttando condizioni favorevoli, sembra legarsi alle esitazioni nell'abbracciare fino in fondo l'impostazione leaderistica. Del resto, Bersani, a differenza di tutti gli altri leader, ha scelto di non riportare il proprio nome nel simbolo elettorale. Di più: ha esplicitamente bollato i partiti personali come «cancro della democrazia». Il Pd appare dunque, più di ogni altro partito, in mezzo al guado: sospeso tra nuovi e vecchi modelli organizzativi, vecchi e nuovi repertori d'azione politica. Il metodo di selezione del candidato (e del segretario del partito) ha allargato gli spazi di autonomia del leader, favorendo la definizione di un rapporto diretto con il «popolo delle primarie». Tuttavia, l'opzione per una campagna di basso profilo e l'insistenza sul «principio di realtà» (contrapposto alla comunicazione e alle rappresentazioni mediatiche) si sono rivelati inadeguati di fronte al clima di risentimento esistente nel Paese. Il Pd è stato travolto, così, insieme all'intero sistema politico, dallo *tsunami* grillino. Mentre ha arginato, al suo interno, la sfida posta da Renzi: un'onda che però, dopo il deludente risultato di febbraio, è tornata ad alzarsi.

Parte seconda
Liste al voto

5.
«Tsunami» a 5 stelle

di Fabio Bordignon e Luigi Ceccarini

All'indomani delle elezioni, i leader delle forze in campo spesso abbracciano angolazioni *particolari* nella lettura dell'esito del voto. Il fine è quello di ricondurre l'interpretazione all'interno di un quadro il meno deludente possibile: per la base e il gruppo dirigente del proprio partito. Se tale approccio si è ripresentato in occasione delle ultime elezioni politiche, sicuramente non ha riguardato il M5s e il suo leader. Da qualunque punto di vista si osservi il suo risultato elettorale – dalla differenza, positiva, rispetto alle previsioni demoscopiche, al numero dei candidati pronosticati e poi eletti, ai voti in termini percentuali o assoluti conseguiti, alla loro distribuzione sul territorio – il partito di Beppe Grillo è il vero (ed unico) vincitore della consultazione. Alla prova del 24-25 febbraio il MoVimento ha ottenuto un successo inatteso. Non solo per gli osservatori, ma anche per il più ottimista dei suoi candidati e (al di là dei proclami pre-elettorali) per il suo stesso leader.

Dalle urne sono uscite «tre grandi minoranze» che hanno raccolto, nell'assieme, quasi il 73% dei voti. Si può discutere se il M5s sia effettivamente emerso come prima forza del Paese: il Pd, in realtà, lo supera di pochi voti, se si considerano le preferenze degli italiani all'estero. Ma non c'è dubbio che queste elezioni saranno ricordate per il successo ottenuto dal partito (antipartito) di Grillo. Al primo test nazionale, il M5s ha ricevuto il consenso di 8,7 milioni di italiani. Mentre il Pd, rispetto al 2008, ha perso quasi 3,5 milioni di voti; il Pdl 6,3 milioni; la Lega Nord oltre 1,6 milioni. Lo scenario politico elettorale ha così assunto una configurazione inedita.

Se in letteratura, e ancor di più nella pubblicistica, sono numerose le metafore che assimilano le dinamiche elettorali italiane a eventi atmosferici e calamità naturali, in questo caso non è azzardato parlare di un vero e proprio *terremoto*. Anzi, richiamando il nome scelto dal leader per il proprio tour elettorale, di uno «*tsunami* a 5 stelle»: un'onda anomala che ha travolto i partiti e il Parlamento, cambiando profondamente il paesaggio politico.

Il territorio del MoVimento

Il M5s ha conseguito 8.689.458 voti validi, pari al 25,6% del totale alla Camera (territorio nazionale, esclusa Valle d'Aosta), eleggendo 108 deputati (al Senato: 7.285.850 voti, il 23,8% e 54 senatori). Il partito di Grillo non fa registrare una concentrazione del voto in specifiche aree: è dappertutto. Il suo peso cresce, leggermente, via via che dal Nord si passa al Sud.

Analizzando la distribuzione del voto in base alle classiche zone geopolitiche, il Nord Ovest – un tempo definito *Zona industriale* – emerge come l'area di debolezza relativa, con il 23,1% dei voti. Nel Nord Est – *Zona bianca* poi diventata *verde* per la presenza leghista (Diamanti 1995, 2009) – il M5s ottiene il 24,8% dei consensi. Tale percentuale sale di circa un punto (25,7%) nella cosiddetta *Zona rossa* dell'Italia centrale. La ripartizione in cui il voto al MoVimento si presenta leggermente più elevato è, però, il Centro Sud: nelle regioni appartenenti a quest'area i consensi raggiungono il 28,4%, quasi due punti in più rispetto a quanto si registra nella zona meridionale e insulare (26,8%). In definitiva, ciò che caratterizza il voto al M5s, sotto il profilo territoriale, è l'omogeneità della distribuzione.

Tenendo sullo sfondo lo scenario appena descritto, è interessante analizzare la mappa che riporta i migliori risultati del MoVimento a livello provinciale (fig. 5.1). Questo diverso livello di aggregazione del voto consente di individuare con maggiore facilità le zone di forza, che compongono un mosaico fortemente eterogeneo sotto il profilo del retroterra politico e sociale.

Il M5s trova anzitutto in Sicilia un contesto particolarmente favorevole (33,5%). Con la sola eccezione di Messina, tutte le province dell'isola rientrano tra i contesti dove il M5s ottiene i maggiori successi: ben sei province siciliane tra le prime dieci a livello nazionale. A Trapani e a Ragusa si osservano i risultati migliori (su base regionale, ma anche nazionale): il consenso si attesta intorno al 40%. Le zone di forza coprono poi, integralmente, la Liguria

Figura 5.1. *Il M5s: zone di forza - Elezioni politiche 2013 (v.a. e %, Camera dei deputati)*

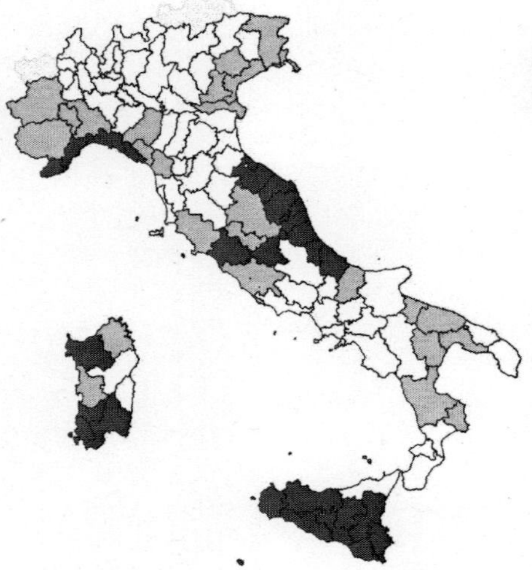

			Per area geo-politica	
M5s	%	**25,6**	Nord Ovest	23,1
	v.a.	**8.689.458**	Nord Est	24,8
			Zona rossa	25,7
			Centro Sud	28,4
			Sud e Isole	26,8

Le prime 10 province		**Le ultime 10 province**	
Trapani	40,2	Bergamo	16,8
Ragusa	39,3	Sondrio	17,1
Siracusa	37,0	Vibo Valentia	18,4
Caltanissetta	36,6	Brescia	18,5
Agrigento	36,0	Como	18,6
Imperia	34,1	Lecco	18,7
Catania	33,7	Avellino	19,3
Pesaro-Urbino	33,6	Cremona	19,5
Savona	33,0	Firenze	19,8
Fermo	32,9	Varese	20,1

Fonte: Osservatorio elettorale LaPolis (Univ. di Urbino) su dati del Ministero dell'Interno.

(32,1%) – con Imperia e Savona al sesto e al nono posto della graduatoria – e le Marche (32,1%) – con un risultato particolarmente rilevante a Pesaro e Urbino, oltre che a Fermo. La mappa mette poi in evidenza province abruzzesi, sarde e laziali: regioni che complessivamente si fermano poco sotto il 30%.

Anche le dieci province dove il M5s si presenta più debole appaiono scarsamente caratterizzate da un omogeneo retroterra politico-elettorale: tra esse troviamo Bergamo e Sondrio, nel Nord leghista (circa 17% dei voti validi, quasi dieci punti percentuali in meno rispetto al risultato medio); ma anche Vibo Valentia e Avellino nel Mezzogiorno; ancora, Firenze, nel «cuore rosso» (Ramella 2005) dell'Italia, con circa il 20%.

Il diffuso insediamento territoriale del MoVimento è ribadito in modo ancora più evidente dalla mappa che riporta, sempre su base provinciale, il suo posizionamento come primo o secondo partito (fig. 5.2). La distribuzione conferma quanto considerato in apertura: il voto a 5 stelle appare come un'ondata, uno *tsunami* che ha investito – coprendo e trasformando – l'intero territorio nazionale. Sul totale delle 108 province considerate[1], il MoVimento si propone come primo partito in 50. In 21 di queste, peraltro, assume proporzioni «maggioritarie», prevalendo anche nel confronto tra le coalizioni. Anche dove non risulta primo partito, il M5s si posiziona quasi ovunque come secondo: occupa la piazza d'onore in ben 42 province, mentre solo nelle 16 restanti hanno primeggiato altre liste.

Il M5s, quindi, come forza più votata copre quasi tutto il Nord, con la rilevante eccezione della Lombardia. Si estende, poi, lungo la dorsale adriatica: dalla provincia di Rimini fino al Molise. Sul versante tirrenico, occupa parte del Lazio e quasi per intero le isole maggiori: Sardegna e Sicilia. Poi metà della Basilicata e metà della Calabria. Un ulteriore punto di forza può essere individuato nella provincia di Lucca, tradizionale enclave *bianca* nel cuore della *rossa* Toscana (anomala, rispetto al contesto in cui è inserita, anche durante la Seconda Repubblica).

L'impianto territoriale del MoVimento presenta pochi *buchi*. Essi riguardano: nel Sud alcune province della Campania meridionale e Vibo Valentia; nel Nord, buona parte della Lombardia.

[1] Sono escluse dall'analisi le province di Aosta e Bolzano.

Figura 5.2. *Posizionamento del M5s nella graduatoria dei partiti e delle coalizioni (2013, Camera dei deputati)*

Posizionamento nella graduatoria dei partiti

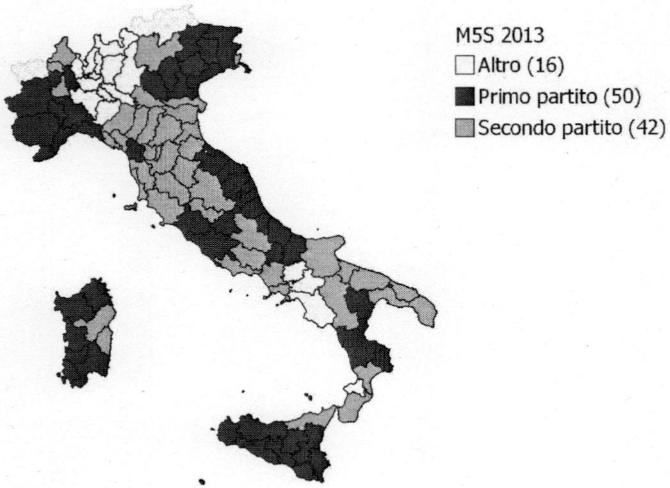

Posizionamento nella graduatoria delle coalizioni

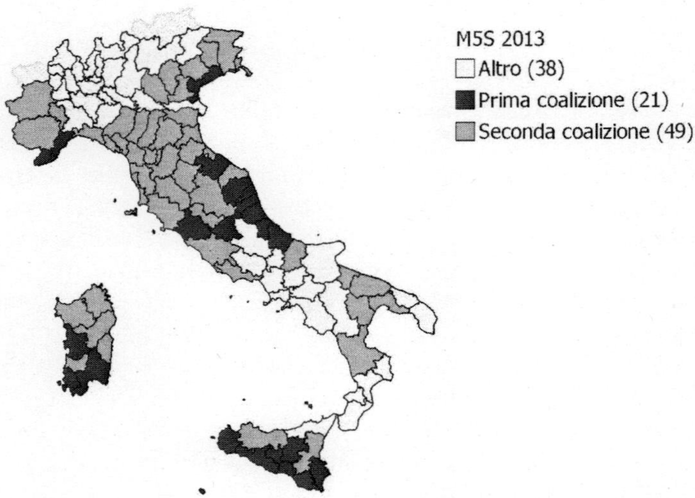

Fonte: Osservatorio elettorale LaPolis (Univ. di Urbino) su dati del Ministero dell'Interno.

Un risultato interessante, quest'ultimo, considerata l'importanza attribuita, nel corso della campagna elettorale, alla competizione nella maggiore regione italiana, anche per la concomitanza del voto per le Regionali. È possibile ipotizzare che il *peso* della propria scelta elettorale abbia ricondotto parte dei cittadini lombardi allo schema bipolare, secondo la logica del «voto utile», inibendo così il voto di protesta.

La geografia elettorale dell'Italia è profondamente cambiata rispetto al 2008, ma anche rispetto ai tradizionali *colori* politici del territorio. Le mappe riportate nei capitoli di questo volume, relative alle zone di forza e alle variazioni nel voto agli altri partiti, ci restituiscono l'immagine di una *destrutturazione* dell'assetto geopolitico italiano. Il M5s ha saputo riempire il vuoto determinato dall'arretramento delle forze politiche tradizionali: non solo inserendosi negli interstizi tra culture politiche differenti, ma anche insidiando i partiti maggiori nelle loro roccaforti. Andando «oltre» le sue origini: se i primi esperimenti e i primi successi elettorali riguardavano, infatti, soprattutto il Centro Italia (per la precisione, il Centro Nord Est), le Regionali siciliane dello scorso ottobre sembrano avere determinato una svolta, inaugurando una fase di grande espansione nel Mezzogiorno.

Una base composita e in MoVimento

Al cambiamento delle coordinate territoriali corrisponde una ridefinizione del profilo sociale del MoVimento. Anzitutto, si tratta di un soggetto politico che presenta la componente di elettori di genere maschile più elevata rispetto alle altre formazioni (fig. 5.3). Un altro tratto caratterizzante è quello dell'età. Sotto questo profilo, è il partito che attrae maggiormente le classi più giovani, in particolare la fascia 30-44 anni (nella quale sale al 36% rispetto alla media del 26%). Al di sotto del dato medio troviamo solo chi ha più di 64 anni (9%). Si tratta inoltre della lista che, in misura maggiore, è riuscita ad attrarre le matricole al voto (31%). Questo tipo di profilo si lega ad altri caratteri sociali: in primo luogo, il livello di scolarizzazione relativamente elevato; e una frequenza nella pratica religiosa inferiore alla media.

In merito al profilo socio-professionale, è interessante notare

Figura 5.3. *M5s: voto per categoria socio-demografica (v. %)*

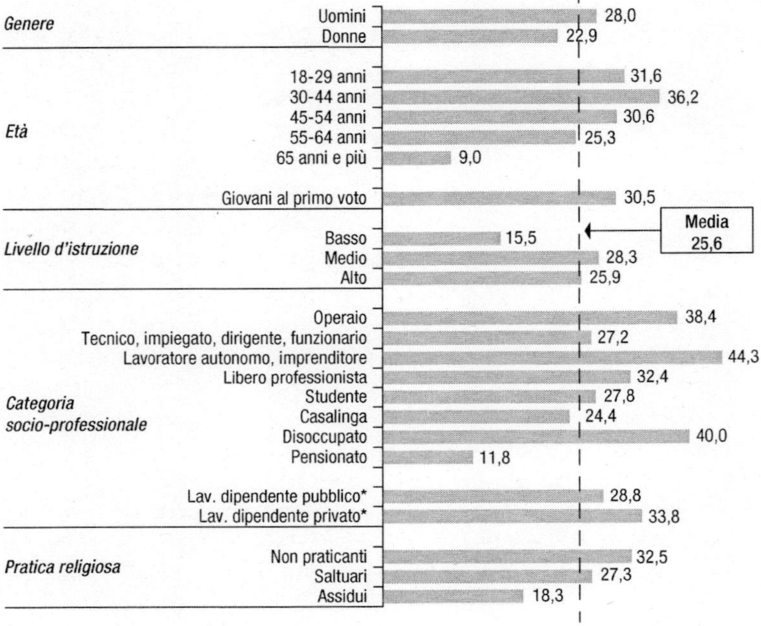

* I lavoratori dipendenti (operai, tecnici, impiegati, dirigenti, funzionari) sono stati disaggregati in base al settore di appartenenza.

Fonte: Osservatorio elettorale LaPolis (Univ. di Urbino), febbraio-marzo 2013 (base: 3546 casi).

che alcune categorie sono maggiormente rappresentate in questa base elettorale. Sono gli operai, i lavoratori in proprio e i disoccupati. In particolare, il M5s è la formazione più votata tra quanti svolgono un lavoro indipendente, come imprenditori e artigiani (44%). Dunque, emerge l'idea di un partito, in un certo senso, trasversale: *pigliatutti.*

Ma questa fotografia mostra l'immagine più recente della base a 5 stelle, i cui tratti sociografici, oltre a quelli di cultura politica, sono cambiati nel tempo, nonostante la breve storia di questo soggetto politico. Inizialmente, il profilo elettorale dei suoi simpatizzanti (e potenziali elettori) era ancor più sbilanciato verso la componente giovanile: poi, gli elettori ultra 45enni sono cresciuti nel tempo. Progressivamente, è aumentata la presenza di lavoratori autonomi ed è diminuito il peso degli impiegati (Bordignon e Ceccarini 2013[a], 17). Se poi guardiamo al settore di lavoro, si rileva un peso maggiore dei dipendenti privati rispetto a quelli del pubblico, 34% *vs.* 29%.

Detto in altri termini, la considerevole crescita *quantitativa*, sperimentata dalla base elettorale del MoVimento, a partire dalle elezioni amministrative del maggio 2012, ha comportato una ridefinizione anche in termini *qualitativi* dei suoi tratti. Si è verificato un processo di *normalizzazione* che ha ridimensionato alcune caratteristiche socio-demografiche, avvicinandole alla media sociale. Alcune peculiarità sono però rimaste e continuano a segnare il profilo degli elettori a 5 stelle.

Una dinamica non dissimile ha interessato i lineamenti politici degli elettori grillini. Il M5s – è bene ricordarlo – si auto-definisce un «non-partito»: né di destra, né di sinistra; senza ideologia, ma con idee. Al fine di marcare questo elemento di distinzione rispetto alle altre forze politiche, ha scelto di far sedere i propri eletti, in Parlamento, *dietro* gli altri deputati e senatori: per dare visibilità e concretezza, anche in termini spaziali, a questa differenza; oltre che per tenere il «fiato sul collo» ai propri colleghi onorevoli, esercitando così quella concezione di *democrazia del monitoraggio* (Keane 2009; Rosanvallon 2008; Schudson 1988) sui detentori del potere già sperimentata in vari contesti locali.

In modo coerente con questa impostazione, gli elettori grillini, rispetto al *continuum* sinistra-destra si (auto)collocano in modo *indefinito*. Non mostrano cioè uno sbilanciamento verso una parte specifica dell'asse ideologico. Il dato complessivo è infatti la risultante di tre posizioni diverse e complementari. Una componente significativa – la più alta tra le principali forze politiche – «non si colloca». Chi lo fa si riconosce in orientamenti contrapposti: in parte di destra e in parte di sinistra. L'elettorato a 5 stelle si presenta, dunque, «terzista» ma non «centrista», diviso in tre anime di dimensioni grossomodo equivalenti: elettori di sinistra, di destra ed «esterni» (cfr. fig. A.5 in appendice)

Peraltro, è interessante notare che questi elettori, «esterni» all'asse sinistra-destra, non possono essere assimilati al *civis marginalis* (Sani 2007, 300), cioè alla componente dei soggetti più lontana dal modello ideale di cittadino, perché più distaccata dalla politica in termini di interesse, conoscenze e partecipazione. I grillini che «non si collocano», infatti, si distinguono dal totale di questi elettori per essere più interessati alla politica: 31% *vs.* 18%. Inoltre, più della metà di loro (54% *vs.* 34%), durante la campagna elettorale, ha discusso *spesso* di politica in famiglia o con gli amici. Segno che il rifiuto di categorie politiche e ideologiche tradizionali assume, nella prospettiva degli elettori a 5 stelle, un diverso significato rispetto all'elettore medio (Camatarri 2013). Una presa di distanza, di consapevole disapprovazione, più che espressione di marginalità politica. Si tratta, quindi, di *cittadini critici* (Norris 1999) più che di elettori apatici.

L'equilibrio interno tra orientamento di destra e di sinistra risulta particolarmente evidente se si fa riferimento al comportamento elettorale passato, in occasione delle precedenti elezioni politiche. Da questa angolazione, è possibile tracciare, nel tempo, l'evoluzione del profilo politico dell'elettore a 5 stelle, i cui tratti, negli ultimi anni, hanno conosciuto una metamorfosi che si sviluppa lungo tre fasi (fig. 5.4).

1) Fin dall'epoca del primo V-Day, e ancora alla fine del 2010 (quando i sondaggi stimavano il M5s non oltre il 4-5%), gli elettori (potenziali) del MoVimento presentavano una netta caratterizzazione di sinistra. In parte si trattava di ex elettori delusi del Pd, in parte di soggetti vicini all'area della sinistra radicale, movimentista e antiberlusconiana. Il M5s incanalava istanze di inclusione e partecipazione frustrate dalla chiusura e dalla autoreferenzialità dei partiti tradizionali. I flussi in ingresso da centro-destra apparivano, per converso, poco rilevanti: riguardavano appena il 15% degli elettori orientati al voto per Grillo. Già nel corso del 2011, però, questo assetto cambia sensibilmente e l'ala destra dell'elettorato a 5 stelle supera il 20%.

2) Il vero momento di svolta coincide, però, con le Amministrative 2012. Il risultato conseguito e la successiva crescita registrata dalle indagini demoscopiche – che porta il movimento vicino al 20% già nella successiva estate – determina un forte allargamento della componente di elettori provenienti dal Pdl e dalla Lega. Il vuoto nell'ambito politico di destra, indotto dalle difficoltà dei

Figura 5.4. *Le tre ondate del voto grillino. Elettori del M5s in base al voto alle Politiche 2008: trend 2010-2013 (v. %, medie mobili* a tre indagini e distribuzione al mese di febbraio 2013)*

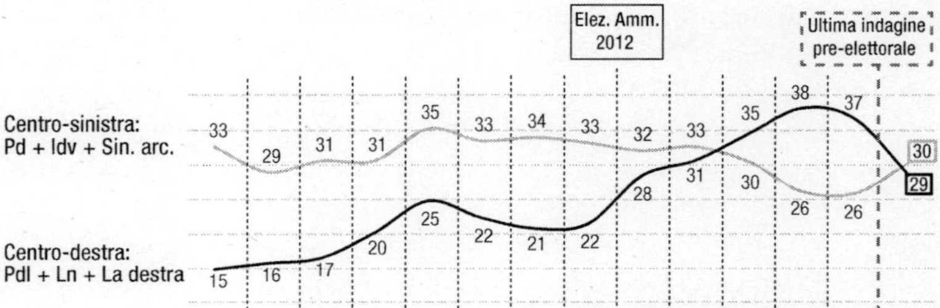

	NOV10: set10-dic10	DIC10: nov10-feb11	FEB11: dic10-giu11	GIU11: feb11-set11	SET11: giu11-ott11	OTT11: set11-nov11	NOV11: ott11-mar12	MAR12: nov11-mag12	MAG12: mar12-set12	SET12: mag12-nov12	NOV12: set12-dic12	DIC12: nov12-gen13	GEN13: dic12-feb13	FEB13
Centro: Udc	4	5	7	7	5	3	5	5	5	3	3	3	3	1
Altri partiti	14	11	10	4	6	11	12	8	5	4	4	2	2	2
Area grigia + nuovi elettori	35	39	35	38	29	29	28	32	30	30	29	30	32	38
N. casi	88	93	100	107	110	112	120	200	264	319	311	545	609	161

* Le analisi utilizzano un sistema di medie mobili che cumulano cluster sovrapposti di tre indagini. Tale strategia permette di disporre di numerosità adeguate per una componente elettorale inizialmente piuttosto circoscritta. È stato isolato il dato dell'ultima indagine pre-elettorale LaPolis (19-21 febbraio 2013).

Fonte: Indagine Osservatorio elettorale LaPolis (Univ. di Urbino), febbraio 2013 (base: 1009 casi).

maggiori partiti di quest'area e dalla crisi del berlusconismo, viene in parte riempito grazie alla visibilità e alla comunicazione di Grillo (Biorcio e Natale 2013). Questo trend prosegue fino alla fine del 2012, quando si registra il «sorpasso»: i grillini ex elettori del centro-destra superano il 30% (38% a dicembre) e diventano la frazione più rilevante nell'elettorato del MoVimento.

3) Le indagini condotte sia prima sia dopo le elezioni rilevano un parziale ridimensionamento di questa tendenza. La «terza ondata» del voto grillino si concretizza, infatti, proprio a ridosso del voto 2013. Dopo un parziale arretramento, nell'ultimo mese di campagna il M5s riprende la sua crescita nei sondaggi, che lo collocano intorno al 20%. Un trend confermato (e amplificato)

dall'esito elettorale. Tale crescita si associa, però, a un riequilibrio tra le componenti di destra e di sinistra, che tornano a bilanciarsi proprio nei giorni della consultazione. Un assestamento favorito, indubbiamente, dalla grande riscoperta della *piazza* nel periodo della campagna elettorale, che appare coerente con l'ipotesi di una duplice dinamica: a) un ulteriore travaso di voti dall'area di centro-sinistra; b) un parziale «rientro» degli elettori di centro-destra ancora sensibili al richiamo di Silvio Berlusconi, il quale, nel frattempo, si era impegnato in una serrata campagna elettorale.

Il dato più recente, rilevato all'indomani del voto, mostra come l'elettorato del MoVimento presenti due ali, ognuna di poco superiore a un terzo del totale. Ciò testimonia ulteriormente la presenza di una base fortemente composita, la cui eterogeneità richiama i possibili problemi, per il leader, nel tenere insieme le diverse anime del MoVimento, nonché del nuovo ceto politico eletto nelle sue fila.

Il M5s si presenta, in sintesi, come un (non)partito: *né* di destra, *né* di sinistra, ma con una base elettorale di destra *e* di sinistra, al tempo stesso. Peraltro con un'ampia componente di quanti non si riconoscono in queste categorie ideologiche.

Note conclusive

Sebbene nuovo e innovativo sotto vari profili (organizzativo, della comunicazione, modello di leadership), il M5s riesce con difficoltà a sottrarsi alle categorie tradizionali della politica – tra cui quella del (*web*)*populismo* richiamata da Corbetta e Gualmini (2013). Questa natura composita si riflette sull'orizzonte futuro: sulle scelte e sulle strategie politiche, sia in campagna elettorale sia nell'esercizio delle funzioni di rappresentanza democratica. Tanto più importanti saranno le responsabilità assunte dal MoVimento, tanto più diverrà elemento critico nelle dinamiche interne al suo elettorato e alla sua classe politica.

Il caso dell'elezione di Pietro Grasso alla presidenza del Senato, il 16 marzo 2013, ha evidenziato la possibilità di defezioni rispetto alla linea indicata dal leader, quando una decina di *franchi tiratori* grillini si è appellata al voto di coscienza. Allo stesso modo, il dibattito interno e il fermento della base circa la posizione da tenere in merito alla formazione del nuovo governo, subito dopo le elezioni, ha ulteriormente sottolineato la possibilità di spaccature. La linea di frattura riproduce, in larga misura, gli orientamenti di centro-destra e di centro-sinistra della base. Infatti, durante la discussione sul possibile sostegno a un esecutivo guidato da Pier Luigi Bersani, l'elettorato del M5s si presentava sostanzialmente diviso a metà, con un 54% di favorevoli e un 45% di contrari. Posizioni che variavano sensibilmente proprio in funzione della provenienza politica: chi in passato aveva votato per i partiti di centro-sinistra nel 63% dei casi sosteneva le «ragioni» di una apertura verso il Pd; in modo speculare, il 64% degli ex elettori di centro-destra bocciava ogni ipotesi di dialogo. Tali spaccature spiegano, meglio di ogni altra considerazione strategica, la scelta del leader di tenere la «linea dura» con i propri eletti: invocando le dimissioni dei dissidenti; minacciando nuove espulsioni e il proprio eventuale abbandono (e quello di Gianroberto Casaleggio), in caso di rottura dell'unità del fronte interno; imponendo riunioni in località segrete ed esibizioni di compattezza via streaming.

Le difficoltà nel tenere assieme un soggetto politico così composito, dunque, sono emerse in tutta la loro evidenza. La principale sfida, oggi, per Grillo, è quella di evitare squarci nel cielo a 5 stelle; per continuare a capitalizzare, sul piano elettorale, la doppia opposizione rispetto ai due «poli» della Seconda Repubblica: in definitiva, per resistere all'inerzia delle categorie della «vecchia» politica.

6.

Il Pd: arrivare primi senza vincere

di Terenzio Fava e Andrea Girometti

Tra dicembre 2012 e gennaio 2013 il Partito democratico, secondo le proiezioni dei sondaggi pre-elettorali, sembra godere di ampi consensi, sempre al di sopra del 30%. Nessuno, anche tra gli analisti e gli studiosi, avanza dubbi sulla sua vittoria alle elezioni del febbraio 2013. Tuttavia, nell'ultimo periodo della campagna elettorale il quadro positivo muta e, nel giro di poco più di un mese, l'ipotizzata vittoria si dissolve. Dalle urne il Pd, pur risultando il primo partito italiano (considerando anche il voto degli italiani all'estero), esce fortemente ridimensionato. Rispetto alle Politiche 2008, vengono meno quasi 3,5 milioni di voti, pari a circa il 30% dei suoi consensi.

Da una vittoria annunciata si passa, dunque, a una sconfitta reale destinata a lasciare il segno sui destini del partito, sul suo segretario Pier Luigi Bersani, individuato, anche all'interno dello stesso, come il principale responsabile della *débâcle*, e, ovviamente, sulle vicende politiche nazionali, sempre più complesse e difficili da affrontare. L'insuccesso del Pd e il mancato conseguimento della maggioranza oltre che alla Camera anche al Senato determinano, nella fase post-elettorale, una situazione assolutamente complicata, con uno stallo politico senza precedenti. La legislatura si apre, dunque, nel segno di una forte instabilità, con il rischio concreto di elezioni anticipate. Di fronte alla impossibilità per Bersani, incaricato di formare un governo, di raggiungere un accordo e ottenere la fiducia, il presidente della Repubblica, Giorgio Napolitano, nomina, seguendo una procedura abbastanza inconsueta e controversa, due commissioni di «saggi», con l'obiettivo di giungere ad un compromesso tra le diverse parti politiche.

Nel 2008 il partito, dopo soli pochi mesi di vita, si presenta alle elezioni politiche che seguono la caduta del governo guidato da Romano Prodi e ottiene il 33,2% dei consensi. Tenendo conto della somma di Ds più Margherita e/o dell'Ulivo questo dato rappresenta l'apice toccato tra il 1994 e il 2013. Leggermente superiore rispetto al 31,3% raggiunto dal professore bolognese due anni prima. Non sufficiente, però, a impedire la vittoria del centro-destra. Certamente non si tratta di un successo; il centro-sinistra perde la guida del paese e la linea di Walter Veltroni – quella del «partito a vocazione maggioritaria» – viene sconfitta. I consensi ricevuti rappresentano, ad ogni modo, un buon punto di partenza per guardare al futuro. Anche se questo non si dimostra mai roseo e, da allora, le sconfitte si succedono: alle elezioni europee 2009, alle regionali 2010, fino, appunto, alle Politiche del 2013.

Nei suoi primi cinque anni il Pd tocca il livello minimo di consenso alle elezioni europee del 2009 con il 26,1% dei voti. Nel 2013 scende, però, ulteriormente, fino al 25,4% (fig. 6.1). Eppure il Pd si afferma come il primo partito, quello che sulla carta vince le elezioni, anche se certamente non è quello vincente, e il suo leader, ad urne appena chiuse, spiega con una certa delusione: «siamo primi ma non abbiamo vinto».

Tutto ciò in un contesto politico radicalmente cambiato. Per domanda e per offerta politica. Una trasformazione favorita dal vento dell'antipolitica e da una legge elettorale – «il Porcellum» – che, nei suoi meccanismi di attribuzione dei seggi parlamentari, differenzia la forza e il peso dei partiti tra Camera e Senato, favorendo una situazione di evidente ingovernabilità.

Ma torniamo alle elezioni e al voto. Conseguire il 25,4%, alla luce delle proiezioni demoscopiche di fine anno, rappresenta una forte delusione essendo il risultato non preventivato e assolutamente inatteso (si veda il cap. 15). Anche volendo parlare di vittoria, come avviene nella retorica post-elettorale, si tratta di una vittoria amara, che sa di sconfitta. Lo spiegano gli otto punti percentuali persi rispetto al 2008 e il risultato rilevante raggiunto nella sola Zona rossa (fig. 6.2), dove tocca il 35,4% dei consensi; dieci punti in più rispetto a quanto avviene nel Nord Ovest (25,7%) e

Figura 6.1. *Evoluzione dell'area Pd nel periodo 1994-2013 (v. %)*

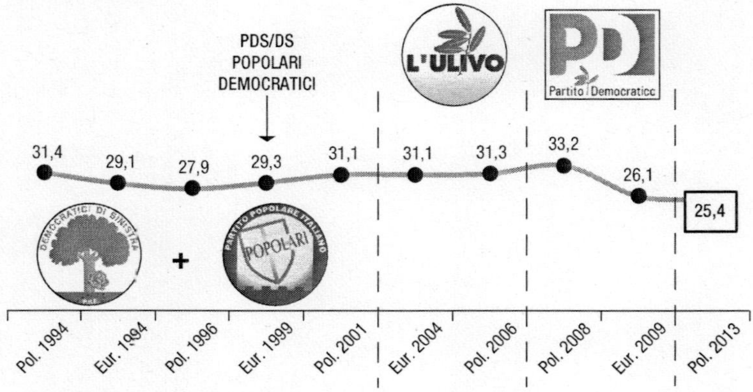

Fonte: Osservatorio elettorale LaPolis (Univ. di Urbino) su dati del Ministero dell'Interno.

nel Centro Sud (25%) e quasi quindici in più nel confronto con le realtà del Nord Est (21,3%) e del Sud Isole (20,8%).

Pur con un calo marcato le dieci province dove nel 2013 il Pd ottiene i maggiori consensi sono le stesse del 2008, con la sola eccezione di Arezzo che sostituisce Forlì-Cesena al decimo posto. Per il resto Firenze subentra a Siena al primo posto e Reggio Emilia, Bologna, Ravenna e Modena conquistano una posizione a causa del deciso scivolamento di Livorno dalla terza alla settima posizione. Infine Pisa e Prato, nel 2008 rispettivamente ottava e nona, invertono le proprie posizioni. Nell'assieme una sostanziale stabilità.

Cambiamenti rilevanti si hanno, invece, nelle ultime dieci posizioni[1]. Nel 2013 ben otto province sono del Sud e solo due del Nord, mentre nel 2008 c'è una situazione di perfetta parità; cinque e cinque. Inoltre, tra le ultime dieci del 2013 solo tre sono presenti anche nel 2008: Catania che passa dalla posizione centosei alla centootto, Verona stabile alla centotre e Palermo che passa da cento a centodue. Per il resto i nuovi ingressi riguardano:

[1] Nel conteggio non si tiene conto delle province di Aosta e Bolzano.

Figura 6.2. *Il Pd: zone di forza - Elezioni politiche 2013 (v.a. e %, Camera dei deputati)*

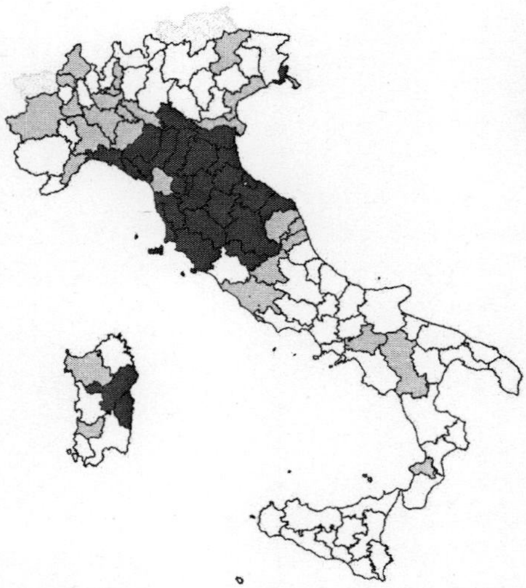

			Per area geo-politica	
			Nord Ovest	25,7
Pd	%	**25,4**	Nord Est	21,3
	v.a.	**8.644.523**	Zona rossa	35,4
			Centro Sud	25,0
			Sud e Isole	20,8

Le prime 10 province		**Le ultime 10 province**	
Firenze	44,3	Catania	15,1
Siena	41,1	Barletta-Andria-Trani	15,7
Reggio Emilia	40,9	Trapani	16,0
Bologna	40,8	Bari	17,2
Ravenna	39,8	Brindisi	17,9
Modena	39,3	Verona	18,4
Livorno	38,4	Palermo	18,7
Prato	37,5	Imperia	18,8
Pisa	36,6	Caltanissetta	19,0
Arezzo	35,9	Ragusa	19,2

Fonte: Osservatorio elettorale LaPolis (Univ. di Urbino) su dati del Ministero dell'Interno.

Imperia che retrocede di dieci posizioni rispetto a cinque anni prima, Caltanissetta che ne perde undici, Barletta-Andria-Trani e Trapani quattordici, Ragusa quindici, Bari trentacinque e Brindisi trentanove.

Continuando l'analisi emerge che le province dove viene oltrepassato il 35% sono dodici, tutte toscane o emiliano-romagnole, mentre tra le ventiquattro dove si supera il 30% solo quattro (Gorizia, Mantova, Nuoro e Ogliastra) sono esterne alla Zona rossa. Diversamente, tra quelle dove il termometro elettorale non arriva al 20%, undici sono localizzate nel Sud Italia, quattro nel Nord Est e solo Imperia e Latina sono esterne a queste due aree.

Nonostante l'emorragia di voti rispetto al 2008, il passaggio da un sistema bipolare a una realtà a tre poli, a cui si aggiunge Scelta civica di Mario Monti (potremmo anche parlare di una «quadriglia bipolare» alla francese), attribuisce al Pd una centralità politica nelle dinamiche post-elettorali e un maggior peso nel confronto con le altre forze. Tanto che il suo leader, Bersani, viene incaricato di formare il nuovo governo. Il Popolo della libertà da primo partito italiano diventa terzo. La Lega Nord dimezza il suo consenso (4,1%), raggiungendo il suo minimo storico in termini di voti assoluti. Scelta civica non riesce a superare la soglia critica del 10%. Il successo del MoVimento 5 stelle, ora secondo partito italiano, spariglia però le carte, complica come non mai il contesto politico e vincola in modo determinante l'azione del Pd.

In uno scenario tanto cambiato il Pd si afferma come primo partito in quarantuno province, secondo in quaranta e terzo in ventotto. Rispetto al 2008 crescono le province dove è primo (da trentacinque a quarantuno), ma anche quelle dove è terzo (da dieci a ventotto), mentre diminuiscono in modo significativo quelle dove è la seconda forza (da sessantaquattro a quaranta).

Nel dettaglio emerge che al Nord le province dove è primo raddoppiano (da otto a diciassette), mentre nella Zona rossa vi è un leggero decremento (da ventuno a diciannove) e nel Centro Sud e Isole una situazione di perfetta stabilità (cinque).

Rispetto al 2008 il Pd perde voti principalmente nella Zona rossa e nelle regioni del Centro e del Sud, con decrescite attorno ai dieci punti percentuali, le quali, invece, si dimezzano al Nord (fig. 6.3). Da una rilettura dei dati, anche alla luce di quanto emerso

Figura 6.3. *Il Pd: perdite tra le elezioni politiche 2013 e 2008 (in v.a. e punti %, Camera dei deputati)*

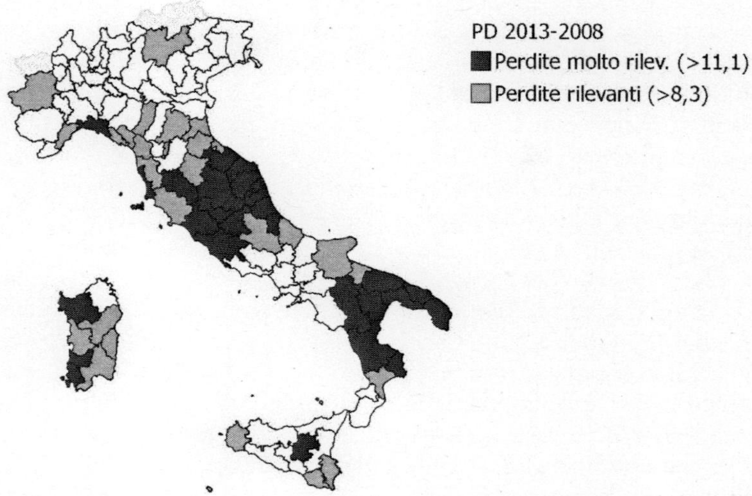

			Per area geo-politica	
Pd	%	**-7,8**	Nord Ovest	-4,6
			Nord Est	-5,8
	v.a.	**-3.450.783**	Zona rossa	-10,0
			Centro Sud	-10,4
			Sud e Isole	-9,1

Le 10 province dove perde di più		**Le 10 province dove perde di meno o guadagna di più**	
Crotone	-15,9	Campobasso	+5,5
Ancona	-15,1	Isernia	+2,8
Teramo	-14,2	Bergamo	-0,7
Matera	-14,1	Sondrio	-0,9
Medio Campidano	-13,8	Como	-0,9
Ascoli Piceno	-13,4	Lodi	-1,6
Brindisi	-13,3	Brescia	-1,7
Macerata	-13,3	Varese	-2,1
Taranto	-13,3	Lecco	-2,3
Lecce	-13,3	Pavia	-2,3

Fonte: Osservatorio elettorale LaPolis (Univ. di Urbino) su dati del Ministero dell'Interno.

nelle primarie 2012, si può affermare che il partito perde in misura maggiore dove è più forte la frattura e la lontananza, anche elettorale, tra «bersaniani» e «renziani» (Zona rossa) e dove il territorio, grazie al notabilato locale e al controllo sugli iscritti, è più vicino alla segreteria nazionale (come nel Centro Sud). Diversamente, le perdite si riducono dove la componente minoritaria «renziana» sembra fungere quale polo di attrazione per il voto di matrice esterna al centro-sinistra (Nord).

Tra il 2008 e il 2013 gli unici contesti provinciali dove il partito incrementa in termini percentuali il proprio voto sono Campobasso e Isernia, e ciò appare legato più alla crisi dell'Idv che alla capacità concorrenziale del Pd. Per il resto il calo è generalizzato, con un decremento di oltre dieci punti in trentotto province (con perdite massime a Crotone e Ancona) e di cinque-dieci punti in altre cinquanta. Ponendo attenzione alle prime si scopre che venticinque sono collocate al di sotto della Zona rossa e dodici all'interno della stessa, in primo luogo nelle regioni «renziane» Marche e Umbria, pur non mancando sorprese come quella di Livorno, un ambito simbolo della sinistra, dove il partito perde tredici punti percentuali. Tra queste province una sola è del Nord. Nel Settentrione si collocano, diversamente, diciassette dei diciannove casi dove le perdite sono contenute all'interno dei cinque punti.

Per comprendere ancora meglio i cambiamenti intervenuti si può analizzare il voto aggregandolo per fasce. Da qui si coglie che nel 2008 in tredici province (tutte interne alla Zona rossa) il Pd supera il 45% dei voti, in ventinove (cinque al Nord, dodici nella Zona rossa e dodici al Centro Sud) si colloca tra il 35 e il 45%, in cinquantacinque (venticinque al Nord, una nella Zona rossa e ventinove al Centro Sud) tra il 25 e il 35% e in dodici (sette al Nord e cinque al Centro Sud) al di sotto del 25%.

Nel 2013 il partito ottiene, invece, in sessantuno casi (ventuno al Nord, due nella Zona rossa e trentotto al Centro Sud) meno del 25%, in trentasei (sedici al Nord, dodici nella Zona rossa e otto al Centro Sud) tra il 25 e il 35% e in dodici (tutti nella Zona rossa) oltre il 35%. In nessuna provincia oltrepassa il 45% e solo in quattro supera il 40%: Firenze, Siena, Reggio Emilia e Bologna. In queste stesse realtà, però, nel 2008 tocca la

Figura 6.4. *Pd: voto per categoria socio-demografica (v. %)*

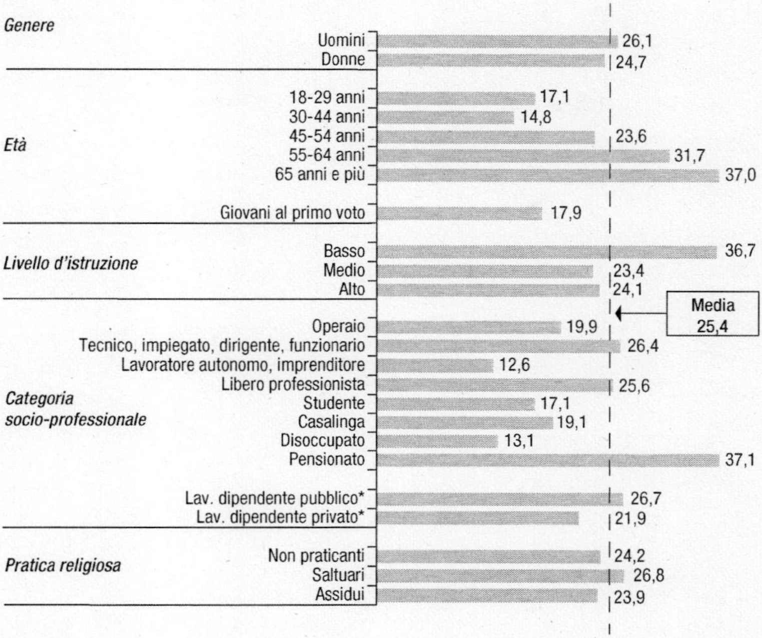

* I lavoratori dipendenti (operai, tecnici, impiegati, dirigenti, funzionari) sono stati disaggregati in base al settore di appartenenza.

Fonte: Osservatorio elettorale LaPolis (Univ. di Urbino), febbraio-marzo 2013 (base: 3546 casi).

soglia del 50%, così come a Livorno, dove oggi il Pd rimane al di sotto del 40%.

L'elettorato tra continuità e mutamento

Dopo l'analisi territoriale del voto viene ora considerato il profilo sociodemografico e politico di quanti votano Pd. Le differenze che emergono rispetto al dato medio (fig. 6.4) ci suggeriscono i tratti peculiari di questi elettori.

Partendo dal genere si osserva un sostanziale equilibrio, con una leggera prevalenza dell'universo maschile. Inoltre, sotto questo aspetto, è interessante notare come, nel raffronto con le altre due «consistenti minoranze» – M5s e Pdl –, il Pd risulti il partito più omogeneo.

Dalla classificazione degli elettori in base all'età, si coglie, se si esclude dall'osservazione la classe d'età 18-29 anni, una tendenza incrementale che arriva a toccare il 37% tra gli ultra 65enni. Questi ultimi, insieme ai 55-64enni (anche se in forma meno evidente), registrano scostamenti positivi rispetto al dato medio, consolidando una tendenza osservabile in passato e in occasione delle elezioni politiche del 2008 (Itanes 2008, 84-85).

Se la classe meno rappresentata è quella dei 30-44enni (15%), chi ha tra i 18 e i 29 anni resta, comunque, al di sotto della media (17%), mentre i giovani al primo voto raggiungono il 18%. Il Pd si caratterizza, dunque, come un partito sempre più radicato tra anziani e adulti, e, conseguentemente, più lontano nelle scelte elettorali delle altre fasce d'età, anche se tra i più giovani registra un certo *appeal*. Rispetto a questi ultimi, pur essendo il M5s il partito con la base elettorale più giovane, il Pdl appare, in questo segmento anagrafico, ancora più debole del Pd. Per quanto riguarda il livello di scolarizzazione, è noto come le persone più anziane abbiano conseguito mediamente un titolo di studio più basso. Vista, quindi, la presenza di una base elettorale tendenzialmente più in là con gli anni non sorprende se il grado di istruzione più basso sia ben al di sopra della media nell'elettorato democratico. Non a caso i pensionati fanno registrare differenze significativamente al di sopra dei dodici punti percentuali rispetto al valore medio.

Inoltre, fatta eccezione per l'eterogena classe che include tecnici, impiegati, dirigenti e funzionari e, in seconda battuta, per i liberi professionisti – leggermente al di sopra del valore medio –, le altre categorie risultano generalmente sottodimensionate. In alcuni casi con scarti negativi consistenti, anche superiori ai dieci punti. Ciò appare particolarmente rilevante e conferma una tendenza già in atto, per il mondo del lavoro autonomo e per quanti sono privi di un'occupazione. Settori «sofferenti» e particolarmente esposti ad una crisi economica diffusa, ai quali le forze politiche non hanno garantito risposte adeguate in un panorama in cui *la democrazia dello scontento* (Mastropaolo 2011, 220-251) ha assunto connotati inediti. Lo stesso vale per gli operai, per i quali, rispetto al 2008, si assiste a un consistente arretramento presso l'elettorato del Pd.

Va poi segnalato che il peso di questo elettorato, tra i lavoratori subordinati, supera il valore medio solo tra i dipendenti del settore pubblico.

Infine, riguardo alla pratica religiosa, solo tra i «saltuari» si notano differenze leggermente positive rispetto al dato medio. «Non praticanti» e «assidui» sembrano accomunati da valori simili, pur essendo i primi più vicini dei secondi alla media. Sotto questo aspetto s'intravede, con qualche discontinuità rispetto al passato, un elettorato tendenzialmente laico, anche se in misura minore rispetto a quanto avviene nel M5s. Un elettorato che probabilmente tende a differenziarsi anche in riferimento alle due diverse componenti interne al partito; quella cattolica (ex Dl) e quella più laica (ex Ds).

Dopo aver analizzato la composizione socio-anagrafica della base elettorale, ci si concentra ora sui flussi di voto rispetto al passato (cfr. tabb. A.7 e A.8 in appendice). Il confronto con le elezioni del 2008 evidenzia un grado di stabilità *debole* del voto democratico. Meno di sei elettori su dieci (57%) hanno confermato l'opzione elettorale formulata cinque anni prima: si consideri che nel 2008, rispetto al 2006, gli elettori fedeli al Pd risultavano 74 su 100 (Itanes 2008, 66). Degli oltre tre milioni di voti in uscita dall'elettorato democratico del 2008, la quota più consistente (il 19% del totale) sembra essersi indirizzata verso il M5s. Se invece osserviamo la composizione attuale di questo elettorato, il partito di Bersani appare incapace di intercettare voti provenienti dallo schieramento di centro-destra, così come di recuperarli dall'area dell'astensione oppure dal bacino dei «nuovi elettori». Difficoltà che, peraltro, si presentano del tutto speculari a quelle del Pdl, sull'altro versante dell'asse sinistra-destra.

Note conclusive

Il Pd con le elezioni politiche 2013 palesa e conferma problemi noti, i quali inducono Edmondo Berselli (2009, 7) ad indicarlo, già nell'anno successivo alla sua nascita, come un partito che, nella sua incapacità di affrontarli e risolverli, rischia di essere «né grande né piccolo». Tra tutti, il problema principale riguarda le divisioni interne; con una componente maggioritaria che fa riferimento agli ex Ds e una minoritaria (in espansione) composta da ex Margherita, «renziani» e popolari, le quali risultano, oggi più che mai, incapaci di coniugare le proprie differenze. Il Pd risulta, conseguentemente, particolarmente debole sul piano dell'offerta politica. Privo di una propria agenda e sempre costretto a inseguire temi e questioni posti dalla controparte politica. La sconfitta o la non vittoria del 2013 è strettamente connessa a tutto ciò. Negli ultimi mesi prima del voto, il Pd sembra quasi vivere di rendita, illuso da sondaggi lusinghieri, ma in un clima poco chiaro e contrastato. Nonostante il successo delle primarie, sul piano dell'immagine, il partito affronta la campagna elettorale in piena inerzia, in un clima poco orientato, connotato da non-temi e da un patto (momentaneo) di silenzio e di non belligeranza (che si riattiva subito dopo il voto) tra maggioranza e opposizione interna; tra partiti nel partito. Con linee interpretative e propositive su alleanze e azione di governo divergenti e presto configgenti. Il Pd, inoltre, mai riesce a smarcarsi dagli attacchi dell'antipolitica che (non sempre a torto) lo individua come un elemento costitutivo della «politica del degrado». E per questo non solo risulta incapace di intercettare l'emorragia di voti in uscita dal centro-destra ma è, addirittura, il suo stesso elettorato ad essere risucchiato nell'area del voto antipolitico e di protesta, come quello che è alla base di M5s.

7.

Il Popolo della libertà: un Pdl-meno-P

di Fabio Bordignon e Fabio Turato

Una flessione di 6,3 milioni di voti rispetto al 2008. Un saldo negativo di oltre 5,5 milioni anche considerando, nel bilancio complessivo, i voti ottenuti dai (fuoriusciti) Fratelli d'Italia: il «mito della rimonta» berlusconiana, di fronte a queste cifre, si ridimensiona sensibilmente. Appare, anzi, esplicitamente contraddetto.

Il tentativo di resistere alla flessione dei consensi iniziata con le elezioni europee del 2009 trova solo una parziale risposta nella caparbia (onni)presenza del leader, nei mass media (in particolare nel tradizionale *habitat* televisivo), durante la campagna elettorale. Silvio Berlusconi torna a consolidare il «partito del presidente»: ponendo fine alle guerre di successione e alle domande di rinnovamento espresse dai giovani del partito, accantonando definitivamente l'ipotesi di elezioni primarie (previste per dicembre 2012).

Indubbiamente, il ritorno sulla scena del «vecchio» leader consente al Pdl di risalire rispetto ai minimi toccati nella seconda parte del 2012, quando i sondaggi stimavano il partito ben al di sotto del 20%: secondo alcuni istituti demoscopici addirittura sotto il 15%. Soprattutto, il 21,6% conseguito alle consultazioni del 24-25 febbraio, sommato al risultato degli alleati, è sufficiente – se non a vincere – a centrare l'obiettivo del «quasi pareggio» rispetto a un centro-sinistra che tutti i sondaggi indicavano in forte arretramento nelle settimane che precedono il voto.

All'indebolimento sul piano numerico corrisponde, peraltro, uno smottamento delle basi territoriali e sociali del Pdl. Nel voto 2013 si conferma una geografia fortemente sbilanciata verso Sud, già emersa nel 2008. Ciò nondimeno, il partito di Berlusconi subisce le emorragie più consistenti proprio nelle aree di tradizionale insediamento nel Mezzogiorno (in particolare nelle Isole). Allo stesso tempo, perde vistosamente presso alcuni dei blocchi sociali che maggiormente lo avevano sostenuto in passato: anzitutto i ceti produttivi del settore privato. Per questo è possibile affermare che il Pdl ha perso, in queste elezioni, parte del suo *popolo* di riferimento.

La crisi del partito «senza territorio»

Per il Pdl, il territorio ha sempre rappresentato una variabile dipendente. Nato da una fusione «fredda» tra Forza Italia e Alleanza nazionale, il partito di Berlusconi si è caratterizzato per la sua identità frammentata in gruppi locali e particolaristici che solo il carisma e l'autorevolezza del presidente poteva ricomporre (Diamanti 2010). Già Fi, nel suo richiamo a una generica identità nazionale, suggeriva la fine della politica con radici storiche e territoriali. Il disincanto politico e il massiccio impiego della televisione, abbinati alla figura vincente di Berlusconi, avevano assicurato risorse politiche sufficienti a garantire vittorie elettorali al partito (e al leader) «senza territorio» (Diamanti 2009).

In realtà, i risultati di Fi proponevano precisi squilibri territoriali che, con la nascita del Pdl nel 2008, si concretizzano in un evidente processo di meridionalizzazione. Un assetto ampiamente confermato dalle Politiche del 2013, sebbene nel quadro di un consistente ridimensionamento.

Sono proprio specifici territori, infatti, a garantire al Pdl la sua sopravvivenza politica. Il partito raccoglie complessivamente (alla Camera dei deputati) 7.332.972 voti, pari al 21,6% dei consensi. Un risultato che, disaggregato su base territoriale, vede emergere precise aree di forza, che si concentrano soprattutto nel Mezzogiorno (fig. 7.1): nel Centro Sud (22,9%) e, in particolare, nel Sud e nelle Isole (26,7%). L'analisi dei risultati per provincia evidenzia come Puglia, Campania, parte del Lazio e della Sicilia rappresentino ancora oggi le roccaforti del Pdl. Ben quattro delle prime dieci province per consensi al partito sono pugliesi: Barletta-Andria-Trani (al primo posto con il 32,8%), Brindisi (29,6%), Taranto (28,9%) e Bari (28,8%). Mentre tre sono campane: Caserta (32,3%), Napoli (29,8%) e Salerno (28,2%).

Tra i primi posti figurano poi le province di Latina (32%) e Frosinone (31,2%). Nel secondo caso, la gestione locale del partito sembra essere riuscita a rendere meno dirompente l'effetto

Figura 7.1. *Il Pdl: zone di forza - Elezioni politiche 2013 (v.a. e %, Camera dei deputati)*

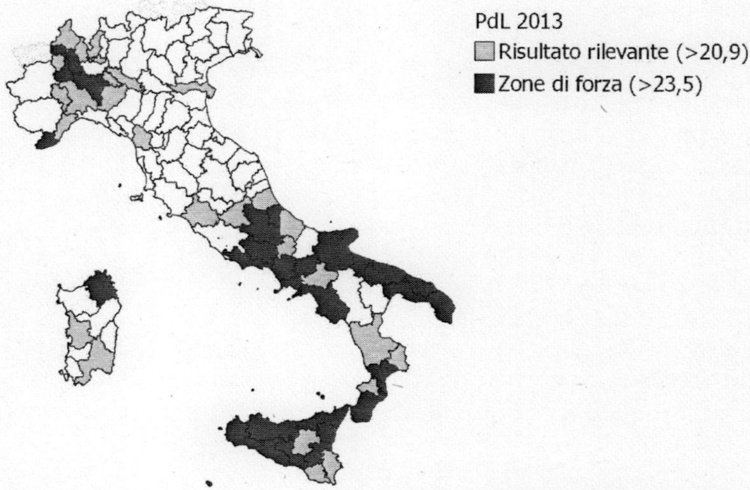

			Per area geo-politica	
Pdl	%	**21,6**	Nord Ovest	20,3
	v.a.	**7.332.972**	Nord Est	17,6
			Zona rossa	17,1
			Centro Sud	22,9
			Sud e Isole	26,7

Le prime 10 province		**Le ultime 10 province**	
Barletta-Andria-Trani	32,8	Reggio Emilia	13,5
Caserta	32,3	Firenze	13,8
Latina	32,0	Bologna	14,2
Frosinone	31,2	Ancona	14,4
Catania	30,0	Siena	14,8
Napoli	29,8	Ravenna	14,9
Brindisi	29,6	Trento	15,0
Taranto	28,9	Modena	15,1
Bari	28,8	Belluno	15,4
Salerno	28,2	Livorno	15,6

Fonte: Osservatorio elettorale LaPolis (Univ. di Urbino) su dati del Ministero dell'Interno.

degli scandali che hanno portato la Regione Lazio a elezioni anticipate: Frosinone (nonostante una flessione di 16 punti) sale dal quattordicesimo al quarto posto della graduatoria, mentre Latina scende dal primo al terzo.

Un discorso a parte merita, infine, la Sicilia. La sconfitta alle elezioni regionali dell'autunno 2012 aveva evidenziato gli effetti delle tensioni latenti nel partito. I risultati del 2013 sottolineano, ancor di più, quanto siano lontani i tempi del «61 a 0» ottenuto alle Politiche del 2001[1]. Tanto che la sola provincia siciliana che si colloca fra le prime dieci, per consensi al Pdl, è Catania (30%).

Il partito è invece sotto la media in entrambe le ripartizioni settentrionali: al 20,3% nel Nord Ovest e al 17,6% nel Nord Est. L'area meno favorevole per il partito di Berlusconi continua ad essere rappresentata, prevedibilmente, dalla Zona rossa (17,1%): otto delle dieci province dove ottiene i peggiori risultati appartengono tutte a quest'area (cui si aggiungono le province di Trento e Belluno).

La crisi del partito «senza territorio» è fotografata in modo ancora più esplicito dalle mappe che illustrano il posizionamento del Pdl nella graduatoria dei partiti, nel 2008 e nel 2013 (fig. 7.2). Alle precedenti consultazioni parlamentari, il Pdl era risultato primo partito in ben 67 province e secondo in altre 40 (molte delle quali collocate nel Centro Italia), evidenziando una «copertura» quasi totale del territorio nazionale. Nel 2013, la situazione risulta profondamente mutata: il Pdl prevale, infatti, in sole 17 province – tutte collocate nel Mezzogiorno, con la sola eccezione di Como – e si posiziona al secondo posto in 26. Questo arretramento evidenzia, ancora una volta, il venire meno dell'impianto «nazionale» del voto al partito e ne conferma la parziale meridionalizzazione. Infatti, quasi la metà dei voti ottenuti dal Pdl nel 2013 (59,4%) si concentra proprio nel Centro Sud o nel Sud (contro una media del 41,6% per il totale dei voti validi), e ben il 36% solo nel Sud e nelle Isole (contro il 29% dei voti validi). Tale sbilanciamento dell'assetto territoriale del voto rappresenta un carattere ormai consolidato: già nel 2001 e nel 2006, il 45-46% dei voti raccolti,

[1] Lo *score* fa riferimento ai collegi uninominali conquistati nella Regione Sicilia, tra Camera e Senato, dalla Casa delle Libertà nel 2001.

Figura 7.2. *Posizionamento del Pdl nella graduatoria dei partiti (2008-2013, Camera dei deputati)*

Graduatoria 2008

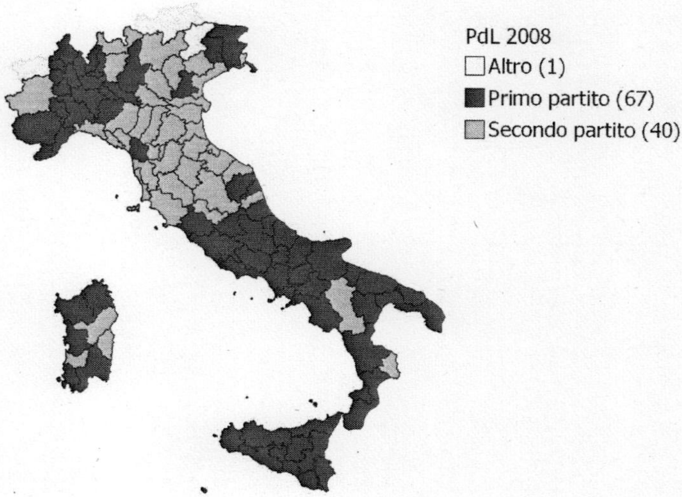

Graduatoria 2013

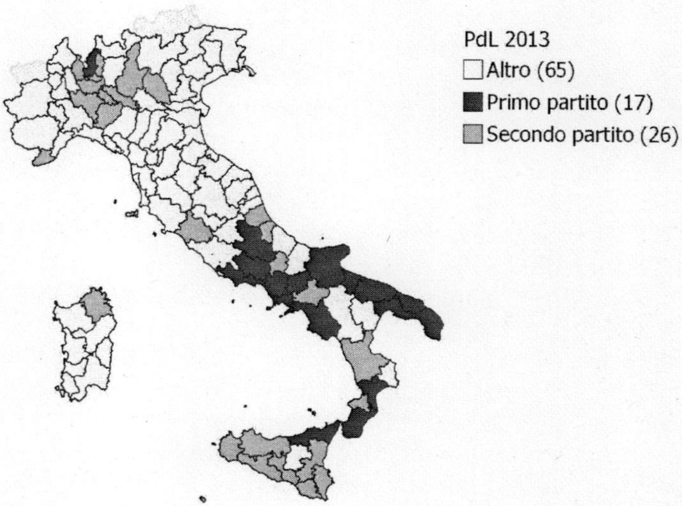

Fonte: Osservatorio elettorale LaPolis (Univ. di Urbino) su dati del Ministero dell'Interno.

Figura 7.3. *Evoluzione dell'area Pdl nel periodo 1994-2013 (v. %)*

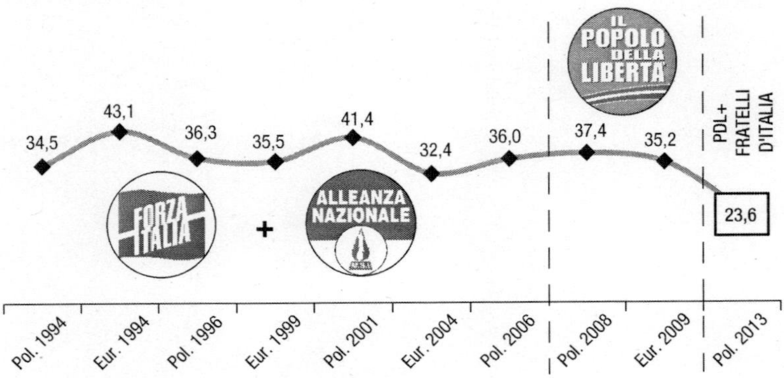

Fonte: Osservatorio elettorale LaPolis (Univ. di Urbino) su dati del Ministero dell'Interno.

congiuntamente, da Fi e An si concentrava nelle regioni del Centro Sud e del Sud. Con la nascita del Pdl, tuttavia, il baricentro si sposta ulteriormente nel Mezzogiorno: oltre la metà delle preferenze raccolte alle Politiche 2008 proviene da una di queste regioni.

Ciò nondimeno, sono proprio alcuni dei contesti dove il partito era ed è ancora oggi più forte a far segnare le perdite più consistenti, in punti percentuali, nel passaggio tra il 2008 e il 2013. Il calo dei consensi al partito di Berlusconi e – più in generale – all'area Pdl (Fi e An) trova il suo minimo storico in corrispondenza delle elezioni politiche del 2013. Infatti, dopo gli altalenanti successi di Fi, il Pdl raggiunge il 37,4% nel 2008, ma già scende al 35,2% alle Europee del 2009. Il 23,6% conseguito nel 2013 – sommando in questo caso i voti ottenuti da FdIt – disegna la traiettoria di un calo di ben 13,8 punti percentuali rispetto al risultato di cinque anni prima (fig. 7.3).

Il Pdl perde, complessivamente, 6.296.492 voti rispetto alle elezioni del 2008, pari a un calo di 15,8 punti percentuali. La diminuzione dei consensi risulta ancora più evidente nel raffronto territoriale tra le due più recenti elezioni politiche (fig. 7.4). Nel 2013, il Pdl evidenzia le perdite più rilevanti soprattutto in Sardegna, Sicilia, Lazio e Campania, dove la flessione supera i 20 punti. Più nel dettaglio, l'analisi delle dieci province dove il partito perde di più mostra come il calo sia concentrato in quattro

Figura 7.4. *Il Pdl: perdite tra le elezioni politiche 2013 e 2008 (in v.a. e punti %, Camera dei deputati)*

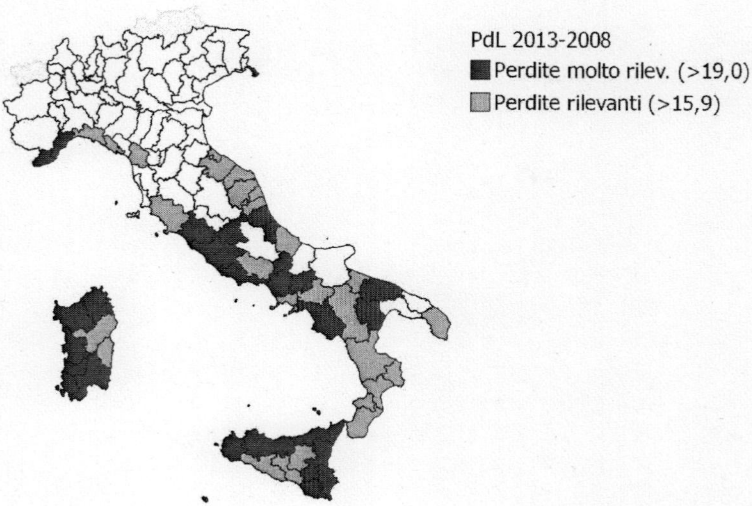

			Per area geo-politica	
Pdl	**%**	**-15,8**	Nord Ovest	-13,8
			Nord Est	-10,2
	v.a.	**-6.296.492**	Zona rossa	-13,9
			Centro Sud	-19,8
			Sud e Isole	-19,2

Le 10 province dove perde di più		**Le 10 province dove perde di meno**	
Olbia-Tempio	-24,1	Verona	-6,4
Oristano	-24,0	Vicenza	-8,1
Imperia	-23,8	Padova	-8,1
Cagliari	-23,8	Sondrio	-8,6
Viterbo	-23,4	Belluno	-8,9
Trapani	-23,0	Bergamo	-9,3
Salerno	-22,8	Treviso	-9,4
Latina	-22,7	Brescia	-9,6
Benevento	-22,6	Mantova	-9,8
Carbonia Iglesias	-22,2	Reggio Emilia	-10,2

Fonte: Osservatorio elettorale LaPolis (Univ. di Urbino) su dati del Ministero dell'Interno.

province sarde: Olbia-Tempio (-24,1 punti percentuali), Oristano (-24), Cagliari (-23,8), Carbonia Iglesias (-22,2); due laziali, Viterbo (-23,4) e Latina (-22,7); due campane, Salerno (-22,8) e Benevento (-22,6). A queste si aggiungono Imperia (-23,8) e Trapani (-23). Una maggiore tenuta del partito si registra invece soprattutto nel Nord Est e in particolare in Veneto.

L'elettore del Pdl: un cliente fidelizzato

Il profilo socio-demografico dell'elettorato Pdl conferma i tratti tradizionali e, al contempo, lo sgretolamento di alcuni dei pilastri sociali del partito (fig. 7.5). Esso si caratterizza, anzitutto, per la forza della componente anziana, meno scolarizzata, e di quella femminile. Il Pdl ottiene il 24% tra le donne, ma scende al 19% tra gli uomini. Dal punto di vista anagrafico, supera nettamente la media tra gli ultra 65enni (27%), scende intorno al 20% nelle fasce adulte (30-64), mentre tra gli under 30 raccoglie appena il 13% e ancora meno tra i giovani al primo voto (12%). I dati riferiti alla categoria socio-professionale ribadiscono alcune caratteristiche già sottolineate dall'elaborazione per genere: spicca, infatti, il dato delle casalinghe (33%), assieme a quello dei disoccupati (27%). Pur rimanendo di poco sopra la media, appaiono comunque esigui il 23% ottenuto tra gli operai e, in particolar modo, il 25% fatto segnare dai lavoratori autonomi e dagli imprenditori. Un risultato deludente, considerata la propensione di Berlusconi a proporsi come sostenitore del (libero) mercato e «uomo del fare»: il presidente operaio, imprenditore, pompiere, macchinista, fornaio, ecc. Il perdurare della crisi internazionale mette inoltre in evidenza come i cambiamenti che toccano il mondo del lavoro siano ancora di difficile comprensione per i partiti e uno dei principali motivi del calo di consensi anche per il Pdl. Emerge con chiarezza, in particolare, lo scollamento tra il partito e i lavoratori dipendenti, sia pubblici (16%) sia privati (18%).

La disaggregazione del voto per livello d'istruzione evidenzia un altro tratto caratteristico dell'elettorato di centro-destra. Il Pdl mostra, infatti, scarsa capacità di attrazione presso le fasce in possesso di un titolo di studio più elevato (17%), mentre supera il 23% tra chi non raggiunge il diploma di scuola media superiore. Sebbene indebolita rispetto al passato, perdura l'associazione

Figura 7.5. *Pdl: voto per categoria socio-demografica (v. %)*

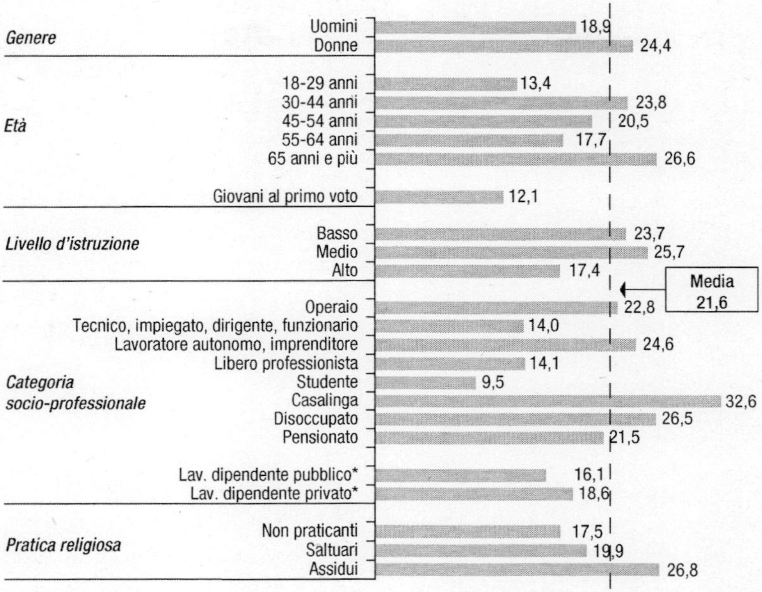

* I lavoratori dipendenti (operai, tecnici, impiegati, dirigenti, funzionari) sono stati disaggregati in base al settore di appartenenza.

Fonte: Osservatorio elettorale LaPolis (Univ. di Urbino), febbraio-marzo 2013 (base: 3546 casi).

con la pratica religiosa: tra i cattolici praticanti assidui, il partito arriva a toccare il 27%, mentre scende tra i saltuari (20%) e i non praticanti (18%).

L'identikit appena tracciato sottolinea come l'elettorato del Pdl, nel 2013, riproponga, su scala ridotta, i caratteri tradizionali dell'area berlusconiana. Esso si presenta come un «nocciolo duro», stabile e fidelizzato, che mostra maggiore resistenza rispetto ai travagli del partito, agli scandali che, negli ultimi anni, hanno colpito la sua classe dirigente e il suo leader. In alcune aree del Paese il Pdl trova punte di consenso anche ricorrendo alla presenza di efficienti referenti locali, che hanno saputo rinsaldare le fratture e rilanciare il ruolo del territorio per un partito che tradizionalmente ha dedicato scarsa attenzione a questa dimensione.

Si tratta di un elemento confermato anche dalla composizione del suo elettorato in base al voto alle precedenti Politiche (cfr. tab. A.7 in appendice). Ben l'81% degli elettori del Pdl nel 2013 ha replicato il voto espresso nel 2008, mentre un ulteriore 5% proviene dalla Lega oppure da altre formazioni di centro-destra. Il partito mostra dunque scarsa capacità di attrarre nuovi elettori, strappandoli ad altri partiti o recuperandoli dall'area dell'astensione. Per converso, considerando gli elettori che nel 2008 avevano votato Pdl, meno della metà (49%) ha confermato la propria scelta, mentre l'8% ha espresso una «fedeltà leggera» (Natale 2002), rimanendo comunque nei confini dell'area di centro-destra. I flussi più consistenti in uscita hanno invece favorito il M5s (18%) o sono andati ad alimentare l'astensionismo (11%).

Note conclusive

La nuova «discesa in campo» di Berlusconi ha permesso al Pdl di risalire, rispetto alle previsioni più fosche (per la compagine del Cavaliere), che ne preconizzavano la sostanziale scomparsa dalla scena politica. La ri-affermazione della leadership interna del suo fondatore (e inventore) ha consentito al partito non solo di evitare la marginalizzazione politica, ma anche di tornare a giocare un ruolo centrale nello scenario, altamente precario, determinato dall'esito del voto. Concentrare l'attenzione sul recupero realizzatosi nella fase finale della campagna elettorale rischia, ciò nondimeno, di distogliere lo sguardo dalla forte erosione di consensi avvenuta nell'ultimo lustro: a dispetto delle rappresentazioni mediatiche che hanno posto l'accento sull'idea della «rimonta», del prodigioso recupero, se non addirittura del «miracolo».

Berlusconi ha rispolverato l'intero repertorio strategico e i contenuti proposti nel corso dei suoi (quasi) vent'anni in politica, nel tentativo di rilanciare lo spirito e il messaggio del 1994 (si veda il cap. 13). Dal taglio di tasse e imposte (in particolare dell'Imu), fino alla riduzione della competizione politica in chiave dicotomica (Fedel 2003): il Cavaliere contro la minaccia comunista. Di qui, il rifiuto di partecipare a qualsiasi dibattito televisivo tra candidati che non prevedesse lo scontro «a due» con il leader del centrosinistra Pier Luigi Bersani. Di qui (più che da una effettiva competizione per l'elettorato «moderato»), il tentativo di delegittimare la coalizione centrista di Mario Monti come *competitor*.

Soprattutto, per l'ennesima volta, Berlusconi ha sovrapposto la propria immagine a quella del partito (e della coalizione), capitalizzando il residuo di popolarità e di *appeal* carismatico di cui ancora dispone. Così facendo, ha attratto settori di elettorato ancora sensibili a tali argomenti e a questo stile comunicativo, il cui profilo ripropone i tratti ormai consueti del *popolo berlusconiano*: persone con livello d'istruzione medio-basso; con una quota molto elevata di donne, in particolare delle «casalinghe di Berlusconi» (Caciagli 2002); al cui interno è possibile riscontrare una quota ancora rilevante di lavoratori autonomi e imprenditori.

Tutte queste caratteristiche, tuttavia, si ripresentano «in piccolo»: all'interno di un elettorato ridottosi alla metà rispetto alle fasi di maggiore espansione (Fi e An, nel 2001, raccoglievano insieme oltre 15 milioni di voti), invecchiato nella sua composizione anagrafica, sempre più concentrato nelle regioni meridionali.

Anche se messo a confronto con la grande cavalcata del 2006, il recupero del 2013 appare di minore portata. Non solo per ragioni numeriche. Anche perché orientato da logiche conservative più che dal progetto di «riprendersi il Paese» (almeno nel breve periodo).

Le sorti del Pdl appaiono, dunque, inestricabilmente legate alle doti del suo leader, il suo ciclo legato alla parabola personale di Berlusconi. L'immagine restituita dal voto, per questo, è quella di una forza politica che assiste allo sgretolamento delle sue fondamenta sociali: di un leader che ha saputo galvanizzare e ri-mobilitare il proprio seguito personale, smarrendo però il proprio *popolo*. Si potrebbe dire, richiamando, con una battuta, le «formule» di Beppe Grillo[2]: un Pdl-meno-P.

[2] Il leader del M5s definisce il Partito democratico Pd-meno-L per sottolineare la somiglianza tra le formazioni di Berlusconi e di Bersani.

8.
La «salita» di Mario Monti

di Martina Di Pierdomenico e Natascia Porcellato

«Insieme abbiamo salvato l'Italia dal disastro. Ora va rinnovata la politica. Lamentarsi non serve, spendersi sì. "Saliamo" in politica!»: con questo tweet spedito in rete la sera del 25 dicembre 2012, Mario Monti ha annunciato la sua intenzione di essere uno dei protagonisti delle elezioni politiche del 24 e 25 febbraio.

Questa decisione ha segnato la fine di un lungo periodo di riflessione e contatti che il presidente della Bocconi aveva avviato con molti leader della politica e della società civile, riuscendo ad arrivare a un accordo programmatico con l'Unione di centro e Futuro e libertà per l'Italia. Così, si è costituita una delle principali novità di queste elezioni: la coalizione di centro guidata dal presidente del Consiglio uscente e senatore a vita Monti.

L'offerta politica è stata diversificata tra le due camere. Mentre per il Senato della Repubblica era presente unicamente la lista che porta il nome del professore, alla Camera erano tre le formazioni a sostegno del premier uscente: la neonata lista Scelta civica – Con Monti per l'Italia, Fli, anch'essa al debutto elettorale su scala nazionale, guidata però da un leader storico della destra italiana, Gianfranco Fini (Ignazi 1994; Tarchi 1997) e l'Udc di Pierferdinando Casini, partito che nasce dalla tradizione democristiana (Baccetti 2007). Le attese rispetto alla coalizione guidata da Monti erano molte, dato che gli analisti erano concordi nell'assegnargli quote di consenso «a doppia cifra». A 15 giorni dal voto, infatti, la coalizione di centro era accreditata del 16% (37° *Atlante Politico* di Demos & Pi), mentre nel sondaggio LaPolis eseguito a ridosso del voto era stimata intorno al 14%. L'obiettivo è stato solo in parte centrato: pur avendo raccolto una quota di consenso tutt'altro che trascurabile, i voti ottenuti sono stati inferiori alle attese.

Complessivamente, alla Camera, le tre formazioni hanno sfiorato l'11% (10,6%, per la precisione). La parte più cospicua di voti la raccoglie proprio la formazione di Monti (8,3%), mentre l'Udc si ferma all'1,8% e Fli allo 0,5%. Proprio questo scarso risultato di Fli ha impedito che, dopo trent'anni di presenza fissa, l'ex presidente della Camera Fini sieda tra i banchi del Parlamento in questa legislatura.

Come si compone e caratterizza questo risultato? Vediamolo di seguito.

La geografia elettorale

La geografia elettorale disegnata dai risultati delle formazioni che hanno sostenuto Monti mostra come la sua zona di forza sia da cercare soprattutto nel Nord Italia. Delle 27 province in cui la coalizione supera l'11,5% dei voti, infatti, solo 5 si collocano nel Sud del Paese, e nessuna appartiene alla Zona rossa (fig. 8.1). Considerando anche i contesti provinciali in cui la compagine centrista raccoglie oltre il 10,2%, la distribuzione «completa» le aree disegnate in precedenza, creando attorno alle province di maggior forza un'area di rilevanza che meglio precisa i contorni della geografia montiana. Tutto il Nord padano, infatti, appare un ambito di particolare interesse per le formazioni di Monti, Casini e Fini. A quest'area possiamo affiancare parte del Sud, in particolare nella zona che si colloca tra Campania, Basilicata e Puglia. Guardando ai dati per macroarea vediamo come la coalizione di centro raccolga circa il 12% nel Nord (11,9% nel Nord Ovest e 12,3% nel Nord Est), scende al 9% nella Zona rossa e nel Centro Sud (rispettivamente: 9,2% e 8,9%), per raggiungere infine il 10,2% nel Sud e nelle Isole.

Se però consideriamo singolarmente i partiti che si erano riconosciuti nella guida di Monti, osserviamo una geografia in parte diversa. La lista che porta il nome del presidente del Consiglio, infatti, raccoglie l'8,3% su scala nazionale, ma il dato sale al 10,4% nel Nord Ovest e ottiene il 10,6% nel Nord Est. Scende poi al 7,6% nella Zona rossa, al 6,8% nel Centro Sud e tocca il minimo del 6,4% nel Sud e nelle Isole. Al contrario, l'Udc si mantiene intorno all'1% in tutte le macroaree tranne che nel Centro Sud, dove sale all'1,6%, e, soprattutto, nel Sud e nelle Isole, dove raggiunge il 3%. Fli, infine, in nessuno di questi contesti supera la soglia dell'1%.

Figura 8.1. *Coalizione di centro (Monti): zone di forza - Elezioni politiche 2013 (v.a. e %, Camera dei deputati)*

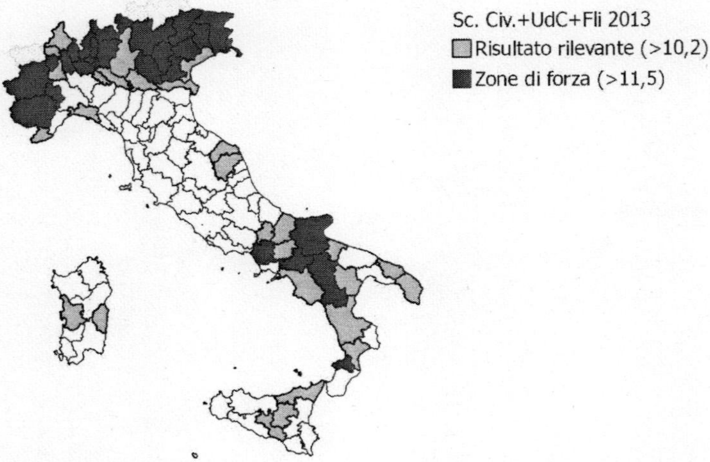

Per area geo-politica

	Coalizione di centro (Monti)	Scelta civica	Udc	Fli
Italia	**10,6**	**8,3**	**1,8**	**0,5**
Nord Ovest	11,9	10,4	1,1	0,3
Nord Est	12,3	10,6	1,4	0,3
Zona rossa	9,2	7,6	1,2	0,3
Centro Sud	8,9	6,8	1,6	0,6
Sud e Isole	10,2	6,4	3,0	0,8

Le prime 10 province		Le ultime 10 province	
Trento	20,7	Livorno	6,8
Avellino	19,5	Massa Carrara	6,8
Cuneo	15,8	Siracusa	6,9
Belluno	15,1	Rieti	7,3
Sondrio	13,8	Trapani	7,4
Udine	13,7	Viterbo	7,5
Lecco	13,3	Grosseto	7,6
Asti	13,3	Catania	7,8
Bergamo	13,3	Pistoia	8,1
Pordenone	12,9	Teramo	8,1

Fonte: Osservatorio elettorale LaPolis (Univ. di Urbino) su dati del Ministero dell'Interno.

Le dieci province in cui la coalizione montiana ottiene i risultati migliori sono per lo più province del Nord Italia e una del Sud. Di queste, quattro si collocano nel Nord Est: Trento (20,7%), Belluno (15,1%), Udine (13,7%) e Pordenone (12,9%). Il buon risultato della coalizione di centro in provincia di Trento è quasi interamente da ricollegare al risultato della lista Monti, che sfiora il 21%. Qui ha probabilmente pesato la presenza nelle liste di Scelta civica di Lorenzo Dellai, politico di lungo corso, già sindaco di Trento (1990-98) e presidente della provincia autonoma di Trento dal 1999 al dicembre del 2012, quando si è dimesso proprio per candidarsi alla Camera. Le cinque province di maggior forza collocate nel Nord Ovest, invece, sono: Cuneo (15,8%) e Asti (13,3%) per il Piemonte, Sondrio (13,8%), Lecco e Bergamo (entrambe 13,3%) per la Lombardia.

L'unica provincia del Sud Italia che ritroviamo è Avellino (19,5%), il cui risultato la porta ad essere la seconda più importante per la coalizione. In questo caso, sottolineiamo come alla buona performance di Scelta civica, che raggiunge il 10%, si affianchi un consistente 9% raccolto dall'Udc. D'altra parte, Avellino è storica roccaforte del voto democristiano di cui proprio il partito di Casini è uno degli eredi.

Guardando invece alle province in cui i risultati della compagine centrista ha meno successo, ritroviamo soprattutto zone del Centro e del Sud, in particolare della Toscana e della Sicilia. Della regione governata da Enrico Rossi, le province di Livorno e Massa Carrara (entrambe 6,8%) appaiono le più ostiche per i montiani, oltre a Grosseto (7,6%) e Pistoia (8,1%). Guardando al Sud, invece, al di là della provincia abruzzese di Teramo (8,1%), è soprattutto la Sicilia a distinguersi. In particolare, sono Siracusa (6,9%), Trapani (7,4%) e Catania (7,8%) le province in cui la coalizione è particolarmente debole. Infine, le rimanenti province in cui i partiti centristi appaiono più in difficoltà in termini di consenso ottenuto sono quelle laziali di Rieti (7,3%) e Viterbo (7,5%).

Le due principali formazioni che compongono la coalizione di centro hanno una geografia molto diversa, pur con i dovuti distinguo relativi alle differenti prestazioni elettorali (fig. 8.2).

Scelta civica appare fortemente connotata da un voto che proviene dal Nord: in questa area, infatti, si concentrano le province che costituiscono la sua zona di forza, in cui il risultato del partito

Figura 8.2. *Scelta civica e Udc: zone di forza - Elezioni politiche 2013 (v.a. e %, Camera dei deputati)*

% Scelta civica 2013

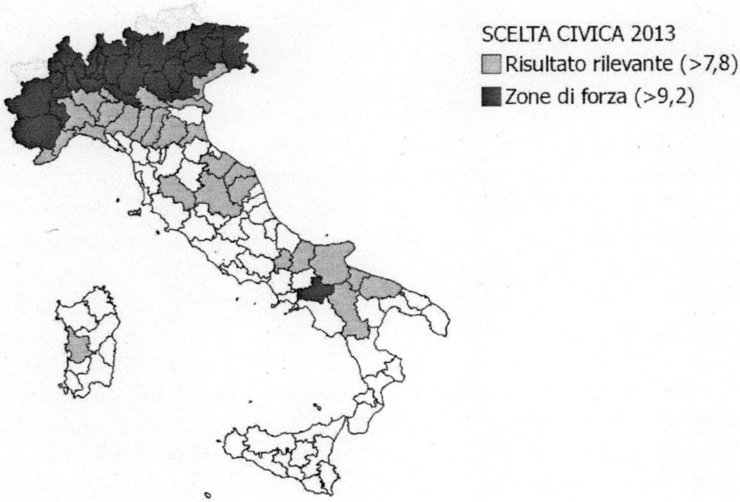

% Udc 2013

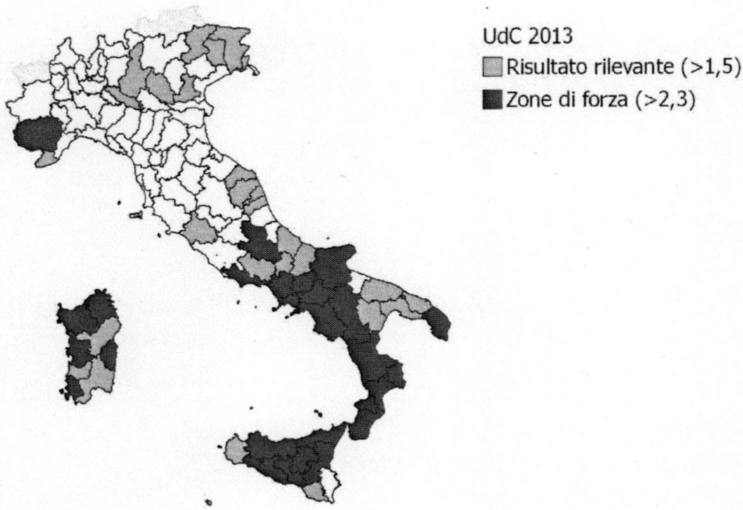

Fonte: Osservatorio elettorale LaPolis (Univ. di Urbino) su dati del Ministero dell'Interno.

supera il 9,2%, mentre solo la provincia di Avellino testimonia una forte presenza del partito nel Sud. Tra le aree rilevanti dove il partito raccoglie tra il 7,8% e il 9,2% dei consensi rientra gran parte del Centro: molte province dell'Emilia Romagna e delle Marche offrono una quota non trascurabile di consenso a Scelta civica, e un'ulteriore area di forza è individuata in parte della Puglia e della Basilicata.

L'Udc, invece, mostra una geografia quasi complementare; dove le zone più favorevoli[1] sono nel Sud (soprattutto nella fascia tirrenica), in gran parte della Sicilia, in sei province su otto della Sardegna e nella provincia di Cuneo (in cui riemerge la costante democristiana che caratterizza storicamente questa realtà; Diamanti 2009). Se consideriamo anche le aree di rilevanza, in cui il partito riesce a raccogliere tra l'1,5% e il 2,3% dei consensi, osserviamo come il Sud diventi un bacino compatto. Qui l'Udc supera (quasi) dovunque il suo valore mediano, mentre emergono anche altre aree a completare il quadro: in particolare, le Marche, il Friuli-Venezia Giulia, parte del Veneto e della Lombardia.

Come è cambiato il voto tra il 2008 e il 2013

Abbiamo poi confrontato il risultato della coalizione guidata da Monti con quello dell'Udc nel 2008. La crescita è, complessivamente, di quasi 1,6 milioni di voti, pari a cinque punti percentuali. La geografia elettorale (fig. 8.3) illustra bene come l'area del Paese in cui i centristi accrescono maggiormente i loro consensi (di oltre 6,2 punti percentuali) sia soprattutto il Settentrione. Nel Nord Ovest, infatti, il saldo positivo è di 7,4 punti, mentre nel Nord Est l'aumento si ferma a 6,9.

Se alle zone di crescita molto rilevante affianchiamo quelle dove l'incremento è meno intenso, ma comunque considerevole (compreso tra 4,7 e 6,2 punti percentuali), il Nord viene coperto interamente e si allarga fino a includere parte del Centro: nella Zona rossa, infatti, la differenza tra il 2013 e il 2008 è, complessivamente, di +4,7 punti percentuali.

La crescita più contenuta la ritroviamo nel Centro Sud e nel

[1] Le province in cui raccoglie più del 2,3%.

Figura 8.3. *Coalizione di centro (Monti): crescita alle elezioni politiche 2013 rispetto al risultato dell'Udc nel 2008 (in v.a. e punti %, Camera dei deputati)*

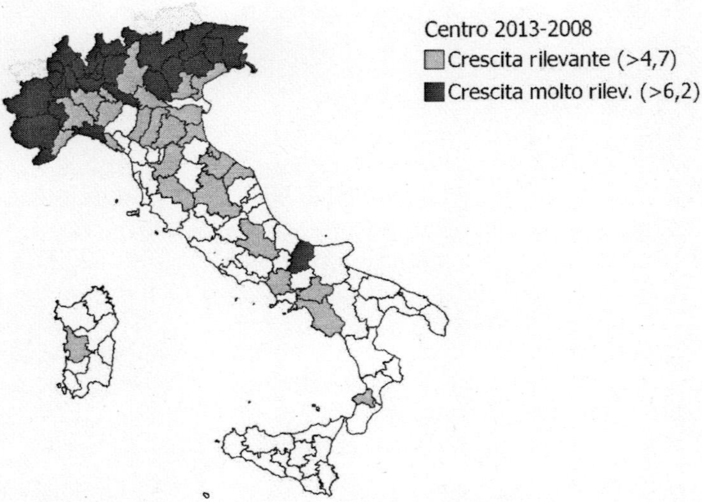

			Per area geo-politica	
Area di centro	%	**+4,9**	Nord Ovest	+7,4
			Nord Est	+6,9
	v.a.	**+1.541.378**	Zona rossa	+4,7
			Centro Sud	+3,9
			Sud e Isole	+2,5

Le 10 province dove perde di più o guadagna di meno		**Le 10 province dove guadagna di più**	
Agrigento	-6,2	Trento	+14,3
Ragusa	-4,0	Sondrio	+9,3
Siracusa	-3,5	Milano	+9,1
Palermo	-3,2	Belluno	+9,0
Trapani	-2,3	Lecco	+8,6
Carbonia Iglesias	+0,8	Varese	+8,3
Lecce	+0,9	Bergamo	+8,3
Cosenza	+0,9	Como	+8,1
Isernia	+1,1	Cuneo	+7,9
Reggio Calabria	+1,6	Monza-Brianza	+7,7

Fonte: Osservatorio elettorale LaPolis (Univ. di Urbino) su dati del Ministero dell'Interno.

Sud, dove gli aumenti sono fermi rispettivamente a +3,9 e +2,5 punti percentuali. Ed è proprio nel Sud, e in particolare in Sicilia, che possiamo ritrovare le province in cui il saldo tra il risultato della coalizione di Monti alle elezioni del 2013 e quello dell'Udc nel 2008 è negativo: -6,2 ad Agrigento, -4 a Ragusa, -3,5 a Siracusa, -3,2 a Palermo, -2,3 a Trapani. In questa zona, che era di forte radicamento per il partito di Casini, l'esodo di elettori non è stato intercettato dalla lista Monti: è più probabilmente uscito dall'area politica di centro, dirigendosi verso altre formazioni, o è andato ad alimentare la schiera degli astenuti al voto.

Le province in cui, invece, la coalizione di Monti ottiene le performance migliori rispetto al 2008 sono tutte nel Nord Italia. In particolare è in Lombardia che si concentrano le crescite più diffuse: tra le dieci province dove cresce maggiormente, ben sette sono lombarde. A Sondrio la crescita è di 9,3 punti percentuali, a Milano di 9,1, a Lecco di 8,6 e a Varese e Bergamo di 8,3. Chiudono Como, con un segno positivo di 8,1 punti percentuali e Monza-Brianza, in cui il saldo si ferma a +7,7. La provincia che, però, in assoluto vede la crescita maggiore è Trento (+14,3), e anche nella vicina Belluno il saldo è positivo per 9 punti percentuali. In questa classifica, infine, è presente anche la provincia di Cuneo: qui la crescita è stata di 7,9 punti percentuali.

Il profilo socio-demografico e politico

Chi sono gli elettori della coalizione di centro? È possibile tracciare un profilo socio-demografico? I dati fanno osservare (fig. 8.4) che, dal punto di vista del genere, il voto alla coalizione di centro è piuttosto trasversale. Anche guardando al livello di istruzione non è rilevabile una caratterizzazione prevalente.

Interessante, invece, è che, tra i giovani al primo voto, quasi il 14%, quindi una quota più consistente della media dell'elettorato, ha scelto di attribuirlo a uno dei partiti che sostenevano Monti per la guida del Paese. A questi possiamo affiancare gli elettori con oltre 65 anni di età (14%), mentre i più lontani dalla coalizione di centro sono coloro che hanno tra i 30 e i 44 anni (8%).

Un'altra dimensione in cui è possibile rintracciare dei tratti peculiari è quella relativa alla categoria socio-professionale. Tra i liberi professionisti osserviamo che il voto a Monti ha sfiorato il

Figura 8.4. *Coalizione di centro (Scelta civica, Udc, Fli): voto per categoria socio-demografica (v. %)*

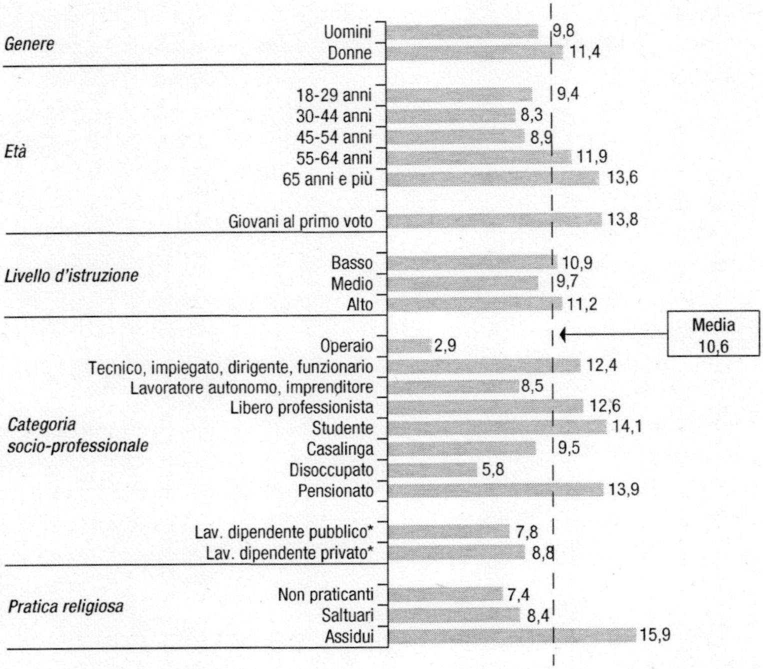

* I lavoratori dipendenti (operai, tecnici, impiegati, dirigenti, funzionari) sono stati disaggregati in base al settore di appartenenza.

Fonte: Osservatorio elettorale LaPolis (Univ. di Urbino), febbraio-marzo 2013 (base: 3546 casi).

13%, mentre tra gli impiegati si colloca intorno al 12%. È però tra pensionati e studenti (entrambi 14%) che questa coalizione raccoglie consensi leggermente più alti. Meno attratti da questa offerta politica sono invece gli operai (3%) e i disoccupati (6%). Da annotare, inoltre, come non ci siano differenze sostanziali tra dipendenti pubblici e privati.

Degna di attenzione, e rilevante, appare la dimensione religiosa: sono in misura maggiore quanti frequentano assiduamente i riti religiosi (16%) ad aver votato per la coalizione di centro, mentre i non praticanti (7%) appaiono più lontani da Sc, Udc e

Fli. La composizione politica degli elettorati dei principali partiti di centro mostra un profilo interessante. Le due principali formazioni della coalizione, infatti, appaiono molto diverse tra loro: l'Udc gode di una storia elettorale piuttosto lunga, mentre Scelta civica era al suo debutto elettorale.

I sostenitori dell'Udc, nel 42% dei casi, rientrano nella categoria degli elettori «fedeli», in quanto hanno espresso la stessa scelta di voto in occasione delle elezioni politiche del 2008. Quasi un elettore su quattro del partito di Casini (23%), invece, aveva votato per il Pdl cinque anni prima, mentre il 6% nella stessa occasione aveva scelto la Lega Nord. Circa il 10%, poi, è da ricondurre all'area del non voto. Scelta civica, invece, sembra avere un profilo marcato più trasversale rispetto a quanto osservato per l'Udc: un elettore su quattro (26%) proviene dal Pdl e il 13% dall'area del non voto. Il 27%, nel 2008, aveva votato per il Pd e il 5% per la Lega Nord, mentre il 12% aveva espresso un voto a favore dell'Udc.

Note conclusive

Quando Monti nel suo tweet di Natale parlava di «salita» in politica, forse non si aspettava delle pendenze tanto ripide. Il risultato ottenuto nel complesso dai centristi è di tutto rispetto: il 10,6% dei consensi a livello di coalizione, l'8,3% per Scelta civica. Una geografia del consenso che trova le sue maggiori aree di forza nel Nord del Paese, oltre ad alcune province del Sud collocate tra Campania e Puglia.

Dal punto di vista socio-demografico, i tratti che maggiormente caratterizzano questa lista sono quelli relativi alla presenza di persone dalla pratica religiosa assidua (appartiene alla coalizione l'Udc, partito di diretta derivazione democristiana), persone con oltre 65 anni, ma anche giovani al primo voto, e una maggiore presenza di impiegati e liberi professionisti, studenti e pensionati.

In sintesi, è la trasversalità ad essere il tratto peculiare della coalizione. Anche guardando al bacino elettorale da cui ha drenato maggiormente i suoi consensi emerge questo carattere.

Nonostante tutto, il risultato della coalizione di Monti appare comunque inferiore alle attese che si erano create intorno alla rinnovata offerta politica dell'area di centro[2].

Parte dell'ottimismo intorno alla riuscita di Sc, Udc e Fli era senz'altro dovuto all'ampia fiducia personale di cui ha goduto il presidente del Consiglio uscente. Nel novembre del 2011, al momento del suo insediamento a Palazzo Chigi, infatti, il governo Monti otteneva un voto almeno sufficiente da quasi otto persone su dieci. Con l'avanzare della dura azione di governo, diminuiva anche il consenso, pur mantenendosi su livelli alti, soprattutto rispetto agli esecutivi precedenti.

Nonostante manovre molto pesanti dal punto di vista economico, in larga parte dell'opinione pubblica ha prevalso l'idea che l'azione di Monti fosse competente, necessaria e che la riconquistata credibilità internazionale del Paese andasse salvaguardata. Competenza e credibilità internazionale, infatti, erano anche i due tratti che maggiormente caratterizzavano il candidato Monti rispetto ai suoi principali *competitors*.

Il consenso personale del premier Monti segue un andamento simile: l'84% degli italiani esprimeva un giudizio positivo a fine novembre 2011. Con l'arrivo dei primi provvedimenti questo credito si contrae. Già nel marzo 2012, i giudizi positivi si riducono al 67%, e scendono ulteriormente nei mesi successivi (52-55%). Tra dicembre 2012 e gennaio 2013 scendono sotto il 50%. A 15 giorni dal voto il gradimento nei suoi confronti raccoglie il 40% delle indicazioni. Dopo le elezioni, si contrae ulteriormente: 34%.

Cosa è successo? Come spiegare questa «discesa» nell'opinione pubblica dopo la «salita» in politica? Forse proprio con (i due) Monti: il Premier e il Candidato. In campagna elettorale, infatti, il candidato Monti rompe con la sua precedente immagine di premier granitico nelle prese di posizione. Le dichiarazioni in relazione alle tasse, per fare un esempio: una diminuzione dell'imposizione fiscale era considerata impraticabile dal premier

[2] Il *37° Atlante Politico* di Demos & Pi, nelle stime di voto pubblicate l'8 febbraio, accreditava la coalizione di centro del 16% dei consensi, mentre il risultato di Scelta civica era indicato intorno al 12%. Anche gli altri dati provenienti da sondaggio citati in questa parte finale sono relativi a diverse pubblicazioni dell'*Atlante Politico* di Demos & Pi svolte tra novembre 2011 e febbraio 2013 e sono reperibili sul sito www.demos.it.

Monti ma ritenuta possibile dal candidato Monti. L'aristocratico e a tratti ironico distacco che ha sempre caratterizzato il premier Monti viene messo in discussione dal candidato Monti, che adotta un cucciolo, Empty, e beve birra alla trasmissione *Le Invasioni Barbariche*.

Forse, sono proprio questi «due Monti» ad aver disorientato l'elettorato. Di fronte ad un cambiamento tanto repentino, non ha intravisto, nella stessa persona, una immagine coerente. Il risultato ottenuto, quindi, potrebbe rispondere più a quello che è stato il candidato Monti che a quello del premier Monti. O, forse, alla sintesi di entrambi.

9.
Sel: la sinistra del centro-sinistra?

di Elisa Lello e Alex Pazzaglia

Il risultato conseguito da Sinistra ecologia e libertà nel 2013 è sostanzialmente in linea con quello ottenuto da Sinistra e libertà alle elezioni europee del 2009. Eppure, è difficile non considerarlo deludente, rispetto alle attese di elettori ed osservatori. In parte, perché il dato delle Europee rispecchia una fase in cui il partito era appena sorto dalle divisioni deflagrate, dentro Rifondazione comunista, in seguito alla sconfitta de La Sinistra - l'Arcobaleno. Dunque, era il risultato di una formazione politica nata da troppo poco tempo, sulla quale peraltro pesavano strascichi e veleni di una lacerazione dolorosa, iniziata, almeno, con la partecipazione del Prc al governo Prodi.

Soprattutto, l'esito di Sel delude perché le aspettative erano cresciute quando, tra il 2010 e il 2012, la formazione guidata da Nichi Vendola era riuscita a imporsi sulla scena. Questo, grazie prima alla vittoria del suo leader nelle primarie del centro-sinistra per le elezioni regionali pugliesi e alla successiva riconferma come governatore; poi, grazie a una serie di vittorie conseguite da Sel nelle consultazioni primarie per la designazione del candidato sindaco di città di primaria importanza, quali Milano, Cagliari e poi, un anno dopo, Genova.

La capacità di Sel di destare attenzione e interesse intorno a sé, in quella stagione, è legata alle capacità oratorie e di dialogo con interlocutori diversi – anche al di fuori dei tradizionali ambiti della sinistra (Diamanti 2010) – di cui dà ripetutamente prova il suo leader, abile altresì ad interagire con i media utilizzando registri innovativi per questa area politica, come quelli prossimi alla «politica pop» (Mazzoleni e Sfardini 2009) e alla spettacolarizzazione (si pensi, per esempio, al duetto con il suo imitatore Checco Zalone). Tanto da fare ipotizzare, per un certo periodo, la sua candidatura a leader dell'intero centro-sinistra.

L'ascesa di Vendola e del suo partito – crediamo – inizia paradossalmente ad arrestarsi proprio con la decisione di partecipare alle primarie del centro-sinistra. Competizione nella quale invece di giocare un ruolo chiave come contendente, sfidando gli altri candidati sui contenuti e sulle parole d'ordine, finisce per eclissarsi dietro a un duello che sempre di più diventa a due: Pier Luigi Bersani contro Matteo Renzi. Vendola non riesce ad ampliare la sua platea, né a ricollegarsi a quel variegato mondo protagonista delle battaglie sui «beni comuni» culminate nelle mobilitazioni a sostegno dei quesiti referendari del giugno 2011.

La partecipazione alle primarie del centro-sinistra non ha dato luogo solo a una performance elettorale insoddisfacente: ha, soprattutto, prodotto una serie di vincoli per Sel e per il suo leader nella conduzione della campagna elettorale. La sottoscrizione della carta d'intenti del centro-sinistra e la sua legittimazione del processo di selezione del leader (e dunque del leader stesso) hanno progressivamente fatto percepire Sel come partito «interno» al centro-sinistra e al «sistema». Per questo, probabilmente, ha perso *appeal* presso segmenti elettorali di sinistra, che cercavano un'offerta alternativa al Pd. Così, Sel ha finito per condurre una campagna elettorale di basso profilo, all'ombra del Pd – che, a sua volta, non ha certo scelto uno stile aggressivo di comunicazione – rinunciando a porre enfasi sui contenuti e sulla costruzione di un'immagine alternativa alle ricette politico-economiche prevalenti.

La peculiarità della sua offerta ha piuttosto riguardato in primo luogo il tema dei diritti civili, aspetto certo importante, ma forse non prioritario nella percezione di un elettorato travolto dagli effetti della lunga crisi economica; in secondo luogo, la designazione di candidati di prestigio, spesso legati al territorio, grazie al loro impegno sociale e politico, e scelti attraverso il metodo delle «parlamentarie».

La geografia elettorale

Se guardiamo alla distribuzione territoriale del voto a Sel, vediamo come sia riconoscibile una zona di forza nel Centro Sud che, facendo perno sul baricentro pugliese, si estende verso il Molise, la Basilicata, parte della Calabria (fig. 9.1).

Figura 9.1. *Sel: zone di forza - Elezioni politiche 2013 (v.a. e %, Camera dei deputati)*

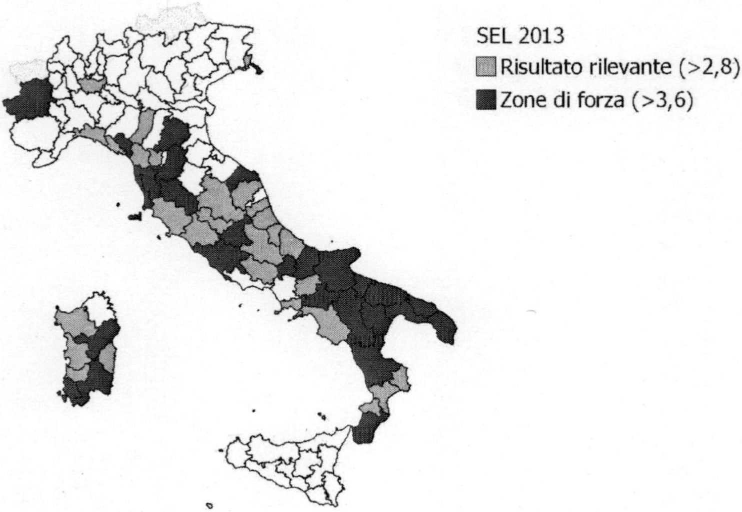

			Per area geo-politica	
Sel	%	**3,2**	Nord Ovest	2,6
			Nord Est	2,2
	v.a.	**1.089.409**	Zona rossa	3,2
			Centro Sud	3,8
			Sud e Isole	3,9

Le prime 10 province		**Le ultime 10 province**	
Brindisi	8,0	Vicenza	1,5
Bari	7,1	Treviso	1,5
Lecce	6,8	Sondrio	1,6
Potenza	5,9	Verona	1,6
Campobasso	5,9	Caltanissetta	1,6
Matera	5,8	Pordenone	1,7
Foggia	5,6	Rovigo	1,7
Barletta-Andria-Trani	5,6	Catania	1,8
Taranto	5,4	Como	1,8
Cosenza	5,2	Bergamo	1,8

Fonte: Osservatorio elettorale LaPolis (Univ. di Urbino) su dati del Ministero dell'Interno.

Una seconda isola è invece collocata nel cuore dell'Italia «rossa», tra Toscana ed Emilia. Oltre a queste due zone, Sel ottiene risultati migliori della media nazionale in Sardegna (soprattutto nelle province meridionali e in quella di Nuoro), nelle province di Roma e di Rieti e nel Torinese.

Se confrontiamo la geografia elettorale emersa da queste consultazioni con quella delineata dalle Europee del 2009, i cambiamenti, sebbene di modesta portata, sono eloquenti (fig. 9.2).

Vediamo, innanzitutto, che il consenso a Sel è cresciuto in territori dove si sono affermati sindaci eletti tra le sue fila (Cagliari, Genova e Milano) o dove sono stati candidati personaggi di spicco della società civile e dell'associazionismo di sinistra: è il caso, per esempio, di Roma – dove era candidato Giulio Marcon, portavoce della campagna «Sbilanciamoci!» – o di Torino, con Giorgio Airaudo, noto per il suo impegno nella Fiom.

Tuttavia, la crescita che si osserva in questi territori è di entità decisamente modesta: evidentemente, il consenso fatto registrare da questi personaggi e amministratori non è bastato a contrastare aspetti più generali che hanno invece limitato l'attrattività della sua offerta politica.

Un altro cambiamento significativo riguarda un certo travaso di voti dal Sud verso il Centro Nord. Sebbene la Puglia e le province del Centro Sud ad essa più vicine continuino a costituire la sua «roccaforte», proprio in molte di queste zone si registra un calo significativo di consensi: a Bari, per esempio, Sel perde 1,5 punti, e anche a Taranto, teatro delle vicende legate all'Ilva, non riesce ad incanalare il malcontento, anzi, arretra di quasi un punto; ma è soprattutto in Campania, in Sicilia e in alcune province calabresi che si verificano perdite significative. Probabilmente, in questi contesti hanno pesato le vicissitudini che hanno interessato le modalità di svolgimento delle «parlamentarie»[1]. E, nel caso siciliano, gli errori commessi da Sel in occasione delle elezioni regionali del 2012, fino alla rinuncia alla candidatura, per ostacoli burocratici, da parte di Claudio Fava.

Il calo di consensi a Sud è stato parzialmente controbilanciato da una crescita nel Centro Nord, e in particolare all'interno della

[1] In Campania, ad esempio, le consultazioni dal basso sono state caratterizzate da ritardi e, in alcuni contesti, da una dilatazione abnorme della partecipazione, con conseguenti sospetti e ricorsi.

Figura 9.2. *Sel: confronto tra il risultato del 2013 e quello ottenuto da Sinistra e libertà alle elezioni europee 2009 (v. %)*

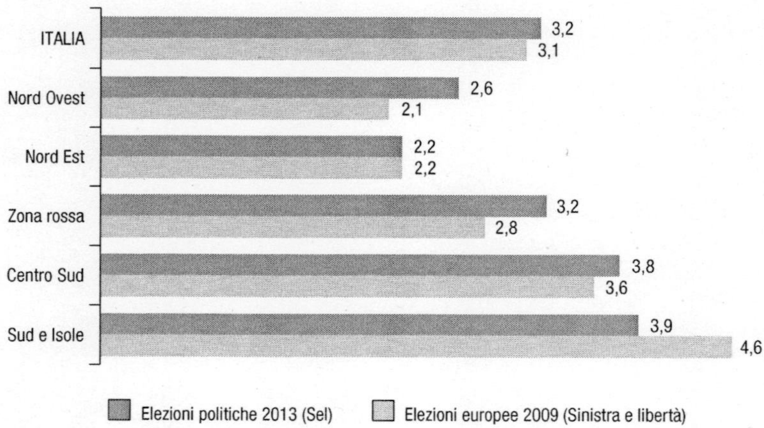

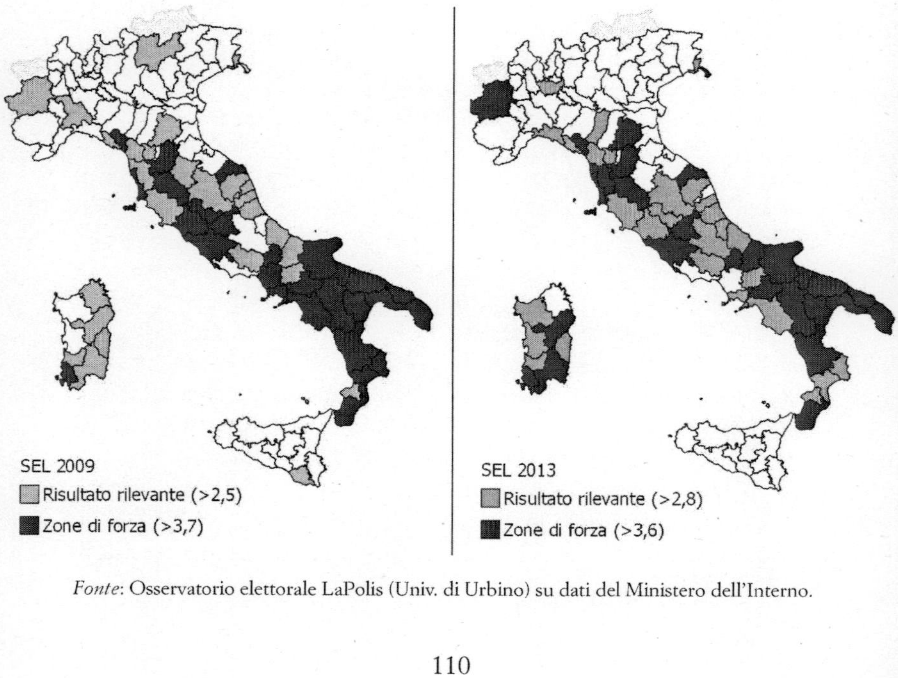

Fonte: Osservatorio elettorale LaPolis (Univ. di Urbino) su dati del Ministero dell'Interno.

Zona rossa, dove l'aumento dei consensi, per quanto di limitata entità, appare diffuso.

Il profilo socio-demografico e politico

Tra gli aspetti che più caratterizzano la composizione dell'elettorato di Sel, possiamo individuare la distribuzione per fasce d'età. È l'elettorato più giovane, quello di età compresa tra i 18 e i 29 anni, che fa registrare la percentuale più elevata di voto per il partito, poco sotto il 6%, rispetto al valore medio del 3,2% (fig. 9.3). Questo elemento di attrazione nei confronti del segmento giovanile viene evidenziato dal dato delle «matricole al voto», che presenta una percentuale superiore all'8%. Leggermente sopra il valore medio risulta anche il consenso tra gli adulti (45-54 e 55-64 anni), cioè gli elettori che si sono socializzati alla politica nella fase segnata dai movimenti del '68 e dei primi anni Settanta. Si tratta di una «generazione politica» che continua a manifestare orientamenti e propensioni verso «sinistra» più elevati rispetto al dato medio (Cartocci e Corbetta 2001; Corbetta e Ceccarini 2010). Di converso, il dato più basso proviene dalla fascia d'età degli ultra 65enni.

Un'altra peculiarità dell'elettorato di Sel è l'elevato grado di scolarizzazione della sua base. Per quanto riguarda le categorie socio-professionali, i consensi più elevati provengono dagli studenti e dai disoccupati, in entrambi i casi vicini al 7%. Se confrontiamo questi dati con quelli dell'*Atlante Politico* di Demos & Pi relativi al biennio 2010-11 (Pazzaglia 2012), notiamo un lieve aumento del consenso tra gli studenti e una crescita invece più significativa tra chi è in cerca di un impiego. Una possibile spiegazione di questo incremento può essere rintracciata nel dibattito intorno alla questione del «reddito di cittadinanza». Infatti, sebbene del punto in questione non si trovi alcun riferimento all'interno della carta d'intenti del centro-sinistra, Vendola (oltre al M5s) ne ha sollevato l'importanza più volte durante la campagna elettorale.

Scostamenti rispetto alle intenzioni di voto per Sel nel periodo 2010-11 si riscontrano anche nel dato riguardante la pratica religiosa. In questo caso si registra un forte aumento all'interno della categoria dei non praticanti. Il che sembra rispecchiare

Figura 9.3. *Sel: voto per categoria socio-demografica (v. %)*

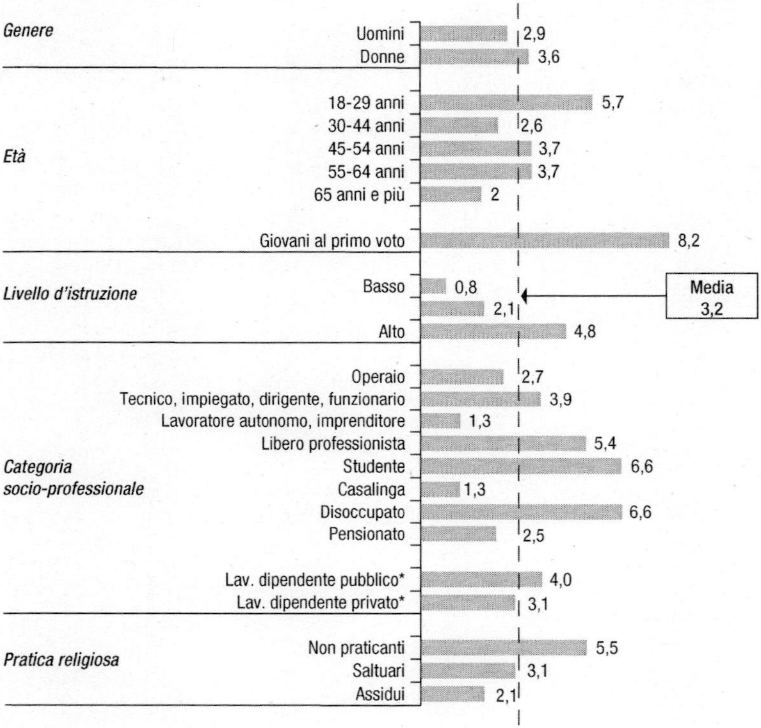

* I lavoratori dipendenti (operai, tecnici, impiegati, dirigenti, funzionari) sono stati disaggregati in base al settore di appartenenza.

Fonte: Osservatorio elettorale LaPolis (Univ. di Urbino), febbraio-marzo 2013 (base: 3546 casi).

un'offerta politica che, come si è detto, tende a caratterizzarsi più per l'attenzione ai temi dei diritti civili (incentrandosi soprattutto sui diritti delle coppie di fatto e omosessuali, oltre che sulla questione dell'omofobia) piuttosto che verso altre *issues* rispetto alle quali la sua iniziativa appare frenata dalle scelte di campagna elettorale del Pd.

Un ultimo aspetto che merita di essere approfondito riguarda la provenienza politica degli elettori di Sel (cfr. tab. A.7 in appendice). Stupisce, infatti, la quota relativamente bassa, all'interno della base elettorale del partito di Vendola, di coloro che dichiarano di avere votato, nel 2008, per un partito a sinistra del Pd: solo il 16%, infatti, proviene dalla Sinistra arcobaleno, e circa il 7% dall'Idv. Mentre ben la metà di coloro che oggi dichiarano di avere scelto Sel afferma di aver votato, nel 2008, a favore del Pd.

Il quadro d'insieme, che emerge dalla lettura dei flussi elettorali, ci mostra come l'elettorato di Sel abbia una identità di centro-sinistra più che di sinistra radicale. Questo dato sembrerebbe del tutto coerente, del resto, con le scelte operate da Sel e dal suo leader. Che, contrariamente allo stile comunicativo solitamente privilegiato, fondato sulla capacità di elaborare «narrazioni» di radicale «rottura», sembra avere rinunciato, in questa occasione, ad incentrare la campagna elettorale su temi forti, in grado di disegnare un modello sociale alternativo, di accendere speranze e sogni, su temi e punti di vista (anche) in contrapposizione rispetto alle ricette «classiche» del centro-sinistra. Al contrario, le scelte strategiche compiute in queste elezioni hanno portato Sel a presentarsi all'opinione pubblica soprattutto come alleato affidabile del Pd, scegliendo immagini e *issues* lontane dall'immaginario e dal repertorio tradizionali della sinistra e optando, viceversa, per toni e messaggi ampiamente consensuali e rassicuranti[2]. Peraltro, la vicinanza al Pd e al suo leader è stata ripetutamente evocata da Vendola («io e Pier Luigi siamo una coppia di fatto»[3]), mentre la campagna del centro-sinistra era fortemente centrata sulle geometrie delle possibili alleanze post-elettorali. Il che, se da una parte restituiva l'immagine di una politica lontana dagli interessi dei cittadini, dall'altra non dava certo il senso della discontinuità rispetto all'esperienza del governo Monti, aspetto al quale l'elettorato della sinistra radicale era probabilmente sensibile.

[2] Una tappa significativa, anche per la sua eco mediatica, di questo percorso è rappresentata dalla scelta di Vendola, durante un confronto tra i candidati delle primarie, del cardinal Martini come personaggio ispiratore della sua azione politica (il confronto è andato in onda il 12 novembre 2012 su SkyTg24).

[3] Come recita la didascalia pubblicata da Vendola su Twitter a commento di una foto che lo ritrae insieme a Bersani, il 17 febbraio 2013.

Note conclusive

Quanto detto finora sembra suggerire due linee di lettura circa il risultato conseguito da Sel e le sue conseguenze sull'organizzazione e sull'identità del partito.

In primo luogo, le analisi condotte in queste pagine ci portano ad ipotizzare che, se Sel riuscirà nell'obiettivo di rilanciare la sua offerta, la sua identità sarà sempre meno riassumibile nella figura del suo leader. Non è solo il calo di consensi in porzioni significative della roccaforte meridionale a suggerire questa interpretazione. Lo è anche, e forse soprattutto, il fatto che si sia eclissata la capacità di Vendola di incarnare un volto credibile e alternativo di guida del centro-sinistra; sembra – almeno per ora – essere tramontata la fase in cui le sue sorprendenti vittorie (alle primarie per la designazione del candidato alla presidenza della Regione Puglia, nonché alle elezioni regionali) avevano dato impulso al carisma e alle capacità personali, oratorie e mediatiche, del leader.

Del resto, abbiamo osservato una crescita dei consensi nei territori dove l'azione di sindaci eletti con Sel o la presenza di candidati di prestigio e riconosciuti hanno rafforzato il suo appeal elettorale, pur senza essere in grado di contrastare efficacemente le debolezze più generali della sua offerta politica.

È probabile, dunque, che esponenti di spicco eletti tra le sue fila (come i nomi già richiamati sopra, oppure Laura Boldrini, ora presidente della Camera) contribuiranno a delineare un'identità del partito più complessa, meno riconducibile al suo fondatore.

La seconda conseguenza del voto riguarda l'elettorato di Sel, per come emerge da queste ultime elezioni. Le scelte del partito, come abbiamo visto, gli hanno alienato le simpatie di una parte consistente dell'elettorato che si colloca a sinistra del Pd. In compenso, però, Sel sembra aver intercettato più voti di centro-sinistra, incarnando la scelta di quegli elettori che riconoscendosi in questo spazio politico hanno preferito il partito di Vendola al fine di spostare a sinistra il baricentro della coalizione «Italia bene comune», mandando così un messaggio al Pd. Un voto strumentale, più che di «appartenenza» e identificazione con il messaggio proposto da Sel.

In questo senso, diventa anche possibile leggere l'aumento di voti intercettati nelle «province rosse» come consensi espressi da una parte dell'elettorato tradizionale del centro-sinistra. Provengono probabilmente da quella componente che più si colloca su posizioni di sinistra, e che votando Sel ha voluto comunicare il suo disagio verso le strategie centriste del Pd.

Infine, una riflessione sugli elettori che si collocano su posizioni di sinistra «radicale», o comunque a sinistra del Pd. Che, come abbiamo visto, sembrano non avere gradito le scelte compiute da Sel, preferendo altre opzioni. Nel dettaglio, se guardiamo le scelte di voto espresse nel 2013 dagli elettori che alle precedenti consultazioni scelsero Sinistra arcobaleno possiamo constatare una vera e propria dispersione di quell'elettorato su formazioni diverse: il 25% sceglie Rivoluzione civile, il 22% Sel, mentre componenti meno ampie, ma comunque non trascurabili, scelgono il Pd (13%) o il M5s (16%); quasi uno su cinque (18%), infine, dichiara di non avere votato. Va considerato, inoltre, che già il risultato conseguito nel 2008 dalla lista Sinistra arcobaleno era stato considerato decisamente deludente rispetto alle attese alimentate dai risultati ottenuti, in passato, dai diversi partiti che la componevano.

Infine, anche coloro che nel 2008 votarono l'Idv mostrano una simile frammentazione in quest'ultima tornata elettorale, anche se si rileva una più netta preferenza per il movimento guidato da Beppe Grillo.

Nell'insieme, i dati presentati restituiscono l'immagine di una marcata frammentazione del voto da parte degli elettori che si riconoscono in questa area politica; oppure, cambiando punto di osservazione, mostrano l'estrema difficoltà, in questa fase, del costituirsi di un'offerta politica in grado di incontrarne le preferenze, conferendo unitarietà – quindi visibilità e peso – alle istanze sollevate da questa parte dell'elettorato.

10.
La Rivoluzione (civile) mancata

di Ludovico Gardani e Claudia Mariotti

Rivoluzione civile ha rappresentato una delle principali novità alle elezioni politiche del 24 e 25 febbraio 2013. Si tratta, infatti, di un soggetto politico nato a ridosso del voto per il rinnovo del Parlamento italiano, precisamente il 29 dicembre 2012, dall'unione di quattro partiti preesistenti – Italia dei valori di Antonio Di Pietro, il Partito dei comunisti italiani di Oliviero Diliberto, il Partito della Rifondazione comunista di Paolo Ferrero, la Federazione dei Verdi di Angelo Bonelli – e di tre realtà associative – Azione civile, presieduta da Antonio Ingroia, La rete 2018 di Leoluca Orlando, il Movimento Arancione di Luigi De Magistris.

In seguito alla nascita e alla presentazione del programma di Rivoluzione civile, alcuni gruppi e movimenti[1], espressione di diversi settori della società civile, hanno deciso di aderire al progetto e di sostenerlo nelle elezioni politiche, mettendo a disposizione risorse sul territorio e proponendo propri esponenti come candidati.

Proprio per questa sua composizione eterogenea, è molto difficile definire la struttura di Rivoluzione civile: in epoca di crisi e mutamento della politica, le categorie analitiche fino ad ora usate – da Duverger (1951) in poi (Panebianco 1982; Kirchheimer 1966; Katz e Mair 1994; Bardi, Ignazi e Massari 2007) – per definire e comprendere i partiti e i movimenti politici, non appaiono più sufficientemente esaurienti. Rivoluzione civile, infatti, sfugge a una definizione classica di struttura politica, non rappresentan-

[1] *Agende Rosse*, di Salvatore Borsellino; *Alleanza Lavoro Beni Comuni Ambiente* (Alba), di Giuliana Beltrame e Emmanuele Curti; *Cambiare Si Può* (Csp), di Livio Pepino, Marco Revelli e Chiara Sasso; *Ecologisti e Reti Civiche* (EcoCivici), di Angelo Bonelli e Mary Luppino; *Il Popolo Viola*, di Massimo Malerba; il *Nuovo Partito d'Azione* (Npa), di Giuseppe Antonio Quartana.

do né un movimento né un partito politico in senso stretto. Lo stesso Antonio Ingroia, leader di Rivoluzione civile, la definisce «una lista, nata per concorrere a questa tornata elettorale e – forse – alle future elezioni regionali. Non è un partito e non diventerà un partito. Sarà una associazione formata da altre associazioni[2]».

Nel panorama dell'offerta politica Rivoluzione civile si è collocata alla sinistra della coalizione Pd-Sel, di cui è stata antagonista, pur cercando fin dal principio un dialogo e una collaborazione. L'obiettivo era quello di ottenere un risultato importante alle elezioni politiche del 2013 per potersi porre come alternativa a Monti nell'ottica di un'alleanza con il Pd-Sel.

Il fallimento del progetto politico di Rivoluzione civile – che non ha superato la soglia di sbarramento né alla Camera né al Senato – è stato inequivocabile e la neonata formazione all'indomani del voto ha avviato una riflessione sulla propria struttura e sul proprio futuro. E sono subito emerse le prime fratture. Le componenti del Pdci e di Rifondazione comunista, nel momento in cui scriviamo, stanno prendendo sempre più le distanze da Rivoluzione civile, mentre il Movimento Arancione di De Magistris e l'Idv di Di Pietro se ne sono già sganciati, bollandola come esperienza fallimentare.

La geografia elettorale

Nessun deputato e nessun senatore, dunque, per la lista Ingroia, che alla Camera ottiene solo un 2,3% dei voti complessivi e al Senato si ferma all'1,8%. Del resto, analizzando la geografia dei voti ottenuti da Rivoluzione civile alla Camera (fig. 10.1), possiamo notare che la formazione politica di Ingroia riesce a centrare l'obiettivo del 4% – la soglia di sbarramento prevista a livello nazionale per la Camera dei deputati (si veda il cap. 12) – soltanto in tre province: Palermo, Taranto e Livorno.

Più in generale, Rivoluzione civile ottiene risultati lievemente migliori rispetto alla media nazionale nelle regioni del Centro Sud e in quelle del Sud e delle Isole. In questi contesti geo-politici,

[2] Intervista a Ingroia di Cristina Cucciniello su «L'Espresso», pubblicata il 1° febbraio 2013.

Figura 10.1. *Rivoluzione civile: zone di forza - Elezioni politiche 2013 (v.a. e %, Camera dei deputati)*

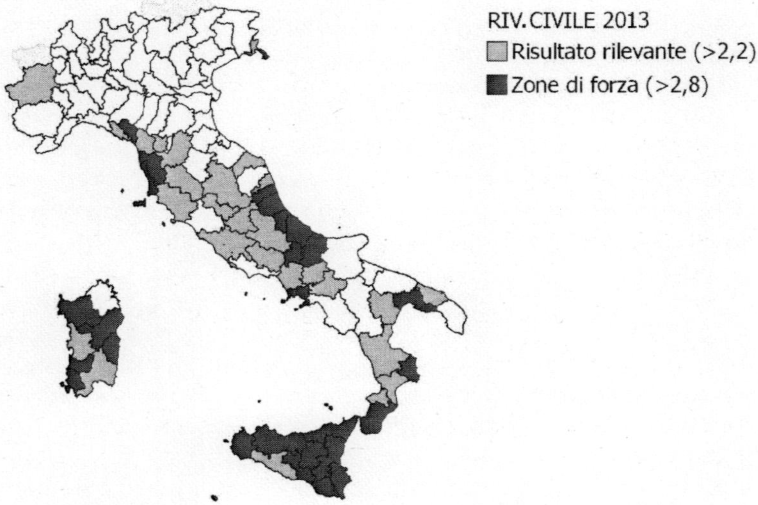

			Per area geo-politica	
Riv. civile	**%**	**2,3**	Nord Ovest	1,8
			Nord Est	1,5
	v.a.	**765.188**	Zona rossa	2,3
			Centro Sud	2,7
			Sud e Isole	2,8

Le prime 10 province		**Le ultime 10 province**	
Palermo	4,5	Sondrio	1,0
Taranto	4,0	Treviso	1,1
Livorno	4,0	Verona	1,1
Crotone	3,9	Vicenza	1,3
Enna	3,9	Como	1,3
Pescara	3,8	Biella	1,3
Medio Campidano	3,7	Brescia	1,3
Ogliastra	3,5	Monza-Brianza	1,3
Campobasso	3,5	Padova	1,4
Siracusa	3,5	Bergamo	1,4

Fonte: Osservatorio elettorale LaPolis (Univ. di Urbino) su dati del Ministero dell'Interno.

infatti, si possono individuare almeno tre aree territoriali che rappresentano altrettante zone di forza.

La prima è rappresentata dalla Sicilia, dove Rivoluzione civile ottiene in tutte le province un risultato superiore al dato nazionale, anche se soltanto in quella di Palermo (4,5%) supera la soglia di sbarramento.

La seconda, invece, non è racchiusa in confini regionali precisi, ma si colloca lungo il versante del basso Adriatico e comprende la provincia di Ascoli Piceno nelle Marche, le province marittime dell'Abruzzo tra cui spicca, per la portata del risultato, quella di Pescara (3,8%), ed infine le due province molisane.

L'ultima zona di forza è costituita da un'altra regione insulare: la Sardegna. Qui Rivoluzione civile riesce ad avere risultati rilevanti, cioè almeno superiori al 2,2%, in tutte le province ad eccezione di quella di Olbia-Tempio.

Al contrario, è nel Nord del Paese che la forza politica guidata da Ingroia ha raccolto il consenso elettorale più basso. Tanto nelle regioni del Nord Ovest (1,8%) quanto in quelle del Nord Est (1,5%). In questi ambiti, in effetti, Rivoluzione civile ha stentato ad affermarsi molto più che altrove, raggiungendo risultati di un certo rilievo solamente nelle province di Torino, La Spezia, Gorizia e Trieste. In tutte le altre del Nord la formazione di Ingroia ottiene risultati inferiori alla media nazionale.

In modo particolare, guardando la graduatoria delle ultime dieci province, risulta evidente che gli esiti peggiori si sono concentrati in un'area ben precisa che si configura come area di vera e propria debolezza di Rivoluzione civile: la ex «Zona bianca» del Nord, che dalle province del Veneto centrale si estende a quelle montane e pedemontane lombarde.

Territori che, precedentemente alla dissoluzione dei partiti della Prima Repubblica, costituivano uno dei bacini elettorali principali della Democrazia cristiana, e che, durante l'avvento della Seconda Repubblica nei primi anni Novanta del secolo scorso, si erano colorati di verde diventando terra di conquista e subito dopo di radicamento della Lega Nord (Diamanti 2009).

In altri termini, aree che presentano da molto tempo un forte orientamento del proprio elettorato verso il centro-destra (Bordignon e Porcellato 2008) e che, almeno fino a queste elezioni politiche, con l'affermazione del M5s nella maggioranza delle province del Nord Est, avevano visto al massimo l'alternarsi del predominio del voto «verde» (Lega Nord nel 1996 e nel 2008) con quello del voto «azzurro» (Forza Italia nel 2001 e nel 2006).

Difficile, dunque, poter immaginare un risultato migliore – o meglio meno negativo – nella roccaforte del «forzaleghismo» (Berselli 2007) per una forza politica come Rivoluzione civile che, seppur nuova, affonda buona parte delle proprie radici nella sinistra radicale italiana.

Qui, tra l'altro, la formazione di Ingroia non solo denota una scarsissima capacità di penetrazione ma, insieme a Sinistra ecologia e libertà, fa segnare anche alcune delle perdite più consistenti della sinistra extra-Pd rispetto alle elezioni del 2008.

Nel Nord Est (-3,0 punti percentuali) e nel Nord Ovest (-3,1 punti percentuali), infatti, si concentra la maggiore contrazione di Rivoluzione civile e di Sel rispetto alle forze politiche della sinistra extra-Pd che le avevano precedute nelle Politiche del 2008 e da cui, in parte, sono sorte: Sinistra arcobaleno e Idv. Ma un calo rilevante si registra anche nelle regioni del Centro Sud (-2,4 punti percentuali), in particolare in Abruzzo e in Molise, dove il complesso della nuova sinistra extra-Pd perde rispettivamente il 41% e il 71% dei voti ottenuti dalla Sinistra arcobaleno e dall'Idv alle precedenti politiche (fig. 10.2).

In definitiva, a livello nazionale, l'area della sinistra extra-Pd, rispetto alle precedenti elezioni politiche, il 24-25 febbraio 2013 ha perso circa un terzo degli elettori (-2,0 punti percentuali pari a -863.725 voti). Un crollo che, tuttavia, assume una connotazione ancor più negativa se riferita alla sola Rivoluzione civile. Infatti, se dal computo dei voti ottenuti dalla sinistra extra-Pd in queste ultime elezioni scorporiamo quelli di Sel, il passivo tra il risultato della lista Ingroia e quello ottenuto nel 2008 dai due partiti ufficialmente in essa confluiti, Sinistra arcobaleno e Idv, si aggrava (-72% di elettori, pari a circa 2 milioni di voti in meno) e assume i contorni di una vera e propria *débâcle* in grado di mettere in forte dubbio la sopravvivenza stessa del nuovo soggetto politico.

Il profilo sociale e politico

Il voto a Rivoluzione civile appare caratterizzato da alcuni tratti socio-demografici distintivi degli elettorati delle formazioni

Figura 10.2. *Area della sinistra: perdite della sinistra extra-Pd tra le elezioni politiche 2008 (Sinistra arcobaleno e Idv) e 2013 (Rivoluzione civile e Sel) (in v.a. e punti %, Camera dei deputati)*

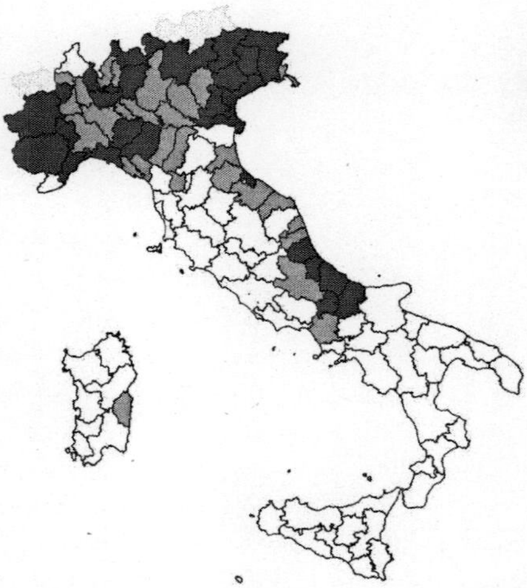

			Per area geo-politica	
Sinistra			Nord Ovest	-3,1
Riv. civile + Sel	%	**-2,0**	Nord Est	-3,0
vs.			Zona rossa	-1,9
Sin. arc. + Idv	v.a.	**-863.725**	Centro Sud	-2,4
			Sud e Isole	-0,4

Le 10 province dove perde di più		**Le 10 province dove guadagna di più o perde di meno**	
Campobasso	-23,5	Brindisi	+3,1
Isernia	-13,3	Lecce	+3,1
Chieti	-5,8	Taranto	+1,9
Treviso	-4,2	Cosenza	+1,4
Venezia	-4,0	Bari	+0,9
Genova	-4,0	Enna	+0,5
Torino	-3,9	Reggio Calabria	+0,4
Bergamo	-3,8	Messina	+0,2
Pescara	-3,7	Foggia	+0,2
Belluno	-3,6	Carbonia Iglesias	-0,1

Fonte: Osservatorio elettorale LaPolis (Univ. di Urbino) su dati del Ministero dell'Interno.

appartenenti all'area della sinistra radicale. Tra i suoi elettori, infatti, ritroviamo una più marcata presenza di uomini rispetto alle donne, tendenzialmente più moderate nelle scelte di voto (fig. 10.3).

Inoltre, guardando la categoria socio-professionale, si evidenzia una più elevata capacità di attrarre voti in tutta l'area del lavoro dipendente, tanto del settore privato quanto e specialmente di quello pubblico (dove supera la soglia del 3%). In effetti, Rivoluzione civile ottiene un risultato superiore alla media tra i tecnici, gli impiegati, i funzionari e i dirigenti, ma è tra gli operai che riscuote il successo maggiore (dove si avvicina al 4%). Di contro, dimostra una scarsa presa sui lavoratori autonomi e gli imprenditori e, in misura inferiore, anche sui disoccupati e sulle altre categorie esterne al mercato del lavoro, in particolare sulle casalinghe.

Infine, per quanto riguarda l'osservanza religiosa il dato più elevato, superiore al 4%, si registra tra i non praticanti. Questo ultimo dato non stupisce, data l'attenzione che Rivoluzione civile ha posto – con vigore rispetto alle altre forze politiche – sul tema della laicità dello Stato, mettendolo come secondo punto del proprio programma e ribadendolo con forza durante la campagna elettorale.

Il profilo sociale dell'elettorato di Rivoluzione civile, invece, non mette in mostra relazioni degne di nota con il livello d'istruzione. Mentre, per quanto riguarda la distribuzione per classi di età, l'unico valore rilevante si evidenzia tra gli adulti di età centrale (45-54 anni).

La lista Ingroia viene generalmente considerata una formazione di sinistra, tuttavia analizzando la composizione del suo elettorato, in base al voto alle Politiche del 2008 (cfr. tab. A.7 in appendice), emerge un profilo piuttosto composito. La prevalenza della matrice di sinistra è confermata: nel 2008 il 27% dell'elettorato di Rivoluzione civile aveva votato per la Sinistra arcobaleno guidata da Fausto Bertinotti. Ma accanto a questa componente se ne affianca una di centro-sinistra, perché in larga misura questi elettori, alle precedenti politiche, avevano espresso il proprio consenso per i due partiti che sostenevano l'allora candidato premier Walter Veltroni: l'Idv (18%) e il Pd (23%).

Allo stesso tempo, Rivoluzione civile evidenzia anche una

Figura 10.3. *Rivoluzione civile: voto per categoria socio-demografica (v. %)*

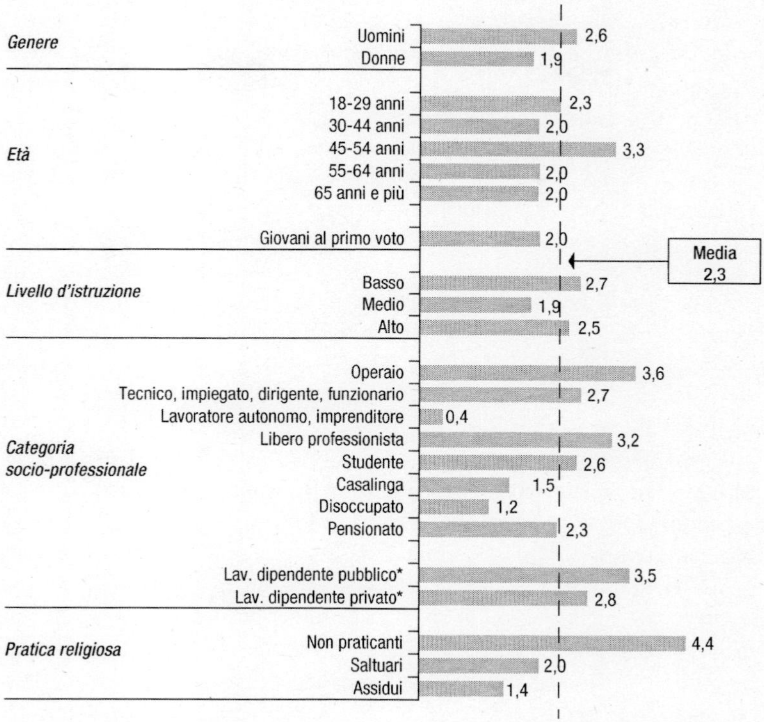

* I lavoratori dipendenti (operai, tecnici, impiegati, dirigenti, funzionari) sono stati disaggregati in base al settore di appartenenza.

Fonte: Osservatorio elettorale LaPolis (Univ. di Urbino), febbraio-marzo 2013 (base: 3546 casi).

certa forza nell'attrarre piccole porzioni di elettorato proveniente da partiti minori di diversa estrazione (complessivamente il 14%).

Infine, va sottolineato che la formazione di Ingroia ha saputo raccogliere un 8% dei propri voti anche tra chi non aveva espresso alcuna scelta nel 2008, non andando a votare o votando scheda bianca, e una quota analoga tra i giovani al primo voto. Confermando così una certa eterogeneità del proprio elettorato dal punto di vista del profilo politico.

L'importanza del territorio

È interessante notare come, ad una prima analisi a livello nazionale, l'identificazione con Rivoluzione civile sembri passare principalmente attraverso il leader e il programma, posti al centro dell'offerta politica durante la campagna elettorale. Tuttavia, ad un secondo e più approfondito esame, incrociando l'analisi del voto, con l'analisi dell'elettorato e, soprattutto, delle candidature, emergono nuove e più complesse linee di lettura.

La dimensione locale, infatti, sembra essere stata il vero punto di forza di Rivoluzione civile, che ha ottenuto i risultati migliori proprio dove ha presentato candidati espressione del territorio: notabili locali e rappresentanti della società civile, con un considerevole prestigio personale o fortemente sostenuti da associazioni e movimenti apprezzati per il proprio lavoro a livello locale.

Questa ipotesi sembra rafforzarsi esaminando le candidature espresse nelle tre aree, evidenziate in precedenza, in cui Rivoluzione civile ottiene le prestazioni elettorali migliori: Sicilia, Sardegna e versante del basso Adriatico.

In Sicilia, in effetti, l'affermazione della lista Ingroia può essere ricondotta principalmente alle varie candidature provenienti dal mondo dell'associazionismo locale e da quello della lotta alla mafia. Come le organizzazioni che fanno capo a Franco La Torre (figlio del dirigente del Pci Pio La Torre, ucciso dalla mafia nel 1982), Anna Falcone (ricercatrice universitaria calabrese, impegnata contro la mafia e nel movimento antiviolenza sulle donne) e Gabriella Stramaccioni (co-fondatrice di «Libera», associazione fortemente impegnata contro le mafie). Ma nell'isola il risultato di Rivoluzione civile è stato condizionato anche da figure che, seppur non candidate, l'hanno sostenuta pubblicamente e attivamente sia a livello personale che attraverso le associazioni e i movimenti locali da loro guidati. È sicuramente il caso di Orlando, sindaco di Palermo – eletto per la quarta volta nel maggio 2012 con oltre il 70% delle preferenze, superando di gran lunga i voti della coalizione che lo sosteneva –, che ha messo a disposizione della lista di Ingroia il suo grande seguito personale e il suo movimento «La Rete 2018», permettendo a Rivoluzione civile di raggiungere il suo miglior risultato in assoluto (4,5%). O quello di Salvatore Borsellino, il fratello del magistrato ucciso dalla mafia, molto attivo nella campagna elettorale attraverso la sua associazione «Agende rosse».

Un analogo ragionamento appare valido anche per la Sardegna, altra area di forza in cui Rivoluzione civile ha candidato numerosi esponenti della società civile e dei movimenti locali più in vista, ottenendo un risultato migliore rispetto alla media nazionale. In questa regione, da tempo, la priorità assoluta è rappresentata dalla salvaguardia dei posti di lavoro e dei siti produttivi. E la lista Ingroia sembra aver ottenuto più voti proprio in virtù delle candidature di alcune delle figure più note e attive nella lotta per la difesa del lavoro nell'isola. Veri e propri simboli in cui molti elettori sardi si sono identificati, come, per esempio, Luigi Manca (candidato al Senato), minatore della Carbosulcis, Antonio Pirotto, (ex) operaio dell'Eurallumínia nel Sulcis, o Guido Cadoni, insegnante precario.

Infine, anche per l'ultima delle tre zone di forza di Rivoluzione civile – quella che si sviluppa lungo il versante del basso Adriatico – l'ipotesi dell'apporto del territorio come determinante dei migliori risultati sembra reggere e quasi rafforzarsi. Questo, peraltro, è uno dei pochi contesti locali dove un partito tra quelli confluiti in Rivoluzione civile – l'Idv – pare aver inciso in maniera positiva sul risultato finale a differenza di quanto avviene in altre zone, dove nonostante si siano presentati i leader nazionali dei partiti costituenti Rivoluzione civile, i risultati raggiunti non sono stati altrettanto significativi.

In questa terza zona, invece, il partito di Di Pietro riesce a mantenere un certo peso, proprio perché ha saputo esprimere candidature importanti e conosciute soprattutto per il loro impegno politico a livello locale. Ma anche perché a queste candidature più politiche se ne sono affiancate altre, diretta espressione dei movimenti e delle associazioni del territorio. Così nel Molise, accanto a Pierpaolo Nagni, segretario regionale dell'Idv, era candidata Marilena Natilli di «Cambiare si può», mentre in Abruzzo, insieme a Carlo Costantini, molto influente a Pescara e già candidato dell'Idv alla presidenza regionale, si presentavano Paola Angelillis del movimento «La Rete 2018» dell'Aquila e Pamela Caporale, nota ambientalista e animalista.

Note conclusive

Analizzando l'esperienza di Rivoluzione civile, il dato più interessante che emerge è che la pur bassa affermazione elettorale del nuovo soggetto politico sembra dovuta soprattutto all'apporto dei vari movimenti che non dei partiti tradizionali che hanno concorso a costituirla.

Del resto questo era l'obiettivo insito nell'etimologia del nome di questo nuovo soggetto politico: il termine «rivoluzione» tende, infatti, ad indicare un progetto di cambiamento radicale del modo di vivere e fare politica, progetto che si intendeva realizzare attraverso un più stretto e virtuoso rapporto con la società (per l'appunto) «civile».

Il fallimento elettorale del 24 e 25 febbraio e la conseguente decisione di abbandonare la neonata formazione da parte di tutti i partiti che avevano concorso a formarla stanno portando Rivoluzione civile ad un ripensamento della sua struttura proprio in questa chiave. In tal modo questa «associazione di associazioni» potrebbe avere una nuova opportunità di evolversi, diventando più fedele a quel progetto di rivoluzione e cambiamento – che mal si coniugava con la presenza dei partiti tradizionali – di cui intendeva farsi portatrice attraverso l'impegno politico della società civile.

11.
Il paradosso della Lega Nord

di Roberto Biorcio e Alice Securo

Le recenti elezioni hanno avuto un esito paradossale per la Lega Nord. Eleggendo Roberto Maroni alla presidenza della Lombardia il Carroccio è riuscito a realizzare un obiettivo che appariva irraggiungibile in passato, anche nelle fasi di maggiori successi elettorali. La Lega governa le tre principali regioni del Nord. Ma i consensi elettorali si sono più che dimezzati rispetto a cinque anni fa: il Carroccio ha ottenuto 1.390.014 voti, oltre 1,6 milioni meno del 2008, e le percentuali sono scese dall'8,3% al 4,1%. La Lega aveva già perso molti voti nelle elezioni amministrative del 2012, dopo gli scandali che avevano investito anche la famiglia di Umberto Bossi. Il rilancio del partito tentato da Maroni con una forte opposizione al governo Monti aveva ottenuto solo un limitato recupero dei consensi.

Con le recenti elezioni nazionali si è completamente dissolta la terza ondata di espansione elettorale avviata nel 2008. La Lega aveva avuto altre due fasi di grande crescita nel 1992 e nel 1996 sempre seguite da periodi di relativo declino (Biorcio 2010) (fig. 11.1). In passato, i voti perduti dalla Lega si spostavano soprattutto a vantaggio del partito di Silvio Berlusconi. Nelle recenti elezioni politiche la caduta di consensi del Carroccio non ha favorito il Pdl, ma altre liste estranee al centro-destra, in particolare il MoVimento 5 stelle di Beppe Grillo. Si è creata così nelle regioni dell'Italia settentrionale una situazione inedita, che fa emergere nuovi problemi e tensioni nel partito fondato da Bossi.

La geografia del voto

Le elezioni del febbraio 2013 hanno radicalmente trasformato la geografia elettorale del Nord. I risultati delle elezioni dal 2008

Figura 11.1. *Voti per la Lega Nord nelle elezioni nazionali ed europee (valori %, Camera dei deputati)*

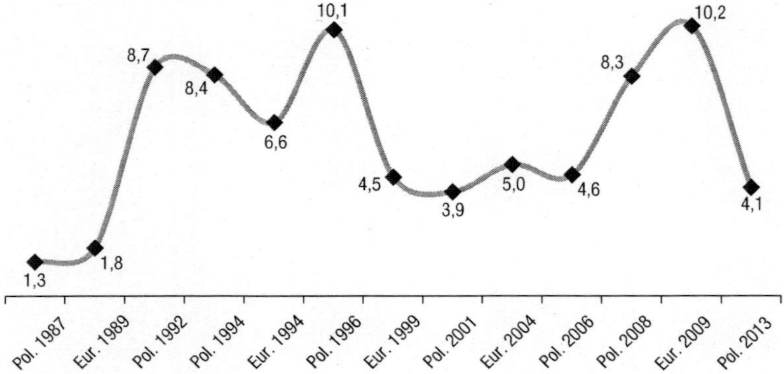

Fonte: Osservatorio elettorale LaPolis (Univ. di Urbino) su dati del Ministero dell'Interno.

al 2010 sembrano appartenere a un'altra epoca storica. La Lega si è fortemente ridimensionata nelle tre regioni che governa: in Lombardia è passata dal 21,6% al 12,9%; in Veneto dal 27,1% al 10,5%, in Piemonte dal 12,6% al 4,8%. E la caduta appare ancor più forte se confrontata con le Regionali del 2010. Nell'ambito delle tre regioni rimangono sostanzialmente immutate, come nel passato, le aree di maggior consenso (Diamanti 2009). Ancora una volta, quindi, sono le province che vanno da Varese a Brescia e da Verona a Treviso a garantire il sostegno al partito, ma le percentuali con cui questo avviene sono di gran lunga inferiori rispetto a cinque anni fa.

Nel corso delle precedenti elezioni politiche, infatti, le prime dieci province per voto alla Lega segnavano tutte risultati superiori al 25%, e le prime cinque superavano addirittura il 30%. Le analisi relative al 2013, invece, mostrano come il consenso al partito su base provinciale non vada oltre il 22,5%, rimanendo modesto anche nei centri tradizionalmente più forti. Rimane soprattutto un elettorato di appartenenza che si è mantenuto nel corso del tempo, al di là delle forti oscillazioni del consenso nei comuni e nelle zone in cui la Lega fin dai primi anni aveva ottenuto un appoggio esteso.

Nelle elezioni del 2013 si è realizzato un rovesciamento dei rapporti di forza tra Lombardia e Veneto rispetto agli anni precedenti. Il Veneto, infatti, cede la posizione di prima regione per voto alla Lega, con una percentuale di consenso che non arriva all'11% contro il complessivo 12,5% delle circoscrizioni lombarde. Considerando le dieci province in cui il partito di Maroni raggiunge le percentuali più elevate, le prime sei posizioni appartengono alla seconda circoscrizione lombarda, mentre bisogna arrivare al fondo della classifica per incontrare una modesta rappresentanza veneta (fig. 11.2). La candidatura del segretario alla carica di governatore regionale ha verosimilmente mobilitato più elettori leghisti che in Veneto; un'ulteriore spiegazione, tuttavia, è legata proprio alle tensioni verificatesi all'interno della dirigenza veneta del partito nei mesi precedenti il voto (e acuitesi dopo il risultato di febbraio). La scelta dei candidati per il Parlamento e la gestione della campagna elettorale nel suo complesso, infatti, sono state motivo di duro scontro tra il governatore Luca Zaia e il segretario regionale, già sindaco di Verona, Flavio Tosi. Lo scambio di accuse ha allargato la frattura tra i rispettivi sostenitori e il risultato elettorale ha sostanzialmente messo in evidenza il mancato recupero d'immagine dopo gli scandali dell'aprile 2012. Tra le dieci province in cui la Lega registra le maggiori perdite rispetto al 2008 (fig. 11.3) si trovano sei delle sette province venete, mentre l'unica assente rimane Rovigo che ha una tradizione elettorale più simile a quella della vicina Emilia Romagna. Particolarmente significativa è la dimensione della caduta di consensi, che risulta superiore ai quindici punti percentuali con la sola eccezione di Venezia, in cui il calo si attesta a 12,8 punti. Perdite significative si sono verificate anche nelle province piemontesi di Verbano-Cusio-Ossola e di Cuneo, zone in cui la Lega ha ottenuto risultati incoraggianti in fase di crescita ma dove, nei periodi di riflusso, buona parte del consenso è stata rapidamente riassorbita.

Un discorso diverso si deve fare per le province che costituiscono la Zona rossa d'Italia, in cui la Lega ha conosciuto una forte crescita nel corso degli ultimi anni (Passarelli e Tuorto 2012). Il partito perde oltre sei elettori su dieci rispetto al 2008, mantenendo una presenza superiore alla media nazionale nella sola provincia di Piacenza. Il crollo riguarda anche le restanti province emiliane: se si considera l'intera regione la Lega passa dal 13,7% di preferen-

Figura 11.2. *Lega Nord (Centro Nord): zone di forza - Elezioni politiche 2013 (v.a. e %, Camera dei deputati)*

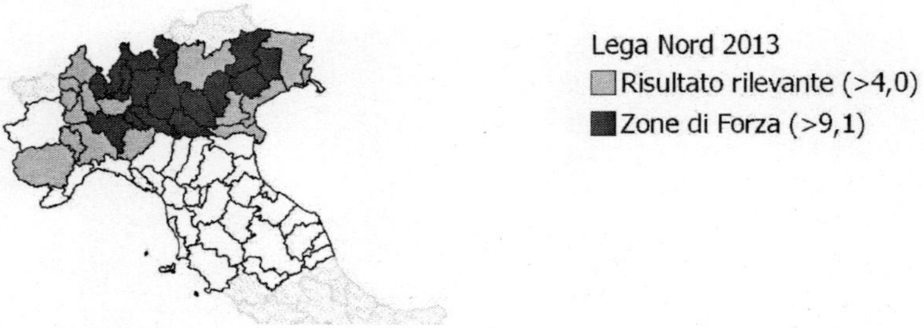

			Per area geo-politica	
Lega Nord	**%**	**6,9** (It.: 4,1)	Nord Ovest	9,6
			Nord Est	9,0
	v.a.	1.364.004 (It.: 1.390.014)	Zona rossa	1,5

Le prime 10 province (Centro Nord)		Le ultime 10 province (Centro Nord)	
Sondrio	22,5	Terni	0,3
Bergamo	19,7	Ascoli Piceno	0,4
Brescia	17,6	Livorno	0,5
Varese	16,1	Grosseto	0,5
Como	15,7	Fermo	0,5
Lecco	14,6	Ancona	0,6
Verona	13,7	Firenze	0,6
Treviso	13,3	Perugia	0,7
Cremona	12,5	Pisa	0,7
Vicenza	12,4	Macerata	0,7

Fonte: Osservatorio elettorale LaPolis (Univ. di Urbino) su dati del Ministero dell'Interno.

ze delle Regionali 2010 all'attuale 2,6%. Il tracollo leghista nella Zona rossa è in parte riconducibile all'esplosione del M5s, che si è posto come alternativa a tutti i partiti tradizionali in campo. Il MoVimento di Beppe Grillo è riuscito a sostituire la Lega Nord nel suo tradizionale ruolo di voto di protesta, raccogliendo in maniera trasversale il malcontento e trasformandolo in forza propulsiva del MoVimento stesso.

Figura 11.3. *Lega Nord (Centro Nord): perdite tra le elezioni politiche 2013 e 2008 (v.a. e %, Camera dei deputati)*

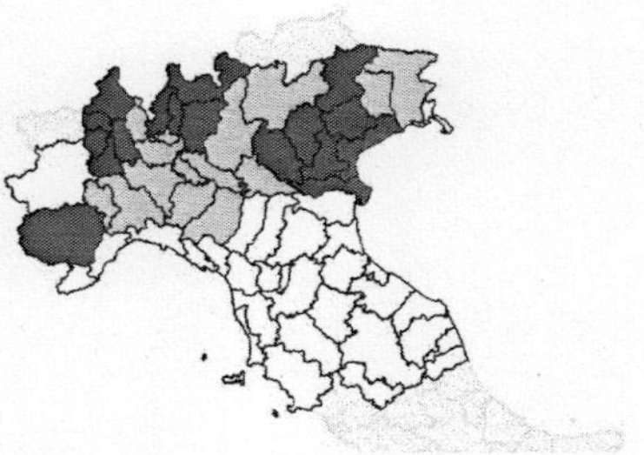

			Per area geo-politica	
Lega Nord	%	**-7,5** (It.: -4,2)	Nord Ovest	-8,0
	v.a.	-1.660.593 (It.: -1.634.529)	Nord Est	-13,2
			Zona rossa	-2,9

Le 10 province dove perde di più (Centro Nord)		Le 10 province dove perde di meno (Centro Nord)	
Verona	-19,3	Terni	-0,5
Vicenza	-18,7	Ascoli Piceno	-0,7
Treviso	-17,6	Firenze	-0,8
Belluno	-17,0	Livorno	-0,9
Padova	-16,0	Siena	-0,9
Sondrio	-13,4	Grosseto	-1,0
Venezia	-12,8	Ancona	-1,0
Cuneo	-12,5	Pisa	-1,2
Verbano-Cusio-Ossola	-12,3	Fermo	-1,2
Bergamo	-11,4	Macerata	-1,3

Fonte: Osservatorio elettorale LaPolis (Univ. di Urbino) su dati del Ministero dell'Interno.

Il profilo degli elettori leghisti

Il nuovo patto con Berlusconi ha permesso a Maroni la conquista della Lombardia ma ha in parte disorientato l'elettorato leghista, che spesso ha preferito l'astensione o ha scelto altre liste. Queste diverse prese di posizione mettono in evidenza le difficoltà a mantenere l'unità dell'area elettorale che in passato aveva votato per il Carroccio (cfr. tab. A.8 in appendice). Non pochi elettori hanno scelto la lista Monti (7%), che può far rivivere le antiche opzioni democristiane, ancora popolari in alcune aree territoriali. Molto più forte tra gli ex elettori del Carroccio è stata però l'attrazione del M5s (25%). Si tratta di due scelte che sembrano andare in direzioni opposte: il presidente del Consiglio uscente vuole riconfermare le politiche del governo dei tecnici, mentre Grillo chiede radicali cambiamenti e un maggiore ascolto delle richieste dei cittadini. Gli elettori leghisti che hanno scelto il MoVimento ne condividono le critiche al sistema dei partiti e quelle alle politiche del governo e delle banche, che hanno penalizzato le piccole imprese e in generale i ceti popolari.

È molto cambiato il profilo sociale e politico dell'elettorato che vota per il Carroccio nelle regioni settentrionali (fig. 11.4). Rispetto al passato, i consensi si sono soprattutto ridotti nei settori sociali che avevano garantito il maggiore sostegno nelle fasi di successo della Lega: gli operai, i commercianti e gli artigiani (Securo 2012). Non è un caso che oggi sia il M5s ad ottenere i migliori risultati proprio in queste aree sociali.

Può essere interessante osservare invece come il voto leghista sia superiore alla media tra i pensionati: un dato relativamente nuovo rispetto al passato, che in parte compensa la netta diminuzione di voti per il Carroccio tra le diverse categorie di occupati. Resta invece invariata la minore capacità di attrazione delle proposte leghiste nei confronti degli elettori con titolo di studio elevato.

Si può infine osservare come sia molto cambiato il profilo politico dell'elettorato leghista. La Lega si proclamava alle origini «né di destra né di sinistra» e raccoglieva nella prima metà degli anni Novanta elettori da tutte le aree politiche (Biorcio 1997). L'alleanza con il centro-destra e la forte connotazione dell'impegno politico del Carroccio sulla questione dell'immigrazione ha cambiato il posizionamento politico del suo elettorato sull'asse sinistra-destra (cfr. fig. A.5 in appendice). Sono molto più elevate le disponibilità a votare per il Carroccio tra gli elettori che si definiscono di destra e centro-destra, mentre sono diminuite in modo significativo tra gli elettori di centro e sono quasi assenti tra quelli di centro-sinistra e sinistra.

Figura 11.4. *Lega Nord: voto per categoria socio-demografica nelle regioni del Nord e tra parentesi in Italia (v. %)*

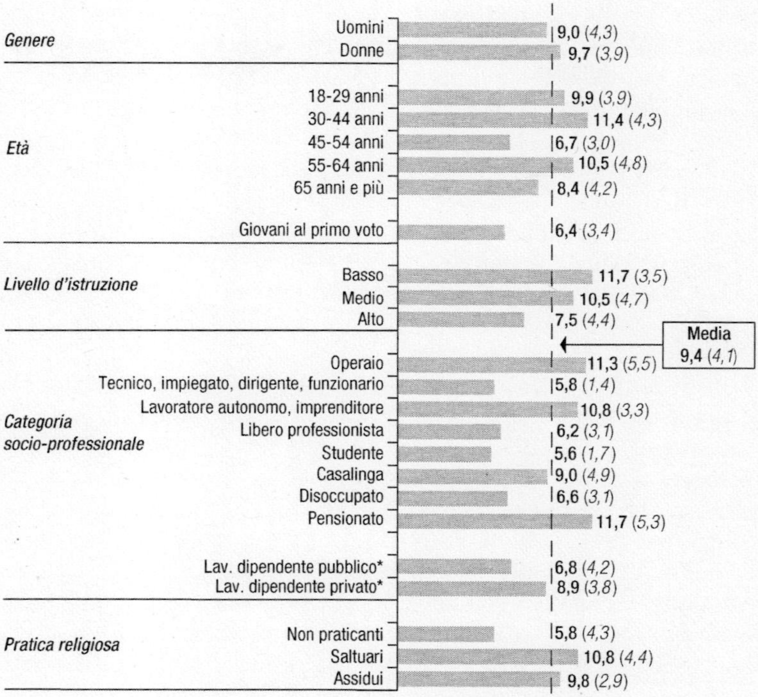

* I lavoratori dipendenti (operai, tecnici, impiegati, dirigenti, funzionari) sono stati disaggregati in base al settore di appartenenza.

Fonte: Osservatorio elettorale LaPolis (Univ. di Urbino), febbraio-marzo 2013 (base: 3546 casi).

Note conclusive

In una fase di comune declino delle due formazioni di centrodestra, la scommessa lanciata da Maroni è stata quella di ricreare un nuovo «asse del Nord», in grado di misurarsi con le politiche del prossimo governo e gestire l'opposizione dell'area territoriale più ricca e produttiva. La promozione della «Macroregione» del Nord dovrebbe aumentare i poteri di contrattazione nei confronti di Roma, con la richiesta di lasciare il 75% del prelievo fiscale sul territorio. Un progetto che ricorda quello tentato in Catalogna e che, nel dibattito pubblico, ha sollevato critiche in riferimento all'idea di solidarietà nazionale. Si propone come modello da imitare la Csu bavarese, formazione che mantiene un'alleanza solida con un partito conservatore nazionale per ottenere in cambio maggior potere e più autonomia di gestione degli interessi regionali.

Il progetto di Maroni non appare però in grado di riaccendere la mobilitazione dei simpatizzanti e degli elettori. Il tradizionale raduno degli attivisti leghisti a Pontida (l'8 aprile 2013) ha mostrato come rimangano ancora molto forti nel Carroccio le tensioni e le lacerazioni che erano emerse nell'ultimo anno.

Oggi d'altra parte appaiono molto ridotte le possibilità del Carroccio di gestire la protesta delle regioni del Nord. Le condizioni politiche, sociali ed economiche sono molto diverse da quelle esistenti nella prima metà degli anni Novanta. Più che sulla redistribuzione delle risorse fra Nord e Sud, il malcontento e le proteste si orientano contro le politiche e le misure di austerità imposte dall'Europa, dalla Bce e dal Fmi. Grillo è percepito come interprete più credibile delle proteste contro i partiti e contro le politiche che scaricano sui cittadini i costi della crisi. Questo MoVimento sembra svolgere, soprattutto nel Nord Est e nelle «Regioni rosse», una funzione analoga a quella che la Lega aveva svolto nei confronti dei partiti della Prima Repubblica. E non a caso ne ha ereditato un ampio settore dell'elettorato.

Parte terza

Questioni di voto

12.

La difficile convivenza di due sistemi elettorali

di Nicola D'Amelio

Le elezioni del 24 e 25 febbraio hanno rappresentato la terza «prova» del sistema elettorale originato dalla legge 270/2005, e ciò consente una verifica generale sul suo funzionamento. Lo scopo di questo lavoro è di evidenziarne gli elementi di continuità e discontinuità, gli obiettivi raggiunti e quelli mancati, i punti di forza e quelli di instabilità.

Il percorso si articolerà su tre segmenti: la distribuzione dei seggi a livello nazionale e circoscrizionale, il confronto tra Camera e Senato e, infine, lo sviluppo di ipotetici scenari ricavati dall'applicazione di sistemi alternativi.

Le tante proposte di modifica del sistema elettorale, quand'anche ben articolate e motivate, scontano spesso una scarsa attenzione rispetto a due domande essenziali: 1) perché questo sistema non funziona? 2) cosa si vuole ottenere dalla sua modifica?

Alla sua prima esperienza nelle elezioni dell'aprile 2006, il sistema presentava alcuni aspetti che lo caratterizzavano in senso certamente innovativo. Tra questi: la competizione tra coalizioni, il premio di maggioranza, gli sbarramenti e il procedimento di attribuzione dei seggi.

A prescindere dalla definizione che vogliamo dare a un sistema elettorale, dal più generale «insieme di regole e procedure in base alle quali sono eletti i membri di organi assembleari o di cariche monocratiche», al più specifico «procedimento di trasformazione dei voti in seggi», è subito evidente che nel caso in questione ci troviamo di fronte ad almeno due sistemi: quello per l'elezione dei membri della Camera dei deputati, e quello per il Senato della Repubblica.

Il giudizio generale sulla legge è sempre stato decisamente negativo, fin dal momento dell'approvazione. Quasi tutte le forze politiche (incluse quelle che avevano approvato il testo), e gran parte degli studiosi, hanno sempre convenuto sulla necessità di apportare sostanziali modifiche (D'Alimonte e Fusaro 2008).

Tra le critiche più diffuse, ricordiamo:

a. la scarsa attitudine a garantire un'omogenea maggioranza tra Camera e Senato;

b. la forte distorsione di proporzionalità nel rapporto tra voti ottenuti dalle liste e seggi assegnati;

c. la «nomina» degli eletti da parte delle segreterie dei partiti;

d. l'incentivo alla frammentazione partitica;

e. l'esistenza, in alcuni punti della legge, di «bachi» che la esporrebbero a dubbi di incostituzionalità e a situazioni di «stallo procedurale».

Sul primo punto si è molto discusso nei due anni trascorsi tra le elezioni del 2006 e quelle del 2008; all'indomani del risultato dell'aprile 2008, e grazie ad esso, l'argomento passò in secondo piano, pur permanendo nel dibattito sulle riforme. Nondimeno, un'intera legislatura (2008-13) non è stata sufficiente per cambiare il sistema elettorale, e neanche per introdurre correzioni minime. Di fronte al risultato di queste elezioni, che riproduce – con le dovute differenze – alcune condizioni del 2006, il tema è tornato ineluttabilmente alla ribalta.

Le elezioni della Camera

Cominciamo con l'osservare i risultati delle ultime elezioni della Camera sul piano nazionale, riportati in tab. 1.1 (si veda il cap. 1).

Ricordiamo che il procedimento prevede una prima ripartizione proporzionale dei seggi (con metodo del quoziente e dei più alti resti) tra coalizioni e liste singole non coalizzate, che abbiano superato rispettivamente il 10% e il 4% del totale dei voti validi sul piano nazionale. Qualora la coalizione con la più alta «cifra elettorale nazionale» (voti validi) non abbia raggiunto almeno 340 seggi, alla stessa è comunque attribuita tale dotazione.

Nella tornata elettorale del 2013, la coalizione guidata da Pier Luigi Bersani ottiene 340 seggi (circa il 54% del totale) con poco più di 10 milioni di voti (29,5%). La coalizione con a capo Silvio Berlusconi, con solo 125 mila voti (0,4%) in meno, deve accontentarsi di 124 seggi; il M5s, «forza singola», con il 25,6% dei voti, ottiene 108 seggi: meno di un terzo dello schieramento Bersani. L'ultima coalizione che ottiene seggi (45) è quella guidata da Monti. Da queste cifre si evince subito che i risultati presentano livelli di disproporzionalità senza precedenti. Il «prezzo» di un seggio (rapporto voti/seggi) per la coalizione di centro-sinistra è di soli 29.552 voti; quello delle «perdenti», in media, di circa 80 mila.

Il passaggio successivo concerne la divisione dei seggi all'interno di ciascuna coalizione, sempre con il metodo del quoziente e dei più alti resti; partecipano le liste che raggiungono la soglia del 2%, nonché la prima (di ciascuna coalizione) tra quelle che non la raggiungono.

Il Partito democratico, con il 25,4% dei voti, conquista 292 seggi; nella storia repubblicana è un valore secondo solo ai 305 seggi della Democrazia cristiana nel 1948, ottenuti però con il 48,5% dei voti!

Anche tra le liste sconfitte la distribuzione proporzionale subisce diverse distorsioni. Ad esempio, la lista Fratelli d'Italia, la prima della coalizione Berlusconi sotto la soglia del 2% (e, quindi, nella condizione di partecipare alla ripartizione dei seggi), «paga» per un seggio 73.980 voti, mentre il costo per il M5s arriva a 80.459, pur trattandosi del primo partito a livello nazionale con il 25,6% dei voti. Questa duplice occorrenza è causata dal fatto che il M5s non è in coalizione, quindi non usufruisce dei voti delle liste che non superano gli sbarramenti (e quindi non hanno diritto ad alcun seggio), ma che confluiscono comunque nella dotazione con la quale si partecipa alla ripartizione tra coalizioni. Com'è nel caso Fli, esclusa dal riparto come lista ma «donatrice» di 159 mila voti alla coalizione, di cui beneficiano Sc e Udc. Nella coalizione Berlusconi i voti «utili» sono stati circa 314.000, che in termini di rappresentanza valgono circa quattro seggi.

Questo meccanismo, apparentemente secondario, offre un sostanzioso contributo alla frammentazione. Infatti, se le soglie di sbarramento tagliano fuori le liste minori dalla distribuzione dei seggi, la loro presenza nella coalizione può rivelarsi vantaggiosa per quelle più grandi che, a loro volta, ne sfruttano il bacino di voti. Va da sé che difficilmente questi voti sono «in dono», anzi, è probabile che producano «obbligazioni» politiche e, in ogni caso, sono uno stimolo formidabile alla sopravvivenza di piccole formazioni.

I partiti che eleggono deputati nel 2013 sono, alla fine, dieci, di cui nove coalizzati; l'unica forza politica «singola» rappresentata è il M5s. Tale numero, seppur superiore al 2008 (quando furono sette), è in linea con il trend storico intorno al valore medio di 9,6. Il valore massimo si è raggiunto nel 1992 (15) e quello minimo nel 2001 (5). La rappresentanza parlamentare, in termini di numero di partiti usciti dal voto, sembrerebbe non risentire della presenza del premio di maggioranza e degli sbarramenti. Non è escluso che i due dispositivi, entrambi presenti nell'attuale sistema, possano agire in direzioni opposte l'uno dall'altro, neutralizzandosi a vicenda.

Diverso è il discorso per quanto riguarda il numero di liste presentate. Tendenzialmente decrescente fino al 1976, da allora ha iniziato una crescita esponenziale, culminata nel picco del 1994 (67), proprio in occasione della prima elezione in cui i seggi della quota proporzionale erano stati ridotti ad appena 155. Già dal 1996 la situazione tornava alla «normalità», per attestarsi intorno al valore medio (35,2), fino alle elezioni di quest'anno, in cui si rileva di nuovo un'impennata (47). L'andamento quasi parallelo delle due curve dal 1996 ad oggi potrebbe riflettere una relazione positiva (di cui gli attori avrebbero cognizione) tra il numero di liste presentate e le concrete probabilità di conquistare seggi.

L'individuazione degli eletti nelle singole circoscrizioni, effettuata attraverso un complesso meccanismo di ripartizioni e perequazioni, produce un quadro finale in cui alcuni «dettagli» appaiono come veri e propri paradossi.

Ad esempio, il M5s è il primo partito nella circoscrizione Molise con 52.057 voti, ma non prende alcun seggio, mentre il Pd (42.599 voti) ne ottiene due. In Calabria, Scelta civica (51.849 voti) non prende seggi, il Centro democratico ne conquista uno con soli 16.348 voti. Sempre al Cd, sono sufficienti 5.543 voti in Sardegna per ottenere il seggio (il più «economico» in assoluto). Il più «caro» è l'unico seggio del Pdl in Friuli-Venezia Giulia, costato 134.415 voti, laddove il Pd, con 178.149 voti ne ottiene addirittura sei.

Alcune distorsioni di questo tipo sono fisiologiche nei meccanismi di ripartizione su più livelli territoriali. Tuttavia, esistono soluzioni che possono ridurne l'ampiezza. Il modello adottato nelle elezioni regionali delle Marche costituisce uno degli esempi applicati. Non mancano poi altre soluzioni che utilizzano funzioni matematiche più complesse.

Le elezioni del Senato

Passiamo ora all'analisi dei risultati del Senato, dove le regole sono radicalmente diverse. Si gioca tutto sul piano regionale: riparto tra coalizioni, assegnazione del premio, riparto tra liste coalizzate, nessuna aggregazione dei resti o «ricaduta» di seggi. Appare subito evidente dai risultati che ci troviamo di fronte a una realtà completamente differente (cfr. tab. 1.2, nel cap. 1).

Nelle elezioni del 2008 la coalizione Berlusconi era riuscita ad ottenere una maggioranza rilevante (174 seggi su 315), grazie all'ampio distacco di voti rispetto alla principale coalizione avversaria e alla vittoria (con conseguente conquista del premio) in 12 regioni (tra cui le 5 più popolose, e quindi con un numero maggiore di senatori da eleggere).

Nel 2013 le aspettative pre-elettorali non erano le stesse del 2008. C'era maggiore prudenza, anche tra gli studiosi, sul fatto che il centro-sinistra potesse raggiungere un numero di seggi tale da poter sostenere un governo in misura autosufficiente. Tuttavia, le stime demoscopiche attribuivano misure diverse da quelle che emergono dal voto reale (si veda il cap. 15).

La coalizione Bersani ottiene, nel complesso del territorio nazionale (escluse Valle d'Aosta e Trentino-Alto Adige), il maggior numero di voti (31,6%), superando largamente la coalizione Grillo (23,8%) e, di stretta misura, la coalizione Berlusconi (30,7%). Ma è quest'ultima a conquistare il maggior numero di seggi (116, pari al 38,5%); la coalizione Bersani si ferma a 113 (37,5%), Grillo a 54 (17,9%) e Monti a 18 (6,0%).

Il partito con più voti al Senato è il Pd che, con il 27,4%, ottiene anche il maggior numero di seggi (105). Il secondo partito è il M5s (23,8%), ma conquista solo 54 seggi e viene superato nel numero di eletti dal terzo partito. Il Pdl, infatti, ottiene il 22,3% dei voti ed elegge 98 senatori, stabilendo la migliore performance nel rapporto voti/seggi, pari a 69.690. Efficiente, sotto questo profilo, è anche il risultato della Lega Nord (78.154), grazie alla forte concentrazione territoriale del consenso che permette un'agile superamento degli sbarramenti regionali, e quello del Pd (80.002).

Il distacco tra queste liste e le altre è abissale. A parte l'unico seggio conquistato da Grande Sud con 122.100 voti, il rendimento migliore è quello di Sel, con costo seggio pari a 130.330 voti, cui segue il M5s (134.923), Il Megafono (138.581) e Con Monti per l'Italia, che con 155.416 voti per seggio paga il prezzo più caro in termini di rendimento.

Il quadro che ne deriva è, apparentemente, di forte confusione. In effetti, la combinazione tra premi regionali, ripartizioni infra-circoscrizionali e alte soglie di sbarramento «attacca» il sistema da diverse angolazioni determinandone la scomposizione. Possiamo tuttavia provare a rileggere il quadro generale con il semplice intento di contribuire a fare chiarezza sugli aspetti critici della legge elettorale.

Osservando il grafico riportato in fig. 12.1, s'intuisce subito come, nel confronto tra coalizioni, l'esito resti *tendenzialmente* bipolare. Infatti, il surplus maggioritario derivante dalla conquista dei premi regionali è tutto appannaggio delle coalizioni Bersani e Berlusconi.

La prima vince in undici regioni, nelle quali ottiene 80 seggi. La seconda vince in sette regioni, ma quattro di queste sono tra le cinque più grandi, e ottiene ben 92 seggi. Non vincere in alcuna regione costa caro, e a farne le spese sono Sc e M5s.

È vero però che arrivare secondi significa dividere quel che resta del *plafond* al netto del premio. Per questo, in presenza di terze (e quarte) forze che superano sistematicamente gli sbarramenti, si perdono numerosi seggi e si attenua l'effetto «bipolarizzante». È ciò che succede in queste elezioni, rispetto a quelle del 2006 e del 2008, dove invece le coalizioni in sfida erano quasi sempre due.

Il rapporto voti/seggi è favorevole alle liste maggiori: sono, in questo caso, le soglie di sbarramento regionali decisamente alte (8% per le liste singole, 3% per quelle appartenenti a coalizioni che abbiano raggiunto almeno il 20%), che impediscono alle liste medio-piccole, anche se coalizzate, l'accesso al riparto in diverse regioni. Alla fine solo otto liste eleggono senatori, due delle quali ne eleggono uno.

In media si sono presentate 19,1 liste per regione (con il massimo di 28 nel Lazio e il minimo di 12 in Liguria). A conseguire seggi, però, sono in media 4,2 liste: in sedici regioni sono tra quattro e cinque, in Molise due e in Abruzzo tre.

Il sistema, di per sé, è sicuramente selettivo. Ma occorre tuttavia riflettere su un dato: se è vero che solo quattro-cinque liste per regione ottengono seggi, non si può ignorare che il numero di liste presentate resta molto alto. Non solo. Ci sono quasi 1,4

Figura 12.1. *Senato 2013 (v. % voti e seggi per coalizione)*

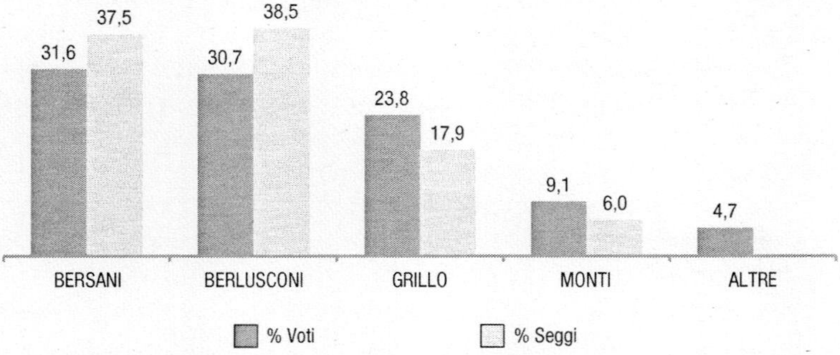

Fonte: Nostre elaborazioni su dati del Ministero dell'Interno.

milioni di voti di liste che non ottengono seggi ma contribuiscono alla conquista di seggi per le altre liste, rivelandosi in taluni casi addirittura indispensabili per la vittoria del premio regionale. Analogamente a quanto detto per la Camera, ci domandiamo quanto la loro competizione sia «spontanea» – potremmo dire anche «solidale» o «a fondo perduto» – o quanto invece possa essere frutto di accordi che generano «crediti» per cui si passa poi all'incasso.

Una convivenza difficile

A questo punto, è chiaro che le soglie di sbarramento sono utili a evitare che troppe formazioni politiche accedano in Parlamento, ma da sole non sono sufficienti a ridurre la frammentazione del sistema, soprattutto in presenza di premi di maggioranza e di coalizioni che fanno comunque tesoro anche di poche manciate di voti. Proprio su questo punto, per essere veramente efficace, la soglia di sbarramento non dovrebbe solo impedire la partecipazione alla divisione dei seggi, ma anche escludere i voti delle liste sotto la soglia dalle *cifre elettorali coalizionali* con cui si concorre per il conseguimento del premio e per la prima distribuzione dei seggi tra coalizioni. Una regola, questa, che disincentiverebbe la presenza di piccole liste, anche di quelle fuori coalizione, che hanno l'obiettivo di dimostrare l'utilità del loro minimo apporto, ma soprattutto libererebbe quelle medio-grandi dalla necessità di portare comunque acqua al proprio mulino, da qualsiasi fonte essa provenga.

Una questione molto dibattuta riguarda le diverse maggioranze che possono scaturire tra Camera e Senato. Ora, è del tutto evidente (due casi su tre l'hanno dimostrato) la responsabilità del sistema elettorale (o, meglio, dei due sistemi) sull'eterogenea composizione delle due assemblee e, di conseguenza, sullo stato di ingovernabilità, per l'assenza di una maggioranza netta al Senato.

Nel 2006 la coalizione di maggioranza relativa alla Camera (centro-sinistra) riuscì ad ottenere la fiducia al Senato grazie al voto dei senatori a vita; dopo meno di due anni fu sufficiente la defezione di un paio di senatori per provocare la caduta del governo Prodi e il ritorno alle urne nella primavera del 2008. In quest'occasione, il risultato fu molto più netto, e la coalizione Berlusconi riuscì ad ottenere la maggioranza assoluta anche al Senato.

Ora il problema si ripresenta. I due sistemi elettorali sono incompatibili al fine di garantire la governabilità, e si rendono necessari interventi che portino a risultati *tendenzialmente* simili tra le due camere. Ammesso che l'assetto istituzionale continui a preservare il *bicameralismo perfetto*. Se si arrivasse al superamento dell'attuale sistema bicamerale, allora la questione della maggioranza e della *fiducia* nelle due camere non sarebbe più tale.

Veniamo allora alla questione centrale. Qualora adottassimo delle modifiche al sistema elettorale, quale sarebbe il risultato migliore atteso rispetto al voto reale del 2013?

Il controverso risultato ottenuto nelle due assemblee, in uno scenario simile di voti, non è facilmente correggibile; qualsiasi soluzione tra quelle proposte non può che condurre ad un governo di coalizione, salvo introdurre il premio nazionale anche al Senato, con tutte le riserve di natura costituzionale e con la necessità di dover sperare che la coalizione o lista vincente nelle due arene sia la stessa.

In ogni caso, dovremmo fare i conti con il fatto che, nel 2013, l'assetto bipolare, seppur coatto, della Seconda Repubblica, è entrato in crisi. E non tanto sotto la spinta del sistema elettorale quanto di una diversa offerta politica e di un diverso orientamento degli elettori, questa volta particolarmente disponibili a votare in modo diverso dal passato (si veda il cap. 2).

Forse non sono ancora ben definiti gli effetti del sistema elettorale sul sistema partitico, ma la tesi della causalità ne esce indebolita, a vantaggio di una parziale autonomia dell'offerta elettorale rispetto alle regole del gioco (Di Virgilio 2008). Che non significa neutralità del sistema elettorale rispetto al sistema partitico, bensì il ridimensionamento della sua influenza rispetto ad altre variabili, tutt'altro che marginali.

A questo punto, ci possiamo chiedere se sia sufficiente apportare alcune modifiche a entrambi i sistemi (o ad uno solo di essi) ovvero se sarebbe opportuno mettere in discussione l'intero impianto.

Nel primo caso, gli interventi potrebbero essere così sintetizzati, senza ordine di priorità, alternatività o complementarietà:

a. introduzione del premio di maggioranza nazionale al Senato;
b. esclusione dalla cifra elettorale coalizionale dei voti delle liste sotto soglia di sbarramento;
c. introduzione del voto di preferenza;
d. eliminazione delle coalizioni;
e. eliminazione del premio;
f. introduzione del divieto della multi-candidatura.

Alcuni di questi punti, come ad esempio l'introduzione del voto di preferenza, hanno senz'altro rilievo ma non provocano grandi ripercussioni sul risultato finale, come invece accadrebbe, per fare un altro esempio, con l'eliminazione dei premi e delle coalizioni. Quindi, al di là della semplicità tecnica dell'intervento, vanno attentamente valutate (nei limiti del possibile) tutte le conseguenze. È infatti difficile immaginare l'introduzione del premio di maggioranza nazionale al Senato, senza avere forti contraccolpi sull'offerta partitica in generale e, in particolare, sul numero e sulla composizione di liste che partecipano alle elezioni. Anche l'abolizione delle coalizioni, oggetto della proposta referendaria del 2009, avrebbe un forte impatto strutturale, anche se, secondo alcuni, non avrebbe garantito affatto la correzione delle distorsioni dell'attuale sistema (Bassanini 2007).

L'ipotesi alternativa del cambio completo ci pone di fronte a prospettive del tutto nuove e di difficile definizione.

«Cosa succederebbe, se...?»

Cerchiamo di delineare i diversi scenari attraverso alcune simulazioni, realizzate secondo vari schemi e formule, sulla base dei risultati delle ultime elezioni politiche.

Inutile precisare che tali prospetti sono utili solo a una migliore comprensione della meccanica dei sistemi elettorali, più che avere un fine «previsionale» o, ancora peggio, per ragionare in chiave retrospettiva.

Alla Camera. Nella tab. 12.1 sono riportati i risultati di cinque differenti simulazioni effettuate con i dati della Camera del 2013; le prime tre con i voti delle singole liste, le ultime due con i voti delle coalizioni.

La prima riguarda una ripartizione nel collegio unico nazionale con metodo del quoziente naturale e sbarramento al 5%: solo quattro partiti accederebbero alla distribuzione proporzionale che, naturalmente, non produrrebbe alcun vincitore.

La seconda ripartizione è fatta su base circoscrizionale, sempre con il metodo del quoziente e dei più alti resti, senza alcuna soglia di sbarramento. Questo modello permetterebbe l'ingresso di partiti medio-piccoli, quali Sel, Lega Nord, FdIt, Udc, Rivoluzione civile, e determinerebbe comunque una sovra-rappresentazione dei partiti più grandi, riuscendo a garantire un minimo di rappresentanza anche ad alcune formazioni minori (es. Fare - per fermare il declino e Grande Sud), senza provocare un eccessivo frazionamento, cosa che invece accadrebbe con una ripartizione nazionale senza sbarramenti.

Qualora il precedente scenario risultasse ancora poco generoso verso i grandi partiti, andrebbe certamente meglio con la terza ipotesi, che prevede una ripartizione su base provinciale, molto simile al sistema spagnolo (quest'ultimo utilizza il metodo d'Hondt, a sua volta ancora più selettivo, specie nelle circoscrizioni più piccole). L'ulteriore restringimento delle circoscrizioni giocherebbe ancora a favore del Pd (+18 seggi rispetto al riparto su base circoscrizionale), del M5s (+17) e del Pdl (+7), a spese soprattutto di Sel, FdIt e Udc che, in tante piccole province con pochi seggi da assegnare, non riuscirebbero a spendere neanche i loro esigui resti.

La quarta riproduzione tenta di stimare il numero di seggi as-

Tabella 12.1. *Simulazioni con dati Camera 2013 (distribuzione dei seggi)*

Leader	Liste	Risultati 2013	Competizione proporzionale: ripartizione			Competizione maggioritaria	
			Naz.	Circ.	Prov.	turno unico (min-max)	doppio turno
Bersani		*340*	*194*	*186*	*193*	*247-255*	*433*
	Partito democratico	292	194	159	177		
	Sinistra ecologia e libertà	37	0	23	13		
	Centro democratico	6	0	1	1		
	Svp	5	0	3	2		
Berlusconi		*124*	*165*	*184*	*175*	*264-299*	*399*
	Popolo della libertà	97	165	138	145		
	Lega Nord	18	0	26	24		
	Fratelli d'Italia	9	0	14	4		
	La destra	0	0	1	1		
	Grande Sud - Mpa	0	0	5	1		
Grillo	MoVimento 5 stelle	*108*	*195*	*162*	*179*	*71-96*	*384*
Monti		*45*	*63*	*63*	*62*	*0-2*	*9*
	Scelta civica	37	63	50	56		
	Unione di centro	8	0	13	5		
	Futuro e libertà	0	0	0	1		
Ingroia	Rivoluzione civile	*0*	*0*	*16*	*6*	*0*	
Giannino	Fare - per fermare il declino	*0*	*0*	*5*	*1*	*0*	
Mair	Die freiheitlichen	*0*	*0*	*1*	*1*	*0*	
Totale		*617*	*617*	*617*	*617*		

Fonte: Nostre elaborazioni su dati del Ministero dell'Interno.

segnati alle coalizioni in una competizione in 617 collegi uninominali con formula *plurality*. A differenza delle precedenti, che operano su una base territoriale determinata (le circoscrizioni e le province), in questo caso, in assenza di dati adeguati, la delimitazione dei collegi è solo virtuale. L'operazione è consistita nell'elaborare i dati per provincia e per comune. Per garantire un minimo di solidità al risultato, è stata ripetuta più volte con parametri differenti. Questo spiega anche l'indicazione, nella colonna, non di un valore preciso ma di un intervallo.

L'esito ci mostra come, anche in questo tipo di competizione, nessuna coalizione raggiungerebbe la maggioranza assoluta. Tuttavia, la coalizione Berlusconi, pur non avendo ottenuto il maggior numero di voti, è quella che si avvicinerebbe di più a questo risultato. Ciò è dovuto alla più omogenea distribuzione dei voti del centro-destra sul territorio, che vincerebbe soprattutto nei collegi con affluenza più bassa, mentre il centro-sinistra concentra il voto in poche regioni, nelle quali l'affluenza è alta e dove, di conseguenza, «disperde» anche molti voti (Agosta e D'Amelio 2007).

Nella quinta e ultima simulazione, stimiamo il numero di collegi nei quali ciascuna coalizione concorre in un sistema a doppio turno, con accesso al ballottaggio ai due candidati in testa dopo il primo turno. La coalizione Bersani recupererebbe lo svantaggio rispetto al *plurality*, grazie ai numerosi secondi posti; un ottimo risultato lo otterrebbe anche il M5s, che passerebbe il turno in ben 384 collegi. Tutte e tre le formazioni avrebbero la possibilità di ottenere la maggioranza assoluta essendo, in linea teorica, presenti in più di 315 collegi. Se poi l'«effetto Parma» si diffondesse (con i candidati del M5s che al ballottaggio ottenessero molti dei voti del candidato sconfitto al primo turno, sia esso di centro-destra o di centro-sinistra), la conquista della maggioranza assoluta da parte del M5s diventerebbe molto più probabile.

Al Senato. Ripetiamo le simulazioni anche per il Senato (tab. 12.2), escludendo quella sul doppio turno per cui la rappresentazione della Camera ha già fornito l'ipotesi di scenario. Rispetto al risultato del 2013 verrebbe pesantemente penalizzata la coalizione Berlusconi, in tutte e tre le distribuzioni con quoziente naturale (quella nazionale, lo ricordiamo, è l'unica con la soglia di sbarramento al 5%). Questo perché il centro-destra in queste elezioni ha conquistato il premio in quattro delle cinque regioni più popolose, quindi con il maggior numero di seggi. Anche la coalizione Bersani nel 2013 ha beneficiato di diversi premi, e solo nella simulazione del riparto per provincia riuscirebbe ad emulare il risultato reale. Va da sé, a questo punto, che il M5s guadagnerebbe con tutte e tre le alternative, non avendo conquistato alcun premio su base regionale nelle elezioni reali. In ogni caso, tutte le liste sarebbero ben distanti dalla maggioranza assoluta, e nessuna delle tre proposte stravolgerebbe sostanzialmente il risultato vero.

Lo scenario è completamente diverso nella simulazione del

Tabella 12.2. *Simulazioni con dati Senato 2013 (distribuzione dei seggi)*

Leader	Liste	Risultati 2013	Competizione proporzionale: ripartizione			Competizione maggioritaria
			Naz.	Circ.	Prov.	turno unico (min-max)
Bersani		*113*	*100*	*94*	*111*	*133-140*
	Partito democratico	105	100	83	105	
	Sinistra ecologia e libertà	7	0	9	5	
	Centro democratico	0	0	0	0	
	Il megafono - lista Crocetta	1	0	2	1	
Berlusconi		*116*	*81*	*91*	*80*	*136-149*
	Popolo della libertà	98	81	71	66	
	Lega Nord	17	0	13	12	
	Fratelli d'Italia	0	0	4	1	
	La destra	0	0	1	1	
	Partito pensionati	0	0	1	0	
	Grande Sud	1	0	1	0	
	Mpa - Partito dei siciliani	0	0	1	0	
Grillo	MoVimento 5 stelle	*54*	*87*	*75*	*90*	*19-25*
Monti	Con Monti per l'Italia	*18*	*33*	*32*	*19*	0
Ingroia	Rivoluzione civile	*0*	*0*	*6*	*1*	0
Giannino	Fare - per fermare il declino	0	0	2	0	0
Totale		*301*	*301*	*301*	*301*	

Fonte: Nostre elaborazioni su dati del Ministero dell'Interno.

plurality. Anche in questo caso, nessuna coalizione raggiungerebbe la maggioranza assoluta, ma i rapporti di forza cambierebbero radicalmente. Il M5s dovrebbe accontentarsi di un pacchetto compreso tra 19 e 25 senatori. Protagoniste sarebbero invece le coalizioni di Bersani e di Berlusconi. Quest'ultima, con un *range* tra 136 e 149 seggi, arriverebbe a sfiorare il quorum del 50%. La competizione, a queste condizioni, avrebbe assunto carattere decisamente bipolare.

In sostanza, gli unici scenari che producono un output nettamente differente da quello reale sono quelli che presentano la competizione maggioritaria in collegi uninominali, sia ad uno che a due turni, con esiti, probabilmente, molto diversi.

Le incertezze di una riforma

All'indomani delle elezioni del 2008 ci si domandava se il «bipolarismo frammentato» che aveva caratterizzato l'intera Seconda Repubblica stesse cedendo il passo ad un «bipolarismo limitato» (Chiaramonte 2008), ovvero se si fosse in presenza di un'eccezione nel processo di stabilizzazione. Ebbene, le elezioni del 2013, con la piena affermazione di una *terza* forza, e una *quarta* formazione considerevole, determinano il superamento del bipolarismo.

Nonostante le diverse configurazioni dell'offerta politica associate alle tre tornate elettorali, non viene superato quello che è uno degli aspetti più criticati di questa legge elettorale: l'eccessiva differenza tra Camera e Senato nella trasformazione dei voti in seggi. Nel primo caso, infatti, siamo di fronte a una situazione di iper-rappresentanza di liste e coalizioni che vincono anche con un minimo scarto. A cui si associa una dis-rappresentanza nell'individuazione degli eletti nei territori.

Nel secondo, il sistema è iper-selettivo all'interno delle regioni ma diventa incapace di produrre un esito coerente con quello della Camera.

Il controverso risultato ottenuto nelle due assemblee continua a essere il nodo centrale da sciogliere in un ipotetico percorso di riforma. Le soluzioni alternative, che vanno dalle modifiche di dettaglio a veri e propri cambi di paradigma, non possono che condurre – a fronte di risultati come quelli del 2013 – a governi di coalizione. Salvo prevedere un premio di maggioranza a livello nazionale anche al Senato.

L'approdo a una competizione in collegi uninominali potrebbe senz'altro ridare forte impulso in senso bipolare all'offerta partitica e alla scelta degli elettori. Ma gli scenari che ne deriverebbero, soprattutto nella variante del doppio turno, sono difficili da immaginare.

La particolare configurazione del sistema partitico e l'incertezza di qualsiasi riforma potrebbero portare nuovamente il Parlamento in una situazione di stallo o produrre rimedi peggiori del male. Guardando la storia politica degli ultimi anni, è un'ipotesi tutt'altro che da escludere.

13. Tanta televisione e nessun confronto

di Antonio Nizzoli

La televisione, ancora la televisione. Si discute molto sul declino della Tv, sulla sua progressiva perdita di centralità nell'informare e nel formare l'opinione pubblica. Probabilmente c'è del vero, ma questa progressione sembra lenta, quasi impercettibile. La campagna elettorale per il voto di febbraio 2013 conferma che una quota significativa di italiani ha ancora come punto di riferimento prevalente, in alcuni casi unico, la televisione (si veda il cap. 2). La quantità di ore di politica dedicata alle elezioni è stata davvero notevole, oltre al fatto che importanti episodi sono avvenuti proprio sul palcoscenico televisivo.

Tanta televisione!

Avviamo questo nostro percorso offrendo alcuni dati di sintesi sull'offerta di comunicazione. La Rai istituzionalmente è la maggior fornitrice di informazione elettorale televisiva anche se in questa tornata è stata ben affiancata da La7 e Mediaset. Se si osserva l'offerta per genere televisivo del servizio pubblico relativamente al *tempo totale*[1], si riscontra nel periodo 21 gennaio-22 febbraio (fig. 13.1) – cioè l'ultimo mese di campagna – la ripartizione di ben 9.978 minuti (166 ore), equivalenti a più di 5 ore in media al giorno (più di 1 ora e mezza al giorno in media per rete).

Le altre reti generaliste sono più o meno sugli stessi valori, in particolare La7 che ha costruito il palinsesto incentrandolo sugli

[1] Per *tempo totale* si intende il tempo in cui i soggetti politici parlano in prima persona (*tempo presenza*) sommato al tempo in cui altri (giornalisti, opinionisti, sindacalisti, imprenditori, persone della strada, ecc.) parlano di politica.

Figura 13.1. *Distribuzione del «tempo totale», pari a 9.978 minuti, per genere di trasmissione nelle reti Rai (21 gennaio-22 febbraio 2013)*

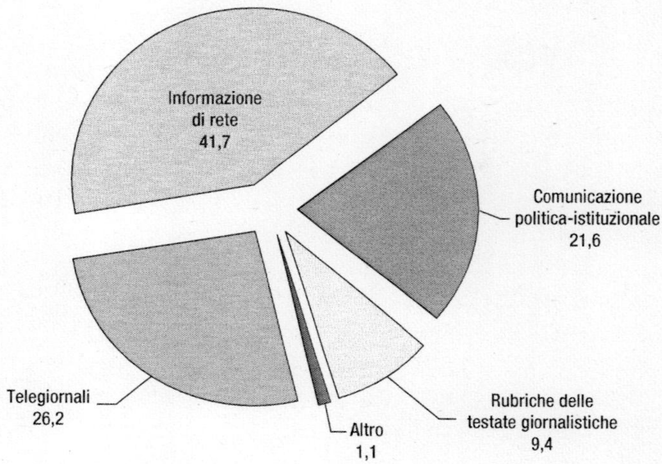

Fonte: Osservatorio di Pavia.

approfondimenti giornalistici. Si possono stimare nelle sette reti generaliste un po' più di 10 ore al giorno di comunicazione politica durante il mese di campagna elettorale. Infine, non bisogna dimenticare il variegato mondo dell'emittenza locale, spesso influente nel determinare le scelte elettorali. Insomma: tanta televisione.

Effetto «par condicio»

La legge 28/2000, nota come *par condicio*, è la normativa che regola i media durante le campagne elettorali. Sebbene spesso criticata, se non irrisa, tale legge contiene pochi, in prima istanza semplici, principi. Durante la campagna elettorale:

1. sono vietati gli spot a pagamento;
2. negli ultimi 15 giorni è vietata la pubblicazione dei sondaggi elettorali;
3. sono ammesse solo due forme di comunicazione politica, a) la comunicazione politica in senso stretto e b) l'informazione

politica (i telegiornali e le trasmissioni ricondotte sotto la responsabilità di una testata giornalistica);

4. in tutti gli altri generi televisivi è vietata la presenza di qualsiasi soggetto politico.

Semplici i principi: molto più complessa, invece, la loro applicazione. Non tanto per i punti 1, 2 e 4 e neanche per la comunicazione politica, che prevede una uguale ripartizione degli spazi tra le liste candidate stabilita dai regolamenti redatti dalla Commissione di vigilanza Rai e dall'Agcom.

La maggior difficoltà riguarda i telegiornali: la legge, infatti, affidando il rispetto del pluralismo alla libertà editoriale, esclude esplicitamente l'informazione dalla mera ripartizione paritaria degli spazi tra le liste, anche se poi, nella prassi, tale criterio è costantemente in uso. Il che non sarebbe un problema insormontabile se i soggetti in lizza fossero un numero limitato, come nella maggior parte dei Paesi a democrazia avanzata.

In Italia le liste che hanno partecipato alla competizione elettorale sono ben 29[2] e il regolamento della Vigilanza ha predisposto un calendario denso di comunicazione politica elettorale (tribune politiche e messaggi autogestiti) obbligando la Rai a dare spazio a tutti i competitori (tab. 13.1).

Ovviamente un tale proliferare di liste rende l'eguale ripartizione degli spazi nei telegiornali un miraggio, oltre all'aspetto discutibile, e discusso, di mettere sullo stesso piano partiti che hanno una rappresentanza parlamentare consistente e sono accreditati dai sondaggi con percentuali di voto attorno al 25-27%, e partiti che non raggiungono lo 0,1%. Sicuramente l'attenzione delle emittenti a non violare le regole previste dai regolamenti e la stretta vigilanza compiuta in questa occasione dall'Agcom hanno avuto un forte effetto «calmiere», evitando che qualche forza politica potesse avere vantaggi significativi in termini di visibilità.

Nei telegiornali del *prime time*, sempre nel periodo 21 gennaio-22 febbraio, la ripartizione del *tempo di presenza* (quello in

[2] È il numero di liste che avevano accesso ai programmi di comunicazione politica in quanto presenti in più di un quinto delle circoscrizioni nazionali.

Tabella 13.1. *Distribuzione del «tempo presenza» nel genere «comunicazione politica» delle reti Rai, nel periodo 21 gennaio-22 febbraio 2013*

	Rai 1	Rai 2	Rai 3	*Totale*
Popolo della libertà	17,0	7,1	4,9	*8,9*
Lista Monti	6,1	9,3	5,4	*8,3*
Partito democratico	16,5	6,0	2,7	*7,6*
Grande Sud	2,7	4,6	6,3	*4,4*
Sinistra ecologia e libertà	5,1	4,1	4,1	*4,3*
Rivoluzione civile	4,4	3,2	4,7	*3,6*
MoVimento 5 stelle	15,9	0	3,8	*3,5*
Fare - per fermare il declino	4,9	3,2	2,8	*3,5*
Lista amnistia giustizia libertà	0,7	3,9	4,7	*3,4*
Centro democratico	0,9	3,5	4,8	*3,2*
Fiamma tricolore	1,7	3,6	3,4	*3,2*
Partito comunista dei lavoratori	1,6	3,6	3,6	*3,2*
Pli	1,5	3,7	3,4	*3,2*
Io amo l'Italia	1,7	3,6	3,4	*3,2*
Intesa popolare	1,6	3,5	3,4	*3,1*
Partito pensionati	0,8	3,5	4,8	*3,1*
Fratelli d'Italia	0,9	3,6	4,0	*3,1*
Mir - Moderati in rivoluzione	1,8	3,4	3,2	*3,1*
Unione di centro	0,9	3,4	5,1	*3,1*
Futuro e libertà per l'Italia	0,3	4,0	2,9	*3,1*
Forza nuova	1,8	3,4	3,7	*3,1*
CasaPound	0,8	3,3	3,8	*2,9*
La destra	0,6	3,5	2,3	*2,8*
Lega Nord	0,3	3,3	3,0	*2,7*
Moderati	0,5	3,0	3,8	*2,6*
Altre liste	9,0	0	0	*1,7*
Movimento per l'autonomia	0	2,2	0	*1,5*
Partito socialista	0	0,5	0	*0,4*
Popolari-Udeur	0	0	2,0	*0,2*
Totale	*100*	*100*	*100*	*100*
Totale minuti	*342' 0"*	*1.228' 41"*	*198' 7"*	*1.768' 48"*

Fonte: Osservatorio di Pavia.

Tabella 13.2. *Distribuzione del «tempo presenza» nei telegiornali «prime time», nel periodo 21 gennaio-22 febbraio 2013*

	Rai				Mediaset				
	Tg1	Tg2	Tg3	*Totale*	Tg4	Tg5	St. Ap.	*Totale*	La7
Berlusconi	29,0	30,8	30,2	*30,1*	35,2	31,3	23,6	*28,5*	28,2
Monti	24,4	17,2	17,9	*19,9*	18,9	17,0	20,2	*19,0*	27,2
Bersani	25,4	25,3	26,6	*25,9*	30,5	31,2	43,3	*36,9*	22,9
Ingroia	4,7	5,6	7,9	*6,2*	2,6	5,6	2,5	*3,5*	7,0
Grillo	5,3	5,6	4,9	*5,2*	4,7	4,8	3,2	*4,0*	5,3
Giannino	1,9	2,4	4,4	*3,0*	1,5	4,0	1,8	*2,4*	5,2
Altri	1,6	5,7	3,9	*3,4*	3,7	3,8	5,0	*4,2*	2,2
Istituzionali	5,5	6,1	3,0	*4,7*	1,4	1,7	0,0	*0,8*	1,5
Governo	2,2	1,3	1,2	*1,6*	1,5	0,6	0,4	*0,7*	0,5
Totale	*100*	*100*	*100*	*100*	*100*	*100*	*100*	*100*	*100*
Totale minuti	*118'0"*	*95'14"*	*137'44"*	*350'58"*	*152'14"*	*203'35"*	*335'30"*	*691'19"*	*129'3"*

Fonte: Osservatorio di Pavia.

cui un soggetto politico parla in prima persona) delle coalizioni in competizione è riportata in tab. 13.2.

Le poche e non particolarmente gravi sanzioni comminate dall'Autorità agli editori indicano che l'attenzione al rispetto della legge della *par condicio*, ovviamente nell'ultimo periodo di campagna elettorale, ha tuttavia tenuto sotto controllo il rispetto del pluralismo dell'intero sistema televisivo.

Se si considera tutta la programmazione della Rai nel periodo 21 gennaio-22 febbraio la ripartizione del *tempo di presenza* delle coalizioni in competizione è riportata in tab. 13.3.

Le immediate considerazioni che sorgono dall'analisi di questi dati indicano che la correlazione diretta tra *presenza* in Tv e *preferenze* di voto merita un accurato approfondimento di ordine qualitativo e sulle singole strategie comunicative dei competitori e dei loro consulenti politici. Lo spazio della lista M5s nell'intera programmazione Rai è un quindicesimo di quello avuto dalla coalizione guidata da Silvio Berlusconi e un ottavo di quella di Mario Monti, ma i risultati elettorali non rispecchiano certo questa proporzione.

Tabella 13.3. *Distribuzione del «tempo presenza» in tutta la programmazione delle reti Rai, nel 21 gennaio-22 febbraio 2013*

	Rai 1	Rai 2	Rai 3	*Totale*
Berlusconi	29,5	35,3	34,1	*33,0*
Bersani	28,5	19,2	27,0	*25,5*
Monti	18,6	16,2	22,1	*19,7*
Ingroia	4,9	3,4	5,1	*4,6*
Giannino	2,2	3,0	2,6	*2,6*
Grillo	5,3	1,2	1,3	*2,4*
Istituzionali	1,8	1,1	1,1	*1,3*
Governo	2,2	0,3	1,3	*1,3*
Altri	7,0	20,3	5,4	*9,6*
Totale	*100*	*100*	*100*	*100*
Totale minuti	*1867'55"*	*1646'1"*	*3058'42"*	*6572'38"*

Fonte: Osservatorio di Pavia.

Le primarie e la partenza in anticipo del Pd

La storia elettorale del 2013, dal punto di vista comunicativo, ha un inizio reale ben definito e coincide con la campagna per le primarie del Partito democratico. In una fase politica molto confusa, il Pd si è trovato tra le mani un potente fattore innovativo e identitario, in grado di gettare le fondamenta per un confronto elettorale in discesa.

Il quadro dei competitori vedeva il centro-destra, forse per la prima volta, all'inseguimento dell'avversario storico, indeciso sino all'ultimo se fare anch'esso le primarie con il conseguente salto epocale nel post-Berlusconi (*elezioni primarie: il Pd in dirittura d'arrivo; il Pdl sta completando la lista delle candidature* – Tg5 del 19 novembre 2012).

La Lega era attraversata da forti tensioni interne e una crisi che al momento sembrava difficile da sanare. L'Italia dei valori era in fase di dissoluzione per le inchieste sulla gestione dei fondi al partito e gli altri competitori ancora di là da venire. Insomma un'offerta politica confusa e tutta da definire.

Con le primarie il centro-sinistra trova nel dualismo Bersani-Renzi una spinta per il rilancio e sembra in grado di conquistare la scena in modo stabile. Mediaticamente, oltre a tutta la campagna seguita con interesse dai telegiornali per circa un mese, ci sono due momenti topici.

Il primo è il confronto a Sky il 12 novembre 2012 tra i cinque candidati delle primarie, e il secondo, il 28 novembre successivo in vista del ballottaggio, questa volta sull'ammiraglia pubblica in uno Speciale Tg1.

I due confronti, con dati d'ascolto di tutto rispetto, consentono un salto di qualità nella comunicazione del centro-sinistra. Già la *location* del primo, gli studi di *X-Factor*, e la forma diretta, veloce, immediata, gettano sul Pd una luce nuova. La corazzata statica e lenta diventa dinamica e aperta a linguaggi nuovi, forme di comunicazione più in sintonia con quella parte di elettorato che non si identifica in prima battuta con il Pd.

Il ruolo giocato da Matteo Renzi dal punto di vista della comunicazione nelle primarie è sicuramente centrale. Giovane, in maniche di camicia – rigorosamente bianca –, abituato alle campagne americane (si fa trovare pronto, andando a quelle di Barack Obama che in alcuni tratti imita in modo evidente...), diventa il *nuovo* contro l'*usato sicuro* rappresentato da Pier Luigi Bersani.

Il finale della prima sfida è già una sintesi delle posizioni: mentre Renzi cita come personaggi del suo pantheon ideale Nelson Mandela e la blogger tunisina Lina, Bersani si affida a papa Giovanni XXIII che, per chi ha meno di sessant'anni, evoca ben poco (Nichi Vendola al cardinal Martini, figura forse troppo sofisticata per una base vasta e popolare). Il confronto al Tg1 accentua ancora di più le due diverse strategie comunicative, ma soprattutto sancisce la centralità del processo innescato dalle primarie. La conduttrice Monica Maggioni chiude così la trasmissione:

> [...] questi sono i programmi, i candidati, i loro progetti. Io vi ringrazio per essere stati qui stasera, e vi ringrazio anche personalmente per avermi fatto sentire cittadina di un paese normale [...].

Una dichiarazione che equivale a un *super spot* e rimarca ancora di più la differenza di un partito che si mette in gioco in termini di programmi e uomini rispetto a un panorama politico che in quel momento brancolava nel buio. Forse questa partenza sprint è stata una delle cause dell'essere arrivati «primi senza vincere» (Bersani a commento dell'esito delle elezioni). Come le squadre di calcio che sbagliano la preparazione atletica e in autunno sono in gran forma ma a primavera, quando ci sono le partite decisive, hanno le gambe ingessate, il Pd ha fatto poco altro che sfruttare, dal punto di vista comunicativo, l'inerzia della spinta delle primarie. I sondaggi fotografano questa situazione con un graduale ma impietoso calo dall'inizio del 2013 delle previsioni di voto del Pd (si veda il cap. 15).

Bersani partecipa ai vari programmi televisivi elettorali con un messaggio rassicurante e pacato, puntando sulla responsabilità e sulla franchezza, impegnandosi a non nascondere la difficoltà della situazione e a non fare promesse non mantenibili.

Renzi lo aiuta ma solo con qualche apparizione pubblica, in occasione di alcuni comizi, mai in televisione: entrambi non vogliono, non possono mescolare la propria immagine con quella dell'altro. Insomma, una campagna elettorale che ha come stella polare lo sforzo di mantenere il netto vantaggio sancito dai sondaggi, senza colpi di scena, iniziative eclatanti, slogan facili. Se si esclude il tormentone dell'ultima fase della campagna, quello «smacchiare il giaguaro» diventato poi la sintesi, un po' riduttiva, della strategia comunicativa del Pd.

Col senno di poi è facile trovare elementi deboli, in particolare il basso profilo tenuto da Bersani nei toni, ma bisogna sempre ricordare che il vantaggio del Pd nei sondaggi è sempre stato condiviso da tutte le indagini, e l'exploit di Beppe Grillo era previsto, ma in proporzioni ben minori di quelle poi scaturite dalle urne. Così come, infine, il dato di Monti faceva pensare in ogni caso a una possibile maggioranza al Senato.

Certamente un punto di debolezza della comunicazione di Bersani è stato il costante oscillare tra la compattezza dell'alleanza con Vendola e il ventilato accordo con Monti. Punto strutturale, politico, ma che in termini comunicativi è costato non poco all'efficacia del messaggio veicolato dal Pd. Non solo: in piena campagna elettorale, a fine gennaio, esplode il caso Monte dei Paschi, che subito si impone nell'agenda dell'informazione, costringendo in difesa il Pd e il suo leader che, il 26 gennaio, conscio del danno d'immagine, reagisce duramente: «se ci attaccano sul Mps li sbraniamo!».

Nel periodo 22 gennaio-23 febbraio, nei telegiornali *prime time* delle sette reti generaliste sono andate in onda 357 notizie sullo scan-

Figura 13.2. *Distribuzione del numero di notizie relative al caso Monte dei Paschi di Siena nei Tg «prime time», nel periodo 21 gennaio-22 febbraio 2013*

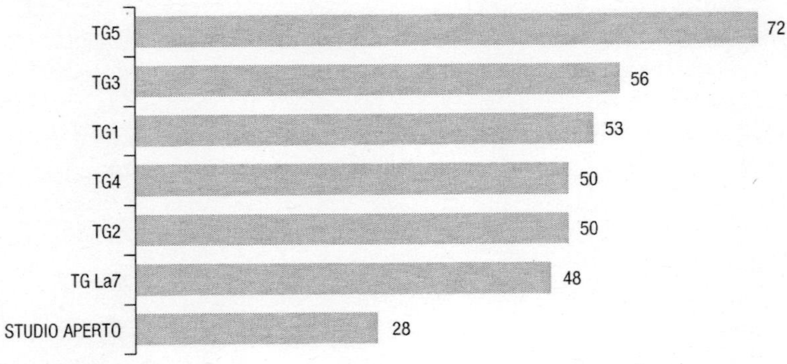

Fonte: Osservatorio di Pavia.

dalo del Mps (fig. 13.2), con il Tg5 che non ha mai avuto un giorno senza almeno una notizia in proposito (in totale 72 in 33 giorni).

La sintesi della criticità della vicenda Mps è l'argomentazione che il centro-destra ha efficacemente usato contro il Pd, sostenendo che i 4 miliardi di Monti *bond* destinati al salvataggio della banca senese erano gli stessi frutto della «rapina» costituita dall'Imu.

Infine, ovviamente, mano a mano che la campagna si scalda, l'offerta politica prende forma e Bersani si trova a dover competere con l'imprevisto Monti «salito» in politica, l'inaffondabile Silvio Berlusconi mai uscito di scena e soprattutto l'outsider che nessuno si aspettava avesse una strategia mediatica così forte: Grillo e il M5s.

La «salita» di Monti

La candidatura di Monti ha colto tutti di sorpresa. La figura *super partes*, il tecnico apolitico chiamato dai politici: «mi avete chiamato voi per uscire dalla crisi, non mi sono proposto io...», è la risposta che spesso Monti ha dato a chi contestava la sua figura. Il bocconiano algido, aristocratico nei modi, e irrigidito nel suo loden – Grillo lo definisce efficacemente: *Rigor Montis* – sale in politica con una sua lista e di colpo elabora una diversa strategia di comunicazione.

Innanzitutto la pervasività della sua presenza: Monti presenzia tutti i talk show, i programmi di intrattenimento e ovviamente i programmi di comunicazione elettorale. Il tentativo, da valutare quanto riuscito, è di avvicinarsi all'elettore medio, quello che difficilmente si conquista con articolate argomentazioni sul *fiscal compact* o sulla *spending review*, e invece dovrebbe essere attratto da una comunicazione più semplice, coinvolgente, insomma più *pop* (Mazzoleni e Sfardini 2009). Allora Monti il 12 dicembre 2012, già prima della ufficializzazione della candidatura, a *Unomattina* racconta di come suo nipote all'asilo venga chiamato *spread* dai compagni. Il racconto però è lungo e poco incisivo, lontanissimo dall'ironia *british* che spesso usa durante le conferenze stampa.

A *Ballarò* il 22 gennaio, un mese prima delle elezioni, colpisce per la durezza degli attacchi al centro-destra. Ormai poco è rimasto del *civil servant* neutrale. Il gioco si fa duro e Monti non si tira indietro. Sino al «salto mortale» sulla possibilità di rivedere l'Imu: è sembrata la solita promessa da politico, dopo che in conferenza stampa prenatalizia aveva completamente escluso l'ipotesi di ritoccarla.

Il 2 febbraio, da Daria Bignardi alle *Invasioni Barbariche*, gioca con il cagnolino poi diventato famoso – Empy – e ad un certo punto dice: «Ma non lo vede come sono empatico? Mi sto immedesimando. Lei invece è molto fredda», quasi a dimostrare di trovarsi a suo agio.

Il misto che ne deriva è la figura di un leader che cerca di coniugare principi inderogabili e ostici per una vasta fetta di spettatori (il legame con l'Europa, le politiche di rigore, la serietà etica delle scelte, ecc.) con un politico che si avvicina alla gente, scendendo dagli uffici «lontani» della tecnocrazia economico-finanziaria. Un mix difficile da tenere insieme in tempi così rapidi, senza prove e quindi senza rete di protezione. Monti ce l'ha messa tutta, ma valutare i risultati comunicativi è molto difficile: meno difficile quelli elettorali.

Berlusconi e la «remuntada»

La straordinaria performance di Berlusconi si può sintetizzare con il termine, in uso nel mondo del calcio, della *remuntada*: la rimonta, il ribaltamento di un risultato di partenza molto negativo. Dopo il tira e molla a novembre sulle primarie che hanno portato il centro-destra ai minimi nei sondaggi, il Cavaliere ha deciso di prender in mano la situazione, di presentarsi leader alle elezioni e di accentrare come non mai la comunicazione nelle sue mani, leader unico del centro-destra, senza nessun comprimario.

È iniziata una vera campagna a tutto campo sui media, in particolare su radio e ancor più televisione. Dopo un lungo periodo trascorso dietro le quinte, in seguito all'abbandono forzato di Palazzo Chigi nel novembre 2011, Berlusconi ha avuto l'intuizione e il coraggio di riprendersi il centro della scena. La presenza nelle fasce del mattino e pomeridiane sono state quelle più importanti e strategiche. Conoscendo perfettamente il proprio elettorato potenziale e le caratteristiche del pubblico televisivo, Berlusconi ha puntato su programmi come *Unomattina* (Rai 1), *Mattino 5* e *Pomeriggio 5* (Canale 5), l'*Arena* (Rai 1) e la famosa intervista a *Domenica Live* da Barbara D'Urso, sempre su Canale 5.

In questa trasmissione la volontà di Berlusconi di forzare le regole della comunicazione, di giocarsi il tutto per tutto è risultata evidente. Domande concordate e lunghi monologhi, la pretesa di non essere interrotto e la relativa minaccia di andarsene, la ripetizione ossessiva di messaggi semplici e incisivi, rendono assolutamente unica la forma comunicativa del Cavaliere. Non si può non evidenziare che l'uso delle proprie reti da parte del leader del centro-destra è stato piuttosto spregiudicato: dalla D'Urso un fuori-onda riporta la richiesta alla conduttrice: «dopo mi chiedi...!».

La sfida delle sfide: Berlusconi da Santoro

È indubbio che la svolta nella campagna del Cavaliere è stata la sua partecipazione a *Servizio Pubblico*, andato in onda il 10 gennaio su La7. Una sfida nell'arena giornalistica che per anni ha sintetizzato l'antiberlusconismo più acceso. Già nell'introduzione Michele Santoro evoca la sfida definitiva, pur negandola e stigmatizzandola: lo scontro della corrida nell'arena di Granada, «il torero che deve ammazzare il toro».

La struttura della trasmissione è proprio quella di un confronto-scontro Santoro (e la sua redazione) contro Berlusconi, il quale è al centro della scena, da solo, con i suoi uomini tra il pubblico. Visivamente è già un risultato. Sandro Ruotolo verso la metà della trasmissione viene invitato a controllare la ripartizione dei tempi degli interventi e dice «noi, ossia tu Santoro e la redazione, abbiamo tot secondi e il presidente ne ha di più...».

Un leader vero, sicuro di sé, che non ha paura del confronto, alla faccia di chi lo ha sempre accusato di volersi sottrarre alle domande scomode. E l'andamento della trasmissione segna una serie di passaggi che evidenziano la grande duttilità comunicativa del Cavaliere. Non tanto nelle argomentazioni che sono, come si vedrà, molto ripetitive e tendenzialmente chiuse al dibattito, ma nel reggere la scena e calarsi perfettamente nella situazione.

La prima risposta è già indicativa a questo proposito. Dopo la messa in onda di un servizio sulle aziende di Lumezzane in profonda crisi, alla domanda di Santoro: «In una situazione di crisi come quella in cui versano le aziende di Lumezzane, Lei le affiderebbe a un manager che le ha gestite 8 anni su 10 mettendole in quella situazione e questo manager ha ben più di settant'anni?» la risposta è: «Se si chiamasse Silvio Berlusconi, sicuramente sì!». Per poi rafforzare il concetto: «Io avevo già deciso di lasciare la leadership del centro-destra ma vista la situazione mi sento costretto a guidarlo per non lasciare il Paese in mano alla sinistra».

È un Berlusconi calmo, ironico e che in poco tempo prende in mano la trasmissione in un continuo gioco dialettico, e anche fisico, con Santoro. A metà trasmissione il conduttore lo provoca: «Se si arrabbia per queste battutine...». Berlusconi: «Io mi arrabbio? Ma se mi sto divertendo!». Più avanti, durante la fase più concitata, offre la mano e quasi tenta di abbracciare Santoro che invece si sottrae infastidito. Non sembra per niente un toro che insegue il drappo rosso. Anche l'atteggiamento fisico è sciolto e disinvolto.

Alla domanda lunga e un po' farraginosa dell'esperto, che gli chiede come mai durante la sua discesa in politica le sue aziende si siano così valorizzate, Berlusconi lo fulmina con «ma guardi che intanto i miei dipendenti lavoravano...», battuta senza replica forse perché così spiazzante.

Come è noto il punto *clou* della trasmissione è stata la ormai leggendaria pulizia della sedia di Marco Travaglio. Dopo la lettura di una serie di accuse all'opinionista principe di Santoro, Berlusconi, in perfetto stile commedia all'italiana, ha estratto il fazzoletto e finto di pulire in segno di disprezzo la sedia di Travaglio. Al di là del contenuto dello scontro è da sottolineare la rottura dell'intera struttura della trasmissione, il sottrarsi al ruolo di vittima predestinata e la capacità, persino fisica, di essere protagonista, proattivo.

Per tutta la trasmissione Berlusconi dà l'idea di essere l'unica, e solitaria, alternativa alla sinistra. Il richiamo al suo elettorato della prima ora è sempre presente, con grande enfasi: «...l'ideologia della sinistra che porta con sé il gravame di un'invidia verso chi ha di più, verso chi con sacrifici, con il lavoro è riuscito a dotarsi di una prima casa... l'invidia dell'ideologia comunista che era dentro alla dittatura più disumana della storia dell'uomo». Argomenti che risalgono al 1994, riproposti 20 anni dopo con grande fervore nella tana del lupo, da solo contro tutti.

Dopo la messa in onda ci sono state delle critiche alla conduzione di Santoro, accusato di avere consentito a Berlusconi una performance unanimemente ritenuta vincente. Gli spettatori della trasmissione sono stati 8,7 milioni, pari al 33,6% di share. Santoro ha polverizzato il record d'ascolti di La7, che apparteneva alla prima puntata di *Quello che (non) ho* di Fabio Fazio e Roberto Saviano (3 milioni di spettatori e 12,7% di share), andata in onda il 14 maggio 2012. Santoro fa il suo mestiere e se un conduttore ottiene uno share 6-7 volte superiore a quello medio della rete è difficilmente attaccabile.

Non è stato debole Santoro, ma è stato Berlusconi che ha dimostrato di poter attingere a risorse date per perse e poter ripartire nella campagna elettorale con nuovo slancio.

La comunicazione di rinforzo del Cavaliere

I principali argomenti sentiti a *Servizio Pubblico* sono gli stessi ripetuti ossessivamente in tutte le altre trasmissioni che hanno ospitato il leader del centro-destra. In alcuni casi il conduttore di turno si è trovato nella necessità di interrompere il Cavaliere perché alcuni passaggi erano diventati autentici tormentoni.

All'obiezione: «Presidente questo lo ha già spiegato!», Berlusconi risponde con determinazione che «sì, lo so, l'ho già detto ma è fondamentale che gli italiani capiscano...».

La spiegazione che il governo in Italia non può governare, con la descrizione di tutte le fasi di approvazione di una legge, è stata risentita decine di volte, spesso con le stesse identiche parole come la storia, in veste ironica, sulla *navetta parlamentare*, descritta come esempio tipico dell'impossibilità per un premier, con questo sistema costituzionale, di legiferare.

Infine l'Imu, il centro della comunicazione elettorale del Cavaliere, un messaggio semplice, che racchiude in sé tutti i valori del suo elettorato di riferimento. La famiglia, la casa, le tasse, l'invadenza dello Stato, la mancanza di libertà e la politica predatrice della sinistra.

Messaggio semplice, compatto, essenziale e ripetuto sino all'ultimo minuto della campagna. Berlusconi ha rinforzato gli slogan che lo accompagnano da quando è sceso in campo, senza particolari novità o colpi di scena, puntando tutto sulla rappresentazione dell'unica alternativa al blocco «Bersani-Vendola-Monti». Un *super usato sicuro*, ancora una volta un «o di qui o di là». Ma in realtà la polarizzazione a due era già dissolta.

La cannibalizzazione degli altri leader

Un risultato interessante della campagna elettorale dal punto di vista comunicativo è la scomparsa di alcuni leader che sino a pochi mesi prima erano ancora al centro dell'attenzione dei media. Pier Ferdinando Casini e Gianfranco Fini hanno pagato la scelta di mettere in prima fila Monti, finendo automaticamente dietro le quinte. Roberto Maroni ha giocato il tutto per tutto in Lombardia concentrando la comunicazione sul territorio e quindi sui media locali. Oscar Giannino ha fatto *harakiri* con la notizia dei falsi titoli di studio e nell'ultima parte della campagna elettorale è scomparso.

Gli altri esponenti di prestigio dei vari schieramenti sono stati risucchiati nell'ombra, a distanza dai protagonisti principali Bersani, Berlusconi e Monti. Per Vendola farsi spazio dopo le primarie risultava assai problematico anche per la posizione ondivaga di Bersani tra compattezza del centro-sinistra e apertura a Monti.

Antonio Ingroia pensava di diventare un leader mediatico in poche settimane, ottenendo solamente una caricatura ficcante da Maurizio Crozza. Lo stesso Ingroia se ne è lamentato, ma mettersi contro la satira sarebbe stato impossibile. Il risultato è stata l'immagine di un leader indolente e confuso, sceso in politica quasi controvoglia, con poco entusiasmo, per colpa di una caricatura andata in onda su una rete come La7, che invece poteva costituire una buona base di lancio.

Ovviamente rimane la variabile imprevista che ha sparigliato i giochi, il grande vincitore delle elezioni: il M5s e Grillo.

L'eco di Grillo

La campagna di Grillo è tanto innovativa quanto semplice e lineare nelle sue caratteristiche. La scelta strategica principale è quella di segnare una netta distinzione, una vera e propria contrapposizione tra la degenerazione della casta e il nuovo MoVimento in grado di ristabilire una democrazia sana, trasparente ed equa (Biorcio e Natale 2013).

La vecchia politica è fatta dai partiti? Grillo gli oppone un «non partito». I partiti costano e rubano? Il M5s rifiuta i finanziamenti, si autosostiene, si dimezza gli stipendi. L'economia di mercato è in mano a speculatori finanziari disumani e approfittatori? Grillo propone l'economia a km zero, No ogm, No tav, No nucleare, No ponte sullo stretto.

Il mercato del lavoro offre ai giovani precariato, call center e stipendi da fame? Grillo pensa al reddito di cittadinanza, a tagliare gli stipendi d'oro, i privilegi dei manager.

La comunicazione di Grillo è abilissima nel dare forma allo scontro finale tra la politica delle strutture dei partiti e la democrazia partecipativa, diretta dei social network. Allo scoppio del caso Monte dei Paschi, Grillo si presenta come azionista all'assemblea e attacca il feudo della sinistra. Per giorni martella su questo tema, chiede le dimissioni di Bersani e una commissione d'inchiesta, così come attacca la Lega Nord per la vicenda Finmeccanica.

Tutto questo con la netta divisione fisica: Grillo nelle piazze tra la gente, i politici in televisione nei vecchi *format*. Via dalla televisione, quindi, fisicamente, perché la Tv è la sentina del potere, il luogo della manipolazione e degli inciuci (Nizzoli 2012). Il divieto agli esponenti del M5s di andare in televisione è un'intuizione estremamente efficace. Il *noi* contro *loro* si consolida man mano che si avvicina la data delle elezioni e culmina con la manifestazione a piazza San Giovanni, storico luogo delle manifestazioni della sinistra, con la solita ridda di numeri sui partecipanti, ma questo davvero non conta più nulla.

Lo Tsunami Tour fornisce concretezza alle attese di tutti gli elettori delusi, stanchi e provati da anni di politica bloccata da prassi e linguaggi in profonda crisi. La scelta della purezza dà forza identitaria, parole d'ordine aggreganti a soggetti estremamente variegati per categorie sociali. Non importa se senza interviste ai media italiani. Nessun giornalista ha avuto la possibilità di chiedere come si finanzi il reddito di cittadinanza, come funzionino le procedure democratiche del MoVimento, come si giustifichino affermazioni ambigue sugli immigrati e così via. E sicuramente hanno un maggiore potenziale comunicativo slogan liberatori come «tutti a casa», «arrendetevi, siete circondati», «siete [i vecchi partiti] tutti morti» (Nizzoli 2013).

Come è noto, dato il rifiuto alle richieste di interviste e partecipazioni a trasmissioni, sono tutti slogan estratti dai comizi, dichiarazioni tra uno spostamento e l'altro, risposte date con battute alle domande dei giornalisti in mezzo alla folla che lo acclama. Niente a che vedere con le dichiarazioni canoniche e stereotipate dei vecchi politici alla Camera o al Senato, che infarciscono i telegiornali italiani.

I giornalisti lo inseguono per sentirsi insultare e/o farsi mandare via come servi della disinformazione e, ovviamente, dei vecchi partiti. Un operatore del Tg3 viene fatto scendere dal palco dopo essere stato identificato. Spesso Grillo chiede ai giornalisti di che testata sono per poi accusarli di essere asserviti ai partiti.

Il 17 febbraio diserta l'intervista già in scaletta a SkyTg24. Lo stesso giorno accusa i telegiornali di far vedere le piazze mezze vuote, a comizio finito, quando la gente sta sfollando. Il Tg1, poiché in realtà ha fatto vedere la piazza colma mentre Grillo parlava, si sente in dovere, piccato, di rimandare in onda le immagini, con il risultato in definitiva di mostrare due volte la piazza piena!

Grillo non va in televisione ma, man mano che le piazze si riempiono, i sondaggi lo danno in crescita e la *par condicio* obbliga i telegiornali a dargli spazio. Grillo è sempre più al centro della scena: di rimessa, con un gioco di specchi e un effetto eco.

Il confronto negato

Una delle peculiarità di questa campagna elettorale è stata la mancanza del confronto televisivo tra i candidati. Forse è proprio Monti quello che ne ha sofferto di più, perché è quello che probabilmente poteva avvantaggiarsene maggiormente.

Non Bersani, il quale invece apparentemente aveva solo rischi da correre, e non Berlusconi che poteva accettare solamente un faccia a faccia «secco» proprio con Bersani per non legittimare Monti, il suo vero *competitor*.

Grillo, come si è visto, non poteva neanche concepirlo. Così la campagna più televisiva della storia si è conclusa senza il più canonico degli appuntamenti, quello che sovente consente il colpo del *knock out* o comunque uno scossone in grado di mutare l'andamento della campagna elettorale. Gli elettori-spettatori sono stati privati dell'occasione, negli altri Paesi ormai ritenuta imprescindibile, di potere valutare i competitori direttamente su temi definiti, chiari, testandone la credibilità, la capacità argomentativa e il carisma per la leadership.

Ma il rifiuto del confronto ha anche un valore simbolico, è quasi una sintesi della situazione di *impasse* della politica italiana. Infatti, lo scontro televisivo rappresenta sì un modo di evidenziare le differenze, le diverse posizioni, e può mettere in risalto profondi contrasti. Ma ha anche un grande valore di riconoscimento dell'altro. È il frutto, normalmente, di accordi tra le parti, anche complessi, sulle regole da rispettare che finiscono per legittimare a vicenda i protagonisti. Obama contro McCain. Romney, Cameron contro Brown e Clegg. Hollande contro Sarkozy. Si affrontano da avversari, ma finito lo scontro si stringono la mano e aspettano fiduciosi l'esito delle urne.

In Italia, il mancato confronto tra candidati ha segnalato la profonda delegittimazione reciproca delle forze politiche in campo, la mancanza di regole condivise e quindi la difficoltà, finita la campagna elettorale, di trovare mediazioni per far andare avanti il processo democratico. E formare il nuovo governo.

Una campagna, quindi, che sicuramente ha fatto capire quanto la scelta fosse a favore di qualcuno perché questo significava essere contro qualcun altro. Votare Bersani voleva dire «smacchiare il giaguaro». Votare Monti era la garanzia contro il ritorno di Berlusconi. Votare Berlusconi era salvarsi dalla sinistra. Votare Grillo la fine di tutti e tre.

La campagna ha seminato vento, il dopo elezioni ha raccolto tempesta e all'orizzonte si fa fatica a vedere delinearsi la forma di un Paese normale.

14.
Un tweet non fa l'elettore

di Giovanni Boccia Artieri

Quella del 2013 verrà ricordata come la prima tornata elettorale che in Italia ha visto la centralità della rete. O meglio questo è il punto di vista di osservatori della politica e giornalisti che hanno costruito uno specifico racconto che ha elevato il web, ma come vedremo, in particolare Twitter, a termometro capace di segnalare umori e *sentiment* degli italiani. Un indicatore delle possibili scelte che sarebbero state fatte nel segreto dell'urna, guardando ciò che avveniva online come se si stesse spiando dal buco della serratura.

Questo eccesso di attenzione pubblica è dovuto al sovrapporsi di alcuni elementi peculiari e costitutivi di questo preciso momento storico, sia per la realtà della politica italiana che per quanto riguarda l'evoluzione dell'uso del web e in particolare dei siti di social network in Italia.

Le chiamano «le prime elezioni 2.0»

Per capire queste prime elezioni 2.0, come sono state definite dal mondo dell'informazione con un malcelato entusiasmo, ci dobbiamo innanzitutto confrontare con la narrazione rete-centrica costruita dal M5s e attorno al suo leader Beppe Grillo. Ci troviamo di fronte a una forma e a un tipo di racconto che ha ideologizzato il web (Bordignon e Ceccarini 2013[b]) e le sue potenzialità, soprattutto sotto la spinta di Gianroberto Casaleggio, fino a farne un terreno utopico in cui collocare le risposte ai nuovi bisogni di cittadinanza (Dahlgren 2009). Si va da dichiarazioni programmatiche come quelle contenute nel «non-statuto» del MoVimento che descrivono una forma organizzativa Internet-*based* – «organizzandosi e strutturandosi attraverso la rete Internet cui viene riconosciuto un ruolo centrale nella fase di adesione al

M5s, consultazione, deliberazione, decisione ed elezione» – e che mettono l'accento su una disintermediazione *web-centred* di tipo post-rappresentativo – «vuole essere testimone della possibilità di realizzare un efficiente ed efficace scambio di opinioni e confronto democratico al di fuori di legami associativi e partitici e senza la mediazione di organismi direttivi o rappresentativi, riconoscendo alla totalità degli utenti della rete il ruolo di governo ed indirizzo normalmente attribuito a pochi» – fino all'esperienza delle «parlamentarie» online per scegliere i candidati del MoVimento che si sono raccontati attraverso video-candidature su YouTube.

Allo stesso tempo abbiamo a che fare con una crescita negli ultimi anni della presenza degli italiani su Facebook – 23,2 milioni[1] – e Twitter – i cui numeri, in valore assoluto, rimangono comunque esigui (3,6 milioni di visitatori mensili unici e la stima del 6,2% dei potenziali elettori[2]) – e in particolare con la significativa iscrizione su Twitter di moltissimi politici, giornalisti, testate e partiti, accanto ad *influencer* e *celebrity* (più o meno micro). Questi soggetti hanno costruito un ambiente ad alto tasso di comunicazione elitaria che può essere utilizzata in chiave strategica per disintermediare forme di ufficio stampa e pubbliche relazioni, un ambiente che viene percepito come adatto a costruire ed osservare le opinioni.

È significativo, ad esempio, come molti tweet di politici siano trattati come fonti primarie nella costruzione delle news scavalcando spesso uffici stampa e mezzi tradizionali delle P.R. Il caso più estremo è rappresentato dai tweet di @*beppe_grillo* che sono una forma di comunicazione politica che associa la sintesi dei 140 caratteri a un livello istantaneo di divulgazione nell'intero sistema dei media, attraverso una ripresa costante da parte dei giornalisti.

Accanto a una vulgata determinata da una fase di *hype* sull'uso politico di Twitter, troviamo in realtà il primo tentativo da parte delle diverse coalizioni di utilizzare, con logiche e strategie di marketing politico diverse, la rete in modo strutturato. Costruendo spesso una stretta relazione fra siti web, siti di social network e

[1] I dati elaborati da Vincenzo Cosenza si riferiscono ad ottobre 2012 http://vincos.it/osservatorio-facebook/.

[2] Stime su valori giugno 2012 elaborate da Luca Alagna (2013).

azioni di networking fra cittadini e politici. Si tratta di un adattamento necessario, lento e graduale, dovuto allo svilupparsi di una consistente percezione dell'esistenza di uno stato di connessione permanente e continuo. Tutto questo è facilitato dalla disponibilità di tecnologie di comunicazione che rendono gli individui *always on* e legati da reti di interconnessione attivabili in tempo reale, come la realtà del web sociale ci ha mostrato. È questa una condizione che ha modificato le relazioni tra forme di comunicazione interpersonale e di massa (Boccia Artieri 2012) e che ha riarticolato lo scenario della comunicazione politica (Bentivegna 2012) attorno ad una convergenza fra comunicazione istituzionale e *grassroot* (Jenkins 2006). Il tutto va in direzione di un necessario processo di rinnovamento «che metta al centro dell'agire pubblico la partecipazione attiva, nuove forme di ascolto, linguaggi e formati innovativi per coinvolgere cittadini sempre più evoluti e consapevoli dei propri diritti» (Lovari e Masini 2008, 7).

Ci troviamo in definitiva all'interno di un contesto mutato per la democrazia nel quale, «da un lato, si sviluppa una democrazia im-mediata, dove gli attori politici saltano le mediazioni servendosi dei media. Mentre, dall'altro, si afferma una tendenza alla dis-intermediazione, promossa dal basso, ad opera di gruppi, movimenti, ma anche singole persone, che entrano nel perimetro della politica attraverso la rete» (Diamanti 2010).

È all'interno di questo contesto mutato e ai rischi tecno-ideologici di tradurre concetti come «partecipazione», «trasparenza», «disintermediazione» in semplici strategie di marketing politico, che dobbiamo quindi osservare le principali caratteristiche di una campagna elettorale in epoca di connessione e convergenza fra politica e cittadinanza. Per farlo varrà la pena isolare alcuni eventi esemplificativi che mostrano i nodi culturali di queste elezioni connesse.

La campagna elettorale in rete

Un primo sguardo sulla natura della campagna politica 2013 in rete può essere sintetizzato dalle diverse strategie adottate dai principali leader e partiti, così da poter osservare quali potenzialità e limiti delle logiche del web sociale abbiano affrontato e in quali modi sia stato immaginato un agire pubblico e partecipativo da parte della comunicazione politica.

La presenza web di Silvio Berlusconi, da quando è ritornato sulla scena dei media attraverso un definitivo rilancio realizzato dalla partecipazione a una puntata di *Servizio Pubblico*, è stata garantita in particolare da una sinergia tra diversi account Twitter e una pagina Facebook molto attiva, tutti gestiti dal lavoro continuo e attento dei militanti. Il sito *forzasilvio.it* è invece un *ego-network* inclusivo, funzionale a riconoscersi come elettori Pdl ma non trasparente all'esterno. La strategia di comunicazione online è orientata a diffondere i contenuti nei diversi ambienti del web e a costruire una rete tra i simpatizzanti/fan e i potenziali elettori. Per questo da una parte viene tecnicamente incoraggiato lo *sharing* dei contenuti nei social network e dall'altra vengono supportate e rilanciate le dichiarazioni del leader anche attraverso approfondimenti. Gli account non ufficiali su Twitter (come quello dei «volontari digitali» *@berlusconi2013*) sono molto attivi nel campo della social television, facendo da contrappunto alle ospitate del leader nei programmi di informazione politica e rendendo visibile il consenso. Siti e pagine sono aperti ai commenti, anche negativi, e garantiscono risposte, facendo gestire eventuali insulti dalla comunità dei sostenitori/friend. D'altra parte, come ricorda Antonio Palmieri, che ha gestito questa campagna di comunicazione online, la strategia è Tv-centrica e a basso costo:

> è una campagna digitale a costo zero. Non ci appoggiamo a nessuna agenzia di comunicazione. Non abbiamo fatto investimenti in advertising online. Crediamo che la posta elettronica sia ancora la killer application per mobilitare i sostenitori. Internet è uno strumento formidabile di ingaggio e ascolto (Di Corinto 2013).

La strategia è stata quindi quella di stare in rete con in mente la televisione, presidiando la comunicazione nel web sociale attraverso i volontari e rendendo visibile, consolidandola, una rete di sostenitori istituzionali e cittadini.

Per quanto riguarda le scelte di «Italia bene comune», Pier Luigi Bersani è presente da più anni sui social network e ha affinato una strategia di costante produzione di contenuti su Twitter utili al rilancio di militanti follower. Il flusso, scarsamente distinto tra messaggio personale e dello staff, assomiglia a un susseguirsi di comunicati stampa tra annunci di ospitate radio-televisive o visite nelle città e dichiarazioni che circoleranno poi durante la giornata nei media. Si tratta di una comunicazione molto orizzontale e istituzionale, con scarso livello di *engagement*: non interagisce cioè con i follower né retwitta contenuti di altri, se non in sporadiche occasioni e solo di account ufficiali Pd. Allo stesso modo la pagina Facebook viene gestita a-strategicamente, postando spesso contenuti video o foto che lo riguardano, solitamente abbandonati alla deriva dei commenti. Il sito «Italia bene comune», che si è caoticamente confuso con quello delle primarie (*bersani2013.it*) ha prodotto contenuti e comunicazione orientati agli attivisti, e la sezione «Partecipa» è ricca di formati per l'autoproduzione di gadget, cartoline e manifesti utili alla partecipazione di chi vuole avere un ruolo territoriale attivo nella campagna. D'altra parte, come ha spiegato Stefano di Traglia, direttore del Dipartimento comunicazione del Pd: «Utilizzeremo la rete per attivare 100 mila militanti che lavoreranno coordinati in rete per mobilitarne altrettanti». La strategia è stata quindi quella di stare in rete in modo istituzionale supportando un impegno politico dei militanti che deve prendere corpo fuori dal web. Dentro il web ha avuto invece un supporto dal progetto «300 spartani» (*trecentospartani.com*), *war room* dei democratici ma anche progetto *spin-off* autonomo – sintomo di una campagna web scarsamente coordinata – che ha avuto una triplice funzione raccontata dal coordinatore Tommaso Giuntella:

> Lo spin, dunque la costruzione di una narrazione quotidiana attorno alle issues della campagna; il *tracking*, ossia il tracciamento dei temi caldi, dei punti critici, delle voci che influenzano la conversazione in Rete; e un lavoro di *sentinel*, di guardia e protezione di fronte agli attacchi, ai *troll* e allo *spam* che si moltiplica sotto elezione (Campo 2013).

Di fatto presidiava la rete intervenendo con commenti e accendendo discussioni, talvolta polemiche che hanno anche assunto la natura di quel *trolling*[3] che si prefiggevano di combattere, e

[3] Nel mondo Internet il termine *troll* indica chi usa messaggi provocatori o fuori tema per disturbare la normalità della comunicazione.

ha costruito un contrappunto ironico alla campagna, non sempre riuscito né apprezzato online.

Mario Monti «sale» in politica e contemporaneamente sul web con una comunicazione che viene orientata da un sito/blog e dall'account Twitter *@SenatoreMonti*. Questa operazione diventa in sé una notizia che viene trattata con grande attenzione quotidiana dai media generalisti: il web serve come volano per occupare televisione e quotidiani. L'apice si raggiunge con il question time via Twitter che rappresenta una novità in stile Barack Obama per la politica nostrana. L'evento ha una copertura offline straordinaria ma i contenuti prodotti sono generici e vaghi: resteranno famose le faccine di Monti a emulazione del linguaggio web in stile giovanilista e la ricerca di complicità con gli *influencers*; infatti provengono principalmente da loro le domande a cui sceglie di rispondere. Pochi contenuti e molto generici, scarso livello di *engagement* con gli elettori, un blog con i commenti chiusi e rari contenuti: più attenzione alla simulazione della partecipazione attraverso operazioni di immagine per il pubblico televisivo. Si tratta di uno stare in rete per strizzare l'occhio all'élite dell'informazione che ti riprende offline creando un cortocircuito fra dentro e fuori.

Per quanto riguarda Grillo e il M5s, si tratta di un soggetto politico *online information-based* che ha strutturato la propria comunicazione attorno al blog del leader – che comunica verticalmente lasciando che la conversazione si moltiplichi nei commenti in cui non interviene mai – e ha affidato a pagine ufficiali del MoVimento su Facebook e account Twitter, sia centrali che locali, la diffusione virale del messaggio. La relazione con le piazze e lo Tsunami Tour è stato garantito dalle dirette streaming della web Tv «La Cosa», che consente di chattare live mettendo in connessione conversazionale la comunità/movimento.

Il rifiuto di utilizzare i media mainstream, di fare conferenze stampa, di confrontarsi in televisione, ha, paradossalmente, garantito un alto tasso di visibilità senza contraddittorio a Grillo in molti contenitori della politica televisiva e nei quotidiani. Ciò ha fatto sì che il mondo dell'informazione ruotasse attorno al blog e all'account Twitter ufficiale come unica fonte (ideologicamente) democratica e orizzontale di commento in tempo reale. La presenza di attivisti/fan e dei simpatizzanti in diversi ambienti web ha garantito la circolazione dei contenuti e la loro spalmabilità in contesti di senso molto diversi, raccordando la visione del MoVimento con i vissuti individuali. Particolarmente presenti e agguerriti gli attivisti del M5s nei commenti di siti e blog degli avversari politici, così come nello streaming degli #hashtag che si riferiscono a Grillo e al movimento e nelle discussioni sulle pagine Facebook di detrattori, fino a sfiorare spesso l'accusa di «trollaggio» continuativo. Come commentato nel blog «Romanzo militante»:

> qualunque cosa tu scriva contro il Capo Grillo o il Manovratore Casaleggio, nel giro di due giorni dalla pubblicazione, arriveranno orde di pasdaran grillini a trollare i loro slogan imparati a memoria all'interno del blog.

I limiti e il successo della comunicazione del M5s stanno nell'ideologizzare la rete, nell'assenza di *engagement* del leader e nell'aggressiva presenza di militanti che «abitano» i commenti dei contenuti critici.

Si tratta ora di capire, viste le diverse strategie e la presenza comunque costante sul web delle diverse forze politiche, quale tipo di realtà informativa e conversazionale si sia generata e a quale natura partecipativa online abbia dato vita.

«Online mentions» e «social television»

Un primo elemento che possiamo isolare ha a che fare con l'andamento delle citazioni online delle diverse coalizioni che risulta utile per interpretare la natura informativa e conversazionale dell'ambiente connesso. In tal senso possiamo analizzare le *online mentions* (fig. 14.1), che sono l'aggregato di citazioni provenienti da siti di news, forum, blog, siti di Questions&Answers (come ad esempio Yahoo answer), Friendfeed, Facebook e Twitter, raccolte dal 1° gennaio al 21 febbraio 2013.

Come è possibile osservare dall'andamento per picchi si tratta di una mole conversazionale non direttamente correlabile ai risultati elettorali, né quindi immediatamente riferibile alle preferenze politiche. Risente piuttosto, nelle sue fluttuazioni, degli eventi contingenti prodotti nel corso della campagna elettorale dalle di-

Figura 14.1. *Andamento delle «mentions» relative alle coalizioni (v. % - nel periodo 1° gennaio -21 febbraio 2013)*

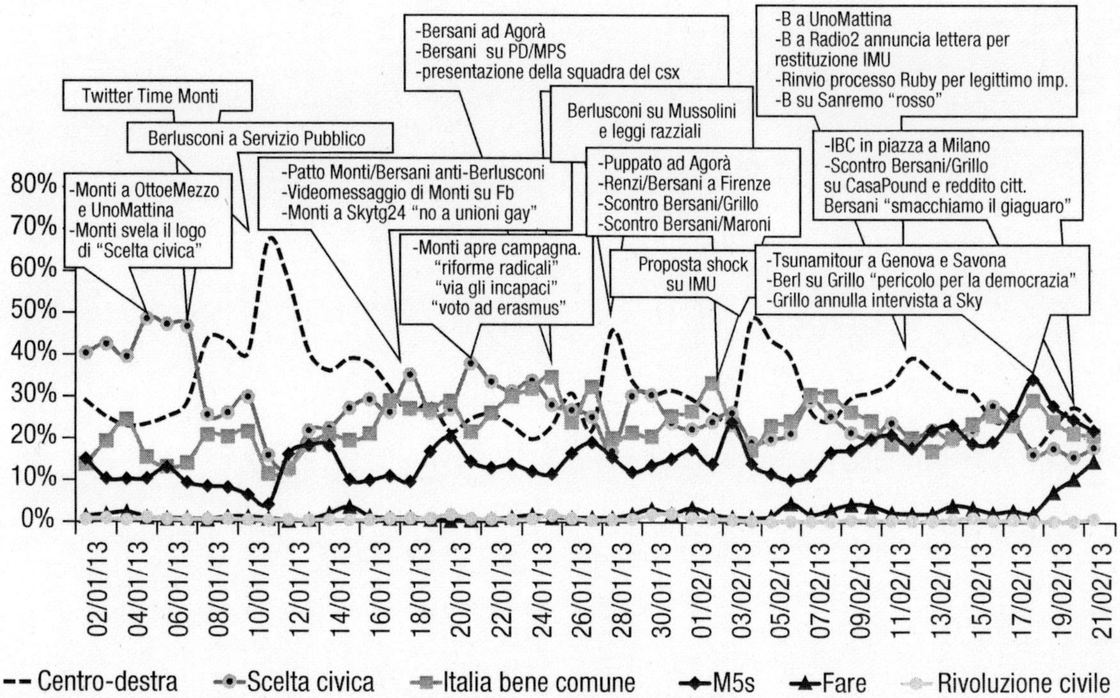

Fonte: Elaborazione di Social Network Studies Italia su dati raccolti da Blogmeter.

verse forze politiche (dalla dichiarazione sull'Imu di Berlusconi allo Tsunami Tour), ma anche dagli accadimenti esterni (come il caso del Monte dei Paschi di Siena).

Le *online mentions* mostrano quindi una natura evenemenziale a carattere puramente comunicativo, fortemente connessa ad una progressione temporale centrata sugli eventi: nuovi accadimenti comunicativi (dichiarazioni, partecipazioni a talk, polemiche) scalzano le tematiche pregresse schiacciando quindi la natura conversazionale su quella informativa dell'agenda dei media.

E questo risulta di particolare evidenza se correliamo i diversi picchi presenti con la presenza dei diversi leader di coalizione ai talk politici. La vetta principale è, ad esempio, dedicata alla presenza a *Servizio Pubblico* di Berlusconi il 10 gennaio, che arriva a saturare il 70% delle conversazioni online sulle coalizioni nella giornata. A fronte di uno share del 33,6% – il più alto della rete La7 – se ci concentriamo sulla pratica della *social television* attraverso Twitter scopriamo come sia stato uno dei programmi italiani più commentati online di sempre (Cosenza 2013) con 204.636 tweet e un picco di 1.885 tweet al minuto.

Entrando all'interno dei tweet riferiti all'hashtag #serviziopubblico è possibile vedere come la mole di tweet fosse caratterizzata «da un mood negativo (68% secondo l'analisi semantica condotta da Blogmeter) e da una prevalenza di contenuti non prettamente politici». Un'ulteriore testimonianza della complessità tra analisi quantitativa e qualitativa delle menzioni online a fini previsionali degli orientamenti di voto possibili degli italiani.

La forza di una comunicazione politica che è cresciuta tra personalizzazione e presenza televisiva (Mazzoleni e Sfardini 2009) ha trovato di fatto un acceleratore nella pratica del «doppio schermo» e analizzando la mole di conversazioni prodotte online attorno alla campagna elettorale troviamo nelle serate dei dibattiti Tv, nella giornata successiva e negli #hashtag correlati l'acceleratore delle *issues* della campagna elettorale. O meglio, i temi dei programmi elettorali, le *policy*, sono restati in ombra a fronte delle *politics* e delle polarizzazioni da *fandom*[4] sui candidati, se si fa ec-

[4] Con *fandom* si indica una sottocultura formata dalla comunità di fan di uno specifico prodotto culturale.

cezione per il tema fiscale che viene però scatenato da un *coup de théâtre* mediale di Berlusconi che detta l'agenda con il rimborso dell'Imu e le trovate correlate.

La cultura Tv-centrica della politica italiana e la sua natura pop ha trovato di fatto nei social network, come luogo dell'intrattenimento informativo degli italiani, un ambiente adatto per radicarsi mostrando la stretta relazione fra la natura delle audience e la partecipazione conversazionale connessa in rete.

Un driver per questa cultura sono state sia le testate televisive presenti online, che hanno sviluppato nell'ultimo anno strategie di *engagement* dei pubblici connessi (proponendo #hashtag, alimentando conversazioni, lanciando durante la puntata e la settimana sintesi e domande al «pubblico»), sia le testate giornalistiche, che seguono eventi della politica Tv facendone un centro di visibilità per la loro presenza online. Ad esempio con i giornalisti che twittano dall'account ufficiale della testata e allo stesso tempo rilanciano alle loro reti.

L'«engagement» della politica online[5]

La mole di contenuti online che citano i partiti politici tra articoli, post, tweet e commenti apparsi su siti, blog, forum, newsgroup, social network dal 1° gennaio al 23 febbraio supera i 7 milioni di documenti.

E se il politico più discusso online è stato Berlusconi con oltre 2 milioni di messaggi – in particolare prodotti in occasione della sua partecipazione a *Servizio Pubblico* – possiamo osservare come tra i partiti siano le «tre grandi minoranze» uscite dalle urne che hanno monopolizzato il totale delle conversazioni e citazioni: il Pd con il 36%, il M5s con il 27% e il Pdl con il 20% (fig. 14.2).

Ma possiamo approfondire la natura quantitativa dell'*engagement* dei politici online – considerando soltanto le pagine e gli account ufficiali dei politici accanto a quelle dei diversi partiti – per osservare quali abbiano sviluppato una relazione consistente con gli utenti che seguono i loro profili ufficiali Facebook o Twitter,

[5] Questo paragrafo è stato scritto con la collaborazione di Vincenzo Cosenza a partire dai dati elaborati su raccolta Blogmeter.

Figura 14.2. *«Mentions» dei partiti in rete (v. % - nel periodo 1° gennaio / 23 febbraio 2013)*

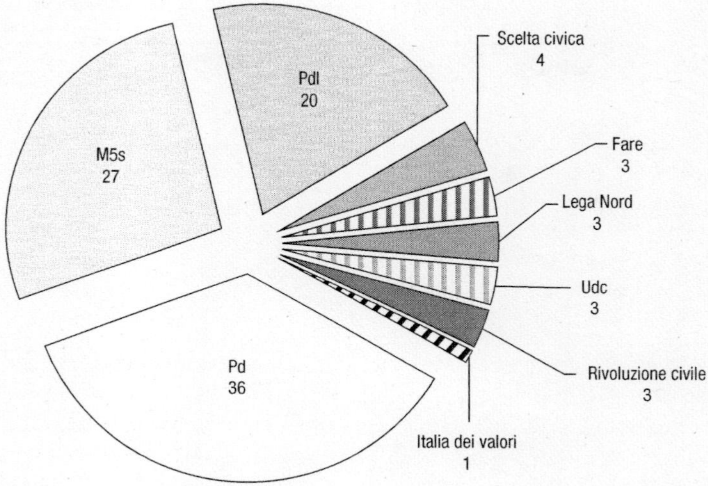

Altri partiti: Fratelli d'Italia; Sel; La destra; Centro democratico; Moderati in rivoluzione; Amnistia giustizia libertà; Lista lavoro e libertà; Partito comunista dei lavoratori; Grande Sud; Partito di azione per lo sviluppo = 0.

Fonte: Blogmeter.

scoprendo così una mole rilevante di interazioni: oltre 14 milioni su Facebook e 2,3 milioni su Twitter (Cosenza 2013).

Grillo ha dominato la scena di Facebook con una capacità di attivazione delle interazioni e di sviluppare una crescita costante di fan (oltre un milione) lungo l'arco della campagna elettorale. L'*engagement* registrato sulla sua pagina, ossia la somma di *like*, commenti, condivisioni, post spontanei in bacheca, sfiora 6 milioni di interazioni, circa la metà di tutte le attività politiche rilevate sul social network. Sono suoi i post politici più apprezzati del periodo, su tutti quello che rivendica il successo al comizio di chiusura, che ha generato ben 78.118 interazioni (tab. 14.1).

Il numero di utenti unici che ha compiuto una qualche azione sui contenuti della pagina (il cosiddetto *People talking about* o Pta) è pari a 207.264. Si tratta di un valore che è cresciuto soprattutto nelle ultime due settimane di campagna elettorale,

Tabella 14.1. *Politici e partiti su Facebook (v.a. relativi a «engagement» e Pta - nel periodo 1° gennaio / 23 febbraio 2013)*

	Engagement	Pta*
Grillo	5.933.393	207.264
Berlusconi	1.141.932	55.241
M5s	1.044.878	49.278
Rivoluzione civile	753.810	32.390
Vendola	667.008	41.163

* Pta = People talking about.

Fonte: Blogmeter.

segno evidente di un interesse che si andava concretizzando in sostegno manifesto.

Se consideriamo l'*engagement* su Twitter possiamo invece osservare un numero di menzioni dell'account del segretario del Pd Bersani (oltre 300 mila) superiori a quelle di Grillo (oltre 212 mila) che viene scalzato anche dal presidente del Consiglio uscente Monti (tab. 14.2).

La strategia utilizzata su Twitter è indicativa dell'andamento online di questa campagna, tesa, da una parte a consolidare il ruolo degli attivisti in modo che potessero aggregarsi e riconoscersi attorno allo *sharing* – cioè il rilancio e il commento degli status delle pagine e account ufficiali – e, dall'altra, a utilizzare i social network per ottenere attenzione e visibilità sui mainstream media, sia a partire dai messaggi veicolati con valore di esclusività che contando sulla notiziabilità in sé della propria comunicazione online.

In questo senso è paradigmatica la parabola su Twitter del *@SenatoreMonti* ed è indicativo che il tweet con il valore più alto di *engagement* di tutta la campagna politica (con 2.381 tra retweet e risposte, anche se non tutte positive) sia quello scritto il 5 gennaio 2013 in occasione del question time su Twitter e che conteneva un giovanilistico e gergale «WOW!!»:

Mario Monti. (@SenatoreMonti)
«Un attimo... 100.007 follower. WOW!! Benvenuti a voi e a quelli che verranno #Montilive @scelta_civica», 5 gennaio 2013, 12:46. Tweet.

Tabella 14.2. *Politici e partiti su Twitter (v.a. relativi a «mentions» e «unique authors» - nel periodo 1° gennaio / 23 febbraio 2013)*

	Mentions	*Unique authors*
Bersani	300.667	48.249
Monti	276.127	65.514
Giannino	225.997	34.853
Grillo	212.371	58.296
Fare - per fermare il declino	129.312	21.198

Fonte: Blogmeter.

Predire il voto guardando la rete

L'iper-attenzione per la relazione fra politica e rete ha portato allo strutturarsi di una stretta relazione fra giornalisti e analisti del web che ha affiancato l'uso dei sondaggi elettorali. Abbiamo assistito al fiorire di progetti di monitoraggio e predittività che sono stati ripresi e spesso finanziati dalle testate informative: Twitantonio, Italia2013, da Twistargram e le rilevazioni di Electionista per *Il Sole 24 Ore* al portale Voto 2013 de *La Stampa*, passando per il Twitterometro (più Twittersquare) di *Repubblica*, il Netsentiment di Tiscali e il blog Sentimeter del *Corriere.it*.

Sono stati pubblicati e diffusi una quantità di dati diversi (#hashtag più usati, numero dei follower dei politici, *sentiment* degli italiani su Twitter per i partiti, ecc.) il cui valore informativo e predittivo resta problematico quando non dubbio; si tratta di «amenità utili di certo a chi fa marketing politico, ma il cui valore per il cittadino e in particolare per la bontà dell'analisi politica e della comprensione del Paese è tutta da dimostrare» (Chiusi 2013).

È a partire dalla lettura dei dati online, spesso trattati quantitativamente e che considerano in modo rappresentativo dell'orientamento di voto le conversazioni di una realtà dei social network non rappresentativa di tutta la popolazione italiana, che è stata costruita una narrazione spesso fuorviante, come nell'analisi di Gianni Riotta del 18 febbraio per «La Stampa» su dati elaborati da Tycho:

> Il Partito democratico guidato da Pier Luigi Bersani resta, secondo gli umori e i giudizi del web in Italia, favorito per la vittoria elettorale, domenica ventura [...] Quanto a Beppe Grillo, gli ultimi sondaggi prima dello stop gli assegnano il voto di un italiano su cinque e la diffusa presenza online, in parallelo al successo di piazza dello Tsunami Tour, corroborano l'ipotesi che il nuovo Parlamento avrà almeno un centinaio di Grillini,

sostanzialmente confermata da quella del 25 febbraio che titola «Sul web i picchi del Cavaliere e le costanti di Bersani e Monti»:

> Il segretario del Pd Pier Luigi Bersani, che twitta da @pbersani, occupa una spazio congruo alla sua campagna, che secondo i sondaggi lo vede favorito salvo sorprese [...] La scelta di portare intatta la forza Pd al traguardo, secondo i dati web, potrebbe funzionare.

Riccardo Luna scrive su «la Repubblica» sempre il 25 febbraio un articolo dal titolo «Su Twitter la sinistra pesa di più» riportando i dati dei ricercatori della Northeastern University di Boston in collaborazione con la Fondazione Isi di Torino:

> le conversazioni vengono seguite nel tempo, profilando l'orientamento politico di chi twitta e ricavando anche la posizione geografica. Il risultato sono delle mappe di coalizione dove si vede chiaramente da dove partono i messaggi e soprattutto si possono misurare i volumi di ciascuno schieramento. E quindi si vede un centrosinistra attorno al 30, un centrodestra molto al di sotto del 30, un Grillo sopra il 15 che se la batte con un Monti più tonico del previsto, e Giannino davanti a Ingroia.

Come si vede si tratta di tentativi di attribuire un ruolo ed una funzione ai social network e al web rispetto agli orientamenti elettorali e alla predizione del voto. Ma la scienza che lavora sui Big Data è sufficientemente giovane e si scontra con le difficoltà di costruire modelli esplicativi, in particolare per quanto riguarda la politica. Un report del Pew Research Center (Mitchell e Hitlin 2013), importante centro di ricerca americano che ha analizzato la relazione fra Twitter e le campagne elettorali, spiega:

> La reazione su Twitter ai principali eventi politici e alle decisioni di policy-making è spesso molto differente dall'opinione pubblica così

come viene misurata dai sondaggi. [...] A volte la conversazione su Twitter è stata più *liberal* che nelle risposte ai sondaggi, mentre altre è stata di orientamento più conservatore. Spesso è una negatività complessiva a emergere. La differenza potrebbe avere a che fare sia con la ristretta porzione del pubblico rappresentato da Twitter, che con la tipologia di pubblico che all'interno di questa porzione decide di prendere parte ad una qualsiasi conversazione.

I social network non sono un luogo di osservazione in cui troviamo un campione rappresentativo né della popolazione né degli elettori. Si tratta di un appunto banale, che però sembra diventare una realtà scarsamente trasparente dietro l'eccesso di attenzione sia giornalistica sia delle analisi che seguono ogni avvenimento politico, dibattito, che misurano il tasso di partecipazione politica del paese dal numero di tweet o dai commenti sulle pagine Facebook del singolo politico, dell'organizzazione politica, del programma televisivo.

In realtà quello che le ricerche cominciano a rendere evidente è che esiste un processo di autoselezione che porta ad un uso più politicamente intenso della rete di quei cittadini che già sono interessati o attivi (Norris 2001) o che sono in possesso di risorse culturali e tecnologiche che li porta a sperimentare percorsi di cittadinanza attiva. In tal senso non troviamo un puro meccanismo di rispecchiamento tra atteggiamenti e pratiche del vissuto politico online e offline della popolazione e degli elettori. Almeno non in termini utili a meccanismi predittivi. Per banalizzare: non è il numero di follower di un candidato o il livello di *engagement* su una pagina Facebook di un politico rispetto ad un altro a poter diventare un elemento di previsione. Questo non significa, però, che esista una differenza in termini assoluti tra realtà online e offline. La crescente presenza della rete nella vita quotidiana delle persone porta ad integrare l'esperienza di partecipazione politica entro un *continuum* che comprende un agire nel mondo vicino alla fruizione mediale e alle pratiche di attivazione online da parte di alcuni elettori. Altri, semplicemente, non si autorappresentano né vengono rappresentati dalla realtà osservabile online. Basta ricordare che i Tweet e gli status su Facebook non sono voti.

«Sfere pubbliche» e politica

La realtà delle elezioni politiche 2013 osservate dalla rete ha mostrato come l'ambiente Internet possa essere interpretato come un luogo in cui assume visibilità e consistenza una «sfera pubblica effimera» su cui la comunicazione politica interviene e che alimenta.

Habermas definisce come sfera pubblica effimera (1962; 1992) il luogo di raccolta delle conversazioni episodiche in luoghi di ritrovo, luoghi che oggi non possono più essere solo pensati come materiali – come lo sono stati ad esempio i caffè – ma diventano anche quelli immateriali della rete; secondo un principio di continuità discorsiva online/offline. È questa sfera pubblica effimera contemporanea che è stata portata in evidenza e tematizzata durante la campagna elettorale.

Si tratta di un luogo in cui si mettono a fuoco le pulsioni e le istanze individuali che si traducono in bisogni diffusi e domande di senso (politico) attraverso una dimensione conversazionale non necessariamente argomentativa né discorsiva, che si fonda anche sulla asincronia.

Ma, come abbiamo visto, la tematizzazione di questa realtà ha privilegiato un racconto quantitativo, quasi sempre osservato dal lato della politica e molto poco da quello della cittadinanza. Con articoli e focus sulle parole dei politici online, concentrandosi su previsioni di voto desumibili da quelle conversazioni e non sulle *issues* che emergevano.

La sfida per la comunicazione politica e per l'informazione è invece quella di capire se e come questa modalità di produrre e «abitare dal basso» la sfera pubblica si stia relazionando alla sfera politica tradizionale. Non si tratta, quindi, di presupporre un potenziale rivoluzionario di Internet o un adattamento delle possibilità della rete allo stato delle cose, di seguire piste utopiche o conservatrici, ma di trattare operativamente le forme di irritazione che, da qui, possono stimolare la sfera politica.

15.
Elezioni e sondaggi: la tempesta perfetta

di Nando Pagnoncelli

Ci risiamo: ancora una volta a risultato elettorale acquisito è iniziato l'attacco ai sondaggi. Era già successo in molte occasioni recenti:

a) alle elezioni politiche del 2006, quando la clamorosa rimonta del centro-destra guidato da Silvio Berlusconi si fermò a soli 24 mila voti di distanza dal centro-sinistra guidato da Romano Prodi. I sondaggi pre-elettorali, realizzati prima del blackout imposto dalla legge sulla *par condicio* – nei quindici giorni antecedenti la data delle elezioni – e, soprattutto, gli exit poll trasmessi in Tv al momento della chiusura delle urne accreditavano il centro-sinistra di un vantaggio più ampio;

b) oppure nel 2008, quando molti sondaggi pre-elettorali stimavano decisamente competitivo il Partito democratico guidato da Walter Veltroni; anche in questo caso i sondaggi post-elettorali diffusi alle ore 15:00 dalle reti Rai presentavano uno scenario che veniva smentito nel breve volgere di poche ore. Le stime, sebbene espresse con prudenziali «forchette» (il margine di errore statistico), vedevano prevalere il Pd che viceversa è risultato staccato di circa 5% dal Popolo della libertà;

c) oppure ancora, in occasione delle elezioni comunali di Milano del 2011: i sondaggi pre-elettorali relativi al primo turno e le stime diffuse in Tv alla chiusura delle urne, nell'ipotesi più favorevole al centro-sinistra evidenziavano un pareggio tra il sindaco uscente Letizia Moratti e lo sfidante Giuliano Pisapia (le stime commissionate da Sky davano addirittura vincente la Moratti). Quest'ultimo ottenne un vantaggio di 6,4 punti percentuali.

Il 25 febbraio 2013 abbiamo assistito a un *déjà-vu*. Vediamo in dettaglio cosa è successo.

Tabella 15.1. *Le ultime rilevazioni prima del blackout dei sondaggi (v. %)*

	Dati reali Politiche 2013	IPR *08/02/2013*	TECNÉ *07/02/2013*	DEMOS & PI *06/02/2013*	IPSOS - «Sole24Ore» *06/02/2013*
Pd	*25,4*	29,5	29,5	29,9	30,4
Sel	*3,2*	3,7	3,5	3,7	3,8
Altri Cs + Svp	*0,9*	1,0	0,6	0,5	0,7
Coalizione Bersani	***29,6***	**34,2**	**33,6**	**34,1**	**34,9**
Scelta civica	*8,3*	10,0	8,9	11,5	11,1
Udc	*1,8*	3,3	3,2	3,5	3,3
Fli	*0,5*	0,8	0,9	1,0	0,9
Coalizione Monti	***10,6***	**14,1**	**13,0**	**16,0**	**15,3**
Pdl	*21,6*	20,0	20,1	20,4	20,4
Lega Nord	*4,1*	4,2	5,7	5,0	4,4
Fratelli d'Italia	*2,0*	1,3	0,0	0,0	2,1
La destra	*0,6*	1,3	0,9	0,0	1,0
Altri Cd	*0,9*	1,2	2,5	3,2	0,4
Coalizione Berlusconi	***29,2***	**28**	**29,2**	**28,6**	**28,3**
MoVimento 5 stelle	*25,6*	16,5	16,3	16,0	15,8
Rivoluzione civile	*2,3*	4,2	4,9	4,0	3,7
Altri	*2,8*	3,0	3,0	1,3	2,0
N. casi		*1000*	*600*	*1000*	*800*
Indecisi + Non voto		36,5	32,7	25,0	29,3

Fonte: www.sondaggipoliticoelettorali.it.

Sondaggi pre-elettorali, instant poll e proiezioni

Nella tab. 15.1 sono riportati gli ultimi sondaggi pre-elettorali, pubblicati prima dei 15 giorni di «silenzio demoscopico», realizzati da dieci diverse società.

Il centro-sinistra guidato da Pier Luigi Bersani che ha ottenuto il 29,5% dei voti validi era accreditato di una percentuale compresa tra il 33,6% (Tecné) e il 37,2% (Ispo).

Istituti e data di realizzazione					
SWG *06/02/2013*	LORIEN *06/02/2013*	EUROMEDIA *06/02/2013*	ISPO *05/02/2013*	PIEPOLI *04/02/2013*	EMG *01/02/2013*
29,5	30,6	29,8	32,2	32,0	30,2
3,6	4,0	3,9	3,5	4,5	4,6
0,7	0,2	0,7	1,5	0,5	1,1
33,8	**34,8**	**34,4**	**37,2**	**37,0**	**35,9**
9,0	9,8	8,0	9,3	9,5	10,1
2,7	3,2	3,6	3,0	3,0	2,8
1,7	0,3	0,7	0,6	0,5	1,7
13,4	**13,3**	**12,3**	**12,9**	**13,0**	**14,6**
19,5	20,1	23,1	22,0	22,0	19,6
5,2	5,7	5,2	5,4	6,0	4,8
1,0	2,1	1,9	1,0	0,0	0,8
1,1	1,4	1,6	1,0	0,0	1,1
1,0	0,7	0,9	0,3	4,0	1,6
27,8	**30,0**	**32,7**	**29,7**	**32,0**	**27,9**
18,8	15,0	14,5	14,3	13,0	14,5
4,1	4,3	3,8	4,2	3,5	4,6
2,1	2,6	2,3	1,7	1,5	2,5
1500	*2000*	*1000*	*2000*	*1000*	*1000*
31,0	30,5	32,3	31,2	ND	25,9

Il centro-destra guidato da Berlusconi, che si è collocato al secondo posto con il 29,2%, era stimato tra il 27,8% (Swg) e il 32,7% (Euromedia); il M5s, che è risultato il primo partito (sul territorio nazionale), con il 25,6%, oscillava tra il 13% (Istituto Piepoli) e il 18,8% (Swg).

La coalizione guidata da Mario Monti che ha ottenuto il 10,6%, nelle stime si collocava tra il 12,3% (Euromedia) e il 16% (Demos & Pi).

Tabella 15.2. *Sondaggi nazionali Ipsos. Camera: intenzioni di voto (v. %)*

	Delta 23-feb - Reali	Risultati	23/02/2013
Pd	*4,9*	25,4	30,3
Sel	*0,4*	3,2	3,6
Altri Cs + Svp	*-0,4*	0,9	0,5
Coalizione Bersani	***4,9***	**29,5**	**34,4**
Scelta civica	*0,4*	8,3	8,7
Udc	*0,7*	1,8	2,5
Fli	*0,2*	0,5	0,7
Coalizione Monti	***1,3***	**10,6**	**11,9**
Pdl	*-1,4*	21,6	20,2
Lega Nord	*-0,1*	4,1	4,0
Fratelli d'Italia	*0,5*	2,0	2,5
La destra	*0,0*	0,6	0,6
Altri Cs	*0,1*	0,9	1,0
Coalizione Berlusconi	***-0,9***	**29,2**	**28,3**
MoVimento 5 stelle	*-5,6*	25,6	20,0
Rivoluzione civile	*1,0*	2,3	3,3
Totale		*100*	*100*
Indecisi + Non voto	*-1,0*	27,5	26,5

Fonte: Banca dati Polimetro Ipsos.

Infine, Rivoluzione civile di Antonio Ingroia ha ottenuto il 2,3% dei voti mentre nei sondaggi era stimata tra il 3,5% (Piepoli) e il 4,9% (Tecné).

A due settimane dalle elezioni, quindi, tutti gli istituti hanno fortemente sottostimato il M5s e hanno sovrastimato il risultato del centro-sinistra di un valore compreso tra 4,1% (Tecné) e 7% (Ispo) e, conseguentemente, il vantaggio rispetto al centro-destra che, a fronte dello 0,3% reale, nelle rilevazioni demoscopiche era compreso tra 1,7% (Euromedia) e 8% (Emg). Non è dato di co-

22/02/2013	21/02/2013	20/02/2013	19/02/2013	14/02/2013	06/02/2013
30,1	30,2	30,0	29,7	29,0	30,4
3,7	3,7	3,5	3,9	3,8	3,8
0,6	0,5	0,5	0,6	1,3	0,7
34,4	**34,4**	**34,0**	**34,2**	**34,1**	**34,9**
9,0	9,0	9,5	9,8	10,5	11,1
2,7	2,6	2,5	2,8	3,1	3,3
0,8	0,9	1,0	1,0	0,8	0,9
12,5	**12,5**	**13,0**	**13,6**	**14,4**	**15,3**
20,0	20,5	21,0	20,0	19,8	20,4
3,8	3,7	3,8	4,0	4,0	4,4
2,3	2,0	1,5	2,0	1,8	2,1
0,7	0,8	0,8	0,9	1,3	1,0
1,0	1,1	1,1	1,0	1,2	0,4
27,8	**28,1**	**28,2**	**27,9**	**28,1**	**28,3**
20,5	20,0	19,4	18,5	17,1	15,8
3,5	3,5	4,0	4,0	4,1	3,7
100	*100*	*100*	*100*	*100*	*100*
27,5	28,5	29,9	31,1	29,2	29,3

noscere i risultati «secretati» dei sondaggi realizzati dai diversi istituti nelle ultime due settimane di campagna elettorale.

Nella tab. 15.2 riportiamo i sondaggi Ipsos realizzati negli ultimi giorni di campagna elettorale, dai quali si possono evincere:

1. una forte crescita del M5s;
2. una lieve crescita del centro-destra;
3. un lieve calo del centro-sinistra, della coalizione centrista e di Rivoluzione civile.

Alla luce di queste stime pre-elettorali l'affermazione del centro-sinistra era data per sicura. La situazione si è ulteriormente complicata subito dopo la chiusura dei seggi, complice la «tempesta perfetta», ossia il cortocircuito informativo che si è creato lunedì pomeriggio nel corso delle trasmissioni elettorali promosse dalle diverse reti televisive che, come di consueto, hanno commissionato la realizzazione di sondaggi post-voto (gli instant poll, più semplici in termini organizzativi e meno onerosi dei «famigerati» exit poll) e proiezioni elettorali. Ebbene, per la prima volta gli uni e le altre, pur dando risultati di segno diverso al Senato (netto vantaggio per il centro-sinistra secondo gli instant poll, lieve vantaggio per il centro-destra secondo le prime proiezioni), sono stati smentiti dai risultati ufficiali che hanno visto il centro-sinistra prevalere di misura (+0,9%). Con la conseguenza che, durante i diversi programmi televisivi, mai come quest'anno è stato seguito con grande interesse lo spoglio dei dati ufficiali del Viminale.

Vediamo in dettaglio ciò che è avvenuto sulle reti televisive:

a) sulle reti Rai: l'Istituto Piepoli stimava una vantaggio di 7 punti percentuali per il centro-sinistra con gli instant poll e un vantaggio di 2,4 per il centro-destra con le prime proiezioni (come è noto basate non sui sondaggi ma sui voti reali);

b) su Sky: Tecné assegnava un vantaggio di 6 punti percentuali al centro-sinistra con gli instant poll e di 3 a favore del centro-destra con le prime proiezioni;

c) su La7: Emg, impegnata solo con proiezioni elettorali, assegnava un vantaggio di 1,5 punti al centro-destra, pur avendo avuto a disposizione un tempo più lungo rispetto ai *competitors* (prima proiezione fornita alle ore 17:15) e, quindi, presumibilmente un campione di sezioni più «robusto»;

d) sulle reti Mediaset: Ipr, al contrario, già dalla prima proiezione stimava un vantaggio per il centro-sinistra (pari a 2,3 punti percentuali, quindi con una sovrastima di 1,4, tutto sommato accettabile, trattandosi della prima proiezione).

Alla luce di quanto avvenuto risulta comprensibile lo sconcerto nei confronti dei sondaggi che, ancora una volta, ne sono usciti ammaccati, investiti da un discredito generalizzato.

I limiti dei sondaggi e i problemi incontrati

All'indomani delle elezioni molti – commentatori ed esponenti politici, esperti e semplici cittadini – hanno avanzato dubbi sia sulle capacità professionali dei ricercatori sia su quelli che presumono essere i limiti dello strumento del sondaggio.

Partiamo dai limiti: spesso si osserva che l'utilizzo prevalente del metodo telefonico nella realizzazione delle interviste possa escludere dai campioni i segmenti di popolazione (per esempio i giovani o i ceti più dinamici) che non hanno la linea telefonica fissa ma solo quella mobile. L'obiezione è legittima, ma è in larga misura priva di fondamento; da tempo, infatti, molti istituti hanno adottato il sistema *full dual*, che consente di includere nei campioni i possessori esclusivi di telefono cellulare che rappresentano, secondo l'Istat, all'incirca un terzo della popolazione. Altri istituti integrano i campioni intervistati per telefono con campioni consultati tramite Internet (metodo Cawi - Computer assisted web interviewing). Alcuni utilizzano campioni di volta in volta costituiti interamente da soggetti selezionati *ex novo* (cosiddetti *cross-section*). Altri intervistano campioni di individui che appartengono ad un panel (quindi rispondono più volte nel corso del tempo allo stesso questionario, consentendo di misurare i cambiamenti individuali nelle scelte di voto nel tempo). Altri ancora utilizzano un sistema di campionamento misto.

Ebbene, in tutti questi casi, indipendentemente dal metodo utilizzato, come abbiamo potuto osservare non si sono riscontrate variazioni significative tra le stime dei diversi istituti.

Un altro rilievo critico riguarda la dimensione dei campioni giudicati troppo esigui, soprattutto in una fase caratterizzata da un'«area grigia» (astensionisti e indecisi) la cui dimensione risultava nettamente superiore rispetto al passato, con la conseguente forte contrazione della base degli intervistati che dichiaravano il proprio voto. Anche questa obiezione risulta discutibile. Infatti, durante la campagna elettorale i principali istituti hanno effettuato decine di migliaia di interviste prevalentemente presso campioni di grandi e medie dimensioni. Inoltre si può replicare che il campione intervistato da Tecné per realizzare le stime diffuse da Sky era enorme, composto da 50 mila elettori (con un errore campionario teorico largamente inferiore all'1%); quello dell'Istituto

Piepoli per le stime diffuse da Rai era di 20 mila elettori. Con i risultati che conosciamo.

Allora, da cosa sono dipesi prevalentemente gli errori di stima?

1) Innanzitutto da una campagna elettorale per molti versi inedita, caratterizzata da:

a. la più grave e lunga crisi del dopoguerra. Il Paese in recessione, la produzione industriale ferma, la disoccupazione (in particolare quella giovanile) su livelli molto elevati, i tassi di consumo e di risparmio in caduta, la divaricazione crescente tra reddito lordo disponibile e potere d'acquisto. Tutto ciò ha avuto un impatto durissimo sul tenore di vita dei cittadini, chiamati a fare grandi sacrifici, sulla percezione di impoverimento e di arretramento nella scala sociale, e sul clima di fiducia nel futuro e nelle istituzioni;

b. un sentimento di diffuso malcontento e disaffezione nei confronti della politica che ha determinato un'elevata quota di elettori indecisi o poco propensi ad andare a votare;

c. la vastità dell'offerta politica (si sono presentate 169 liste!) che ha causato un'elevata frammentazione in un momento nel quale, dopo quasi vent'anni di contrapposizione frontale tra centro-destra e centro-sinistra e di alternanza «all'italiana», i riferimenti tradizionali si sono appannati e le appartenenze indebolite;

d. la presenza di soggetti politici nuovi (come M5s, Scelta civica e Rivoluzione civile) che, a differenza di quanto avvenuto in passato, presentavano un potenziale elettorale non trascurabile;

e. un'accelerazione inedita delle scelte di voto negli ultimi dieci giorni della campagna elettorale;

f. una comunicazione troppo distonica rispetto alle aspettative di cambiamento espresse da elettori delusi e alle acute preoccupazioni per la perdurante crisi economica.

2) In questo scenario particolarmente complicato, i principali limiti metodologici dei sondaggi sono stati i seguenti:

a. l'impossibilità, soprattutto per il M5s e Scelta civica, di disporre di un dato storico necessario per la ponderazione dei campioni sulla base del voto passato (ad oggi la tecnica più utilizzata nella realizzazione di affidabili stime elettorali);

b. la difficoltà di intercettare tutti gli elettori del M5s: infatti, mentre è stato stimato correttamente il flusso di voto proveniente dall'area del centro-destra, al contrario non è stata del tutto individuata la quota proveniente dal bacino del centro-sinistra (soprattutto dopo la vicenda Mps). Vicenda che si è enfatizzata negli ultimi giorni di campagna elettorale, anche grazie al grande successo dello Tsunami Tour, concluso con l'ultimo comizio di Beppe Grillo a piazza San Giovanni a Roma, rilanciato con grande enfasi da tutti i media.

Nonostante si sia evidenziata la tendenza alla netta crescita di Grillo negli ultimi giorni prima del voto, la sottostima del passaggio di consensi dal centro-sinistra al M5s è dipesa da due motivi principali.

Il primo, spesso ricorrente in passato, per cui gli elettori delusi dal proprio schieramento sceglievano un «turno di sospensione» dal voto (passando all'astensione). Rientravano poi alla consultazione successiva, anche perché l'offerta sostanzialmente bipolare che ha caratterizzato l'ultimo ventennio rendeva difficile un passaggio diretto all'altro polo; viceversa, oggi l'elettore di sinistra o centro-sinistra deluso ha trovato sul mercato un'offerta appetibile e fuori dagli schemi tradizionali: il M5s.

Il secondo motivo, più contingente, identificabile nella resistenza degli elettori di centro-sinistra a dichiarare il proprio voto per il M5s.

3) Questi limiti emersi nell'ultima campagna si sommano a quelli purtroppo ormai presenti da tempo a cui difficilmente si può porre rimedio:

a. l'autoselezione degli intervistati. L'elevato tasso di rifiuto e la limitata reperibilità di molte delle persone selezionate per l'intervista riducono la rappresentatività dei campioni, dato che chi rifiuta l'intervista non risulta equamente distribuito presso tutti gli strati della popolazione. Mediamente sono necessarie dieci telefonate per realizzare un'intervista, ciò significa che si ignorano i comportamenti di voto dei nove elettori che non sono intervistabili;

b. la «copertura» dei campioni. Le famiglie presenti sugli elenchi telefonici rappresentano secondo l'Istat poco meno del 50% della totalità, con livelli più vicini al 40% in alcune regioni meridionali; nonostante l'utilizzo dei telefoni cellulari per la realizzazione delle interviste, il fenomeno produce una distorsione difficilmente eliminabile;

c. la reticenza, le menzogne, l'indecisione (Sani 2006), la «spirale del silenzio demoscopico» e la desiderabilità sociale che determinano una sorta di voto nascosto, non dichiarato, in presenza di un clima non favorevole alla propria parte politica (Natale 2009);

d. il *last minute swing* e la «fedeltà leggera» (Natale 2002 e 2009) che inducono larghi strati di elettori a decidere se e per chi votare e, conseguentemente, a dichiararsi nei sondaggi solo negli ultimi giorni antecedenti le elezioni;

e. gli effetti delle campagne elettorali che vengono effettuate per convincere gli elettori e quindi, in ultima analisi, per smentire le «fotografie istantanee» rappresentate dai sondaggi.

Si tratta di aspetti noti e già ampiamente discussi negli ultimi anni (Pagnoncelli 2010), a fronte dei quali stupisce lo stupore con cui è stata accolta l'ennesima deludente performance dei sondaggi. Verrebbe da chiedersi se oggi ha ancora senso parlare di «errore campionario» e, per di più, di quantificarlo con le cosiddette «forchette» inducendo tutti in errore, dagli attori politici, ai mass media, all'opinione pubblica.

In questo quadro particolarmente complesso, al di là della macroscopica imprecisione che ha riguardato la coalizione del centro-sinistra (sovrastimata) e il M5s (sottostimato), le restanti stime degli istituti si sono collocate in larga misura nell'ambito dell'errore statistico.

Tralasciando le stime puntuali attribuite ai singoli partiti e limitandoci alle stime pre-elettorali (i problemi di instant poll e proiezioni elettorali meriterebbero un discorso a parte), il quadro che emergeva dai sondaggi era il seguente:

1. rischio di astensione elevata, connessa ad un forte atteggiamento di rifiuto della politica tradizionale;
2. affermazione del M5s;
3. vittoria del centro-sinistra alla Camera;
4. Senato privo di una maggioranza assoluta.

Pertanto, senza in nessun modo sottovalutare il problema dell'affidabilità delle stime, possiamo dire che lo scenario sopra descritto si è puntualmente verificato, sia pure con un livello di precisione molto più limitato del solito, alla luce degli elementi sopra evidenziati.

Sondaggi, media, politica e pubblica opinione

Ancora una volta quanto avvenuto induce una riflessione sul controverso rapporto tra sondaggi, mezzi di informazione e politica. E sui riflessi del sondaggio sulla pubblica opinione.

Da quasi due decenni i sondaggi vengono utilizzati non solo come strumenti di conoscenza ma anche con finalità predittive (Draghi 1997) e comunicative (Pagnoncelli 2006[a]). Rispetto al passato recente, nella campagna elettorale 2013 si è riscontrato un accentuato ricorso al «sondaggio-oracolo» e un utilizzo più ridotto del «sondaggio-propaganda».

Si è infatti manifestata un'elevatissima aspettativa da parte dei media e della politica di una «predizione» che fotografasse l'esito del voto con grande precisione. È un'aspettativa comprensibile, soprattutto nelle fasi caratterizzate da grande incertezza, ma in contrasto con le crescenti e oggettive difficoltà che la demoscopia incontra.

Una dimostrazione di questa aspettativa è costituita dall'«aggiramento» del cosiddetto blackout disposto dalla legge sulla *par condicio* (Corbetta e Gasperoni 2007): nonostante il divieto di pubblicazione dei sondaggi nelle due settimane antecedenti la data delle elezioni, due siti hanno pubblicato con regolarità dati opportunamente mascherati. In un caso (www.youtrend.it) utilizzando la metafora del Conclave imminente (dopo la rinuncia di papa Benedetto XVI). Nell'altro (www.notapolitica.it) si faceva ricorso al lessico del settore ippico. In entrambi i casi i nomi dei sondaggisti e degli istituti di riferimento, nonché dei partiti politici e dei rispettivi leader, sebbene modificati, risultavano perfettamente riconoscibili.

Queste iniziative hanno creato una sorta di circuito informativo relativamente ampio che consentiva un aggiornamento dei dati sugli orientamenti di voto. Si è trattato di iniziative che, oltre a confliggere con lo spirito della legge, hanno suscitato più di un dubbio sulla veridicità dei dati diffusi, sulla modalità con cui venivano acquisiti e, in ultima analisi, sul paradosso di una legge che correttamente disciplina la pubblicazione dei sondaggi e contemporaneamente non può intervenire nei casi di diffusione di sondaggi mascherati o pseudo-sondaggi.

Quest'ultimo dubbio è rafforzato anche dal pronunciamento dell'Autorità garante per le comunicazioni in merito all'iniziativa promossa dall'Istituto Swg che, durante il periodo di blackout, intendeva proporre una *app*, a pagamento, per tablet e smartphone finalizzata alla vendita di sondaggi pre-elettorali. Come è noto, la legge dispone il divieto di pubblicazione dei sondaggi ma non la realizzazione e la vendita. Tenuto conto del prezzo di vendita contenuto (circa 10 euro), l'*app* di Swg avrebbe potuto essere alla portata di molti acquirenti interessati. Pertanto secondo il garante si trattava di una sorta di «pubblicazione» (sebbene a pagamento) e, dopo l'iniziale via libera, ne ha disposto il divieto.

Durante tutta la campagna elettorale l'aspettativa di previsione del voto ha assunto i caratteri di una vera e propria ossessione venata di schizofrenia, soprattutto da parte dei media. Così, giornalisti dotati di buon senso comprendevano che prevedere l'esito finale appariva estremamente arduo in un contesto per molti versi inedito. Contemporaneamente, con vero e proprio sprezzo del ridicolo, molti di loro hanno tempestato i sondaggisti di domande di questo tipo: «quanti voti sposta a favore del Pdl l'acquisto di Balotelli da parte del Milan? E la promessa di restituzione dell'Imu? E la vicenda Mps? E le dimissioni del papa? E il festival di Sanremo a due settimane dalle elezioni? E la neve nel giorno delle elezioni?».

Alcuni di noi si sono rifiutati di rispondere a queste sconcertanti domande, esortando gli intervistatori a compulsare i dati dell'Istat per capire meglio il clima sociale e le motivazioni di voto degli elettori; altri sondaggisti, al contrario, discettavano di spostamenti di voto e dispensavano scenari dettati dall'imprudenza o dall'impudenza, appagando il giornalista di turno per il quale, ancora una volta, risultava sufficiente disporre di un numero, di una stima, non importa quanto seria o credibile.

Negli ultimi mesi i principali quotidiani hanno proposto ai lettori una sorta di «pastone» dei sondaggisti, intervistandone non meno di 4-5 nel tentativo di analizzare le reazioni della pubblica opinione al tema del giorno. Sono stati messi sullo stesso piano professionisti seri e accreditati e altri soggetti decisamente meno affidabili sotto il profilo delle competenze, ma desiderosi di accreditarsi come oracoli. Ma la quantità dei sondaggisti interpellati non è di per sé garanzia della qualità e dell'accuratezza delle analisi.

D'altra parte la criticità nel rapporto tra media e sondaggi è di antica data e dipende dalla scarsa considerazione di cui gode il settore demoscopico e dalla sopravvalutazione degli effetti della visibilità mediatica (Pagnoncelli 2008[a]). Come spiegare altrimenti la limitata disponibilità di molti media a commissionare sondaggi agli istituti a titolo oneroso? Come spiegare l'ambiguo scambio di sondaggi gratuiti in cambio di visibilità, una sorta di «ritorno» di immagine di cui il sondaggista di turno può beneficiare?

Un esempio: nel mese di febbraio 2013 abbiamo letto grafici e tabelle con le stime di voto a livello regionale; tutti sanno che una seria analisi territoriale richiede diverse migliaia di interviste. Ebbene vari quotidiani che hanno pubblicato queste stime le hanno acquisite a titolo gratuito. Non è dato di sapere se l'istituto fornitore ha la solidità finanziaria per sostenere il costo di un sondaggio realizzato su migliaia di interviste ed elargito gratuitamente al mezzo di informazione, oppure se è stato realizzato per un committente privato di cui si ignora spesso l'identità, dato che il suo nome non compare nella nota metodologica.

I media che ospitano sondaggi a titolo gratuito in cambio di visibilità fanno leva sulla forza del loro brand e sulla implicita promessa di legittimare l'istituto che si presta a queste operazioni. Ma, di fatto, si abbassa il livello qualitativo delle ricerche, promuovendo sul campo i neofiti della materia o dando nuove opportunità a chi negli ultimi tempi si era reso protagonista di clamorose *débâcles* demoscopiche.

Ma, a dispetto delle apparenze, le società demoscopiche non sono tutte uguali. Non lo sono per giro d'affari, incidenza delle ricerche elettorali sul totale del fatturato, numero di dipendenti, sistemi di certificazione, ammontare degli investimenti in ricerca e innovazione, compagine azionaria e solidità economica, modalità e termini di pagamento degli intervistatori, posizionamento sul mercato (tipologia di servizi offerti) e, spesso, neppure per integrità deontologica.

Fare di ogni erba un fascio appare semplicistico e ingeneroso. Anche se la sostanziale omogeneità delle stime elettorali che si sono riscontrate in occasione delle recenti elezioni, nella percezione generale ha di fatto annullato tutte queste differenze. Esattamente come l'ingresso della *safety car* nei gran premi di Formula 1; annulla tutte le distanze tra i piloti, vanificando tutto quanto realizzato fino a quel momento.

Se, come si diceva, la funzione predittiva è stata investita di un livello di aspettativa senza precedenti, l'utilizzo del sondaggio come strumento di propaganda è risultato meno intenso rispetto al passato. Abbiamo assistito a una sorta di «guerra dei sondaggi» in tono minore che ha riguardato, senza nemmeno troppa convinzione, il recupero del centro-destra. Un recupero che si è verificato solo in parte, e non tanto per un'arrembante crescita della coalizione guidata da Berlusconi (come avvenne nel 2006) ma per il risultato del Pd più modesto rispetto alle previsioni.

Nulla a che vedere con quanto avvenuto nel 2001 e nel 2006, le elezioni caratterizzate dal famoso «sondaggio americano» risultato cruciale nella campagna elettorale di Berlusconi (Pagnoncelli 2006[b]). Esistevano infatti sondaggi con risultati contrapposti, utilizzati per mobilitare gli elettori delusi e galvanizzare il proprio elettorato.

Ciononondimeno, talora sono state espresse proteste da parte di alcuni partiti minori che ritenevano di essere danneggiati da stime poco lusinghiere (tra 0,5% e 1,5%) o dal fatto che non comparivano nei sondaggi riportati dai media. La situazione appariva surreale: i contestatori non erano i partiti in lizza per la vittoria ma quelli che lottavano per apparire, illudendosi che il solo fatto di essere presenti nei sondaggi potesse garantire appeal presso gli elettori.

A nulla sono valse le repliche, tutte improntate ad aspetti metodologici (dall'elevatissimo numero di liste, con conseguente dispersione dei voti tra più soggetti, al consistente livello di incertezza e astensione che riduceva la base dei rispondenti).

Il clima di sospetto era evidente e le accuse di partigianeria nei confronti dei sondaggisti si sono sprecate. Ne è un esempio l'analisi, promossa dal Partito radicale, del rapporto tra istituti demoscopici e committenti a partire esclusivamente dai sondaggi pubblicati che, come è noto, rappresentano una stretta minoranza del giro d'affari della maggior parte delle società demoscopiche. Nella ricerca si parla esplicitamente di inaffidabilità e di conflitto di interessi da parte degli istituti, come se il solo fatto di realizzare un sondaggio per un partito determinasse automaticamente il venir meno delle condizioni di neutralità.

Sullo sfondo c'è il tema dell'influenza che i sondaggi elettorali esercitano nei confronti degli elettori, in particolare di quelli indecisi. È il solito dilemma tra *band wagon* e *underdog*. La quantificazione di questi fenomeni è impossibile, ma sarebbe fuori luogo negare che i sondaggi orientino il comportamento dei cittadini e dei partiti politici.

Se le rilevazioni demoscopiche avessero pronosticato con maggiore precisione l'esito finale e il risicato vantaggio del centro-sinistra sul centro-destra, forse una parte degli elettori del Pd che dava per scontata l'affermazione del centro-sinistra non avrebbe optato per il M5s e sarebbe rimasta fedele al partito votato in passato. Forse lo stesso Pd avrebbe impostato la campagna elettorale e la comunicazione politica in termini diversi. Forse, dato che non è possibile avere una controprova.

«...ma chi vincerebbe se...»

In conclusione, i sondaggi hanno largamente deluso le aspettative, sono stati messi sotto accusa e investiti di giudizi denigratori e atteggiamenti sprezzanti. Ma stiamo pur certi che una volta passata la tempesta si ricomincerà daccapo. In passato la lezione non è servita e nemmeno questa volta servirà. Quante volte abbiamo ascoltato le dichiarazioni d'intenti («mai più exit poll!») per abolire, appunto, exit poll, int poll, instant poll, regolarmente commissionati dalle reti televisive alle elezioni successive (Pagnoncelli 2008[b])?

E quante volte i giornalisti, che ci hanno intervistato per chiedere conto della *débâcle* dei sondaggi alle ultime elezioni, in chiusura di intervista chiedevano *off the record*: «chi vincerà alle prossime elezioni in Friuli? e a Roma?».

E quante volte a poche settimane di distanza dal voto di febbraio, di fronte alla situazione di stallo nella formazione di un nuovo governo che portava ad evocare la possibilità di nuove elezioni a breve, ci veniva chiesto: «chi vincerebbe se si votasse oggi?».

Il circo dei sondaggi è ricominciato, come se nulla fosse accaduto. In attesa del prossimo psicodramma.

Appendice

Tabella A.1. *Elezioni politiche 2013 - Camera dei deputati (v.a. e % per area geopolitica*)*

	Area geopolitica					
	Italia	*Nord Ovest*	*Nord Est*	*Zona rossa*	Centro Sud	Sud e Isole
Pd	25,4	25,7	21,3	35,4	25,0	20,8
	8.644.523	*2.369.759*	*907.757*	*2.246.848*	*1.069.351*	*2.050.808*
Sel	3,2	2,6	2,2	3,2	3,8	3,9
	1.089.409	*240.641*	*93.809*	*206.107*	*161.713*	*387.139*
Altri di centro-sinistra	0,9	0,2	3,6	0,3	0,4	1,1
	313.876	*21.191*	*154.667*	*18.029*	*15.485*	*104.504*
Totale coalizione Bersani	**29,6**	**28,5**	**27,1**	**38,9**	**29,1**	**25,7**
	10.047.808	*2.631.591*	*1.156.233*	*2.470.984*	*1.246.549*	*2.542.451*
Pdl	21,6	20,3	17,6	17,1	22,9	26,7
	7.332.972	*1.873.327*	*750.235*	*1.087.579*	*981.454*	*2.640.377*
Lega Nord	4,1	9,6	9,0	1,5	0,2	0,2
	1.390.014	*885.214*	*383.994*	*94.796*	*7.059*	*18.951*
Fratelli d'Italia	2,0	1,8	1,3	1,7	3,0	2,0
	665.830	*168.734*	*57.154*	*110.702*	*130.345*	*198.895*
Altri di centro-destra	1,6	0,6	1,0	0,8	2,1	3,0
	534.034	*56.581*	*42.132*	*48.537*	*89.144*	*297.640*
Totale coalizione Berlusconi	**29,2**	**32,3**	**28,9**	**21,1**	**28,2**	**31,9**
	9.922.850	*2.983.856*	*1.233.515*	*1.341.614*	*1.208.002*	*3.155.863*

Scelta civica - con Monti per l'Italia	8,3	10,4	10,6	7,6	6,8	6,4
	2.824.065	*960.604*	*453.906*	*485.296*	*289.999*	*634.260*
Udc	1,8	1,1	1,4	1,2	1,6	3,0
	608.210	*105.511*	*61.100*	*78.646*	*66.493*	*296.460*
Fli	0,5	0,3	0,3	0,3	0,6	0,8
	159.332	*27.879*	*11.402*	*21.529*	*24.174*	*74.348*
Totale coalizione Monti	**10,6**	**11,9**	**12,3**	**9,2**	**8,9**	**10,2**
	3.591.607	*1.093.994*	*526.408*	*585.471*	*380.666*	*1.005.068*
Rivoluzione civile	2,3	1,8	1,5	2,3	2,7	2,8
	765.188	*162.721*	*63.408*	*145.089*	*117.002*	*276.968*
MoVimento 5 stelle	25,6	23,1	24,8	25,7	28,4	26,8
	8.689.458	*2.132.410*	*1.060.702*	*1.632.463*	*1.213.397*	*2.650.486*
Fare - per fermare il declino	1,1	1,7	2,0	1,1	0,7	0,4
	380.756	*156.497*	*85.899*	*70.991*	*31.004*	*36.365*
Altri	1,8	0,8	3,4	1,6	1,9	2,1
	604.857	*70.041*	*145.483*	*98.697*	*80.327*	*210.309*
Totale	*100*	*100*	*100*	*100*	*100*	*100*
	34.002.524	9.231.110	4.271.648	6.345.309	4.276.947	9.877.510

* Le aree geopolitiche sono così costruite: Nord Ovest (Piemonte, Lombardia, Liguria); Nord Est (Veneto, Trentino Alto Adige, Friuli Venezia Giulia); Zona rossa (Emilia Romagna, Toscana, Marche, Umbria); Centro Sud (Lazio, Abruzzo, Molise); Sud e Isole (Campania, Puglia, Basilicata, Calabria, Sicilia, Sardegna). Dalle elaborazioni sono esclusi la Circoscrizione Valle d'Aosta e il voto estero.

Fonte: Osservatorio elettorale LaPolis (Univ. di Urbino) su dati del Ministero dell'Interno.

Figura A.1. *Centro-sinistra (coalizione guidata da Bersani: Pd, Sel, altri): zone di forza - Elezioni politiche 2013 (v.a. e %)*

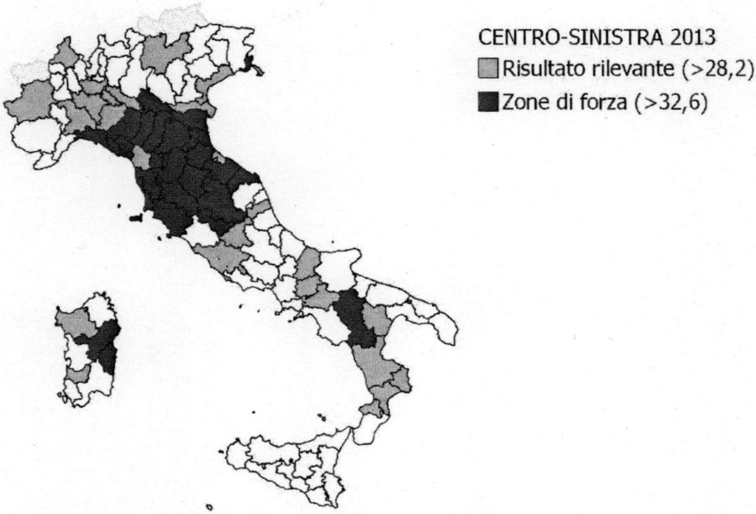

			Per area geo-politica	
Centro-sinistra	%	**29,6**	Nord Ovest	28,5
			Nord Est	27,1
	v.a.	**10.047.808**	Zona rossa	38,9
			Centro Sud	29,1
			Sud e Isole	25,7

Le prime 10 province		Le ultime 10 province	
Firenze	49,3	Catania	17,4
Siena	45,6	Trapani	18,4
Bologna	45,3	Verona	20,2
Reggio Emilia	44,1	Caltanissetta	21,0
Livorno	42,9	Vicenza	21,0
Ravenna	42,6	Treviso	21,5
Modena	42,1	Ragusa	21,6
Pisa	40,9	Palermo	21,7
Prato	40,5	Imperia	21,7
Arezzo	38,8	Barletta-Andria-Trani	22,4

Fonte: Osservatorio elettorale LaPolis (Univ. di Urbino) su dati del Ministero dell'Interno.

Figura A.2. *Centro-sinistra: differenza tra le coalizioni guidate da Bersani nel 2013 e Veltroni nel 2008 (in v.a. e punti %)*

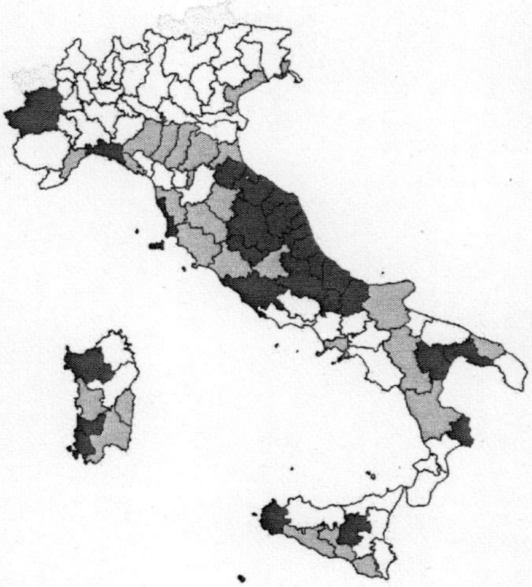

			Per area geo-politica	
Centro-sinistra	%	**-8,0**	Nord Ovest	-6,2
			Nord Est	-4,2
	v.a.	-3.641.522	Zona rossa	-10,3
			Centro Sud	-11,9
			Sud e Isole	-8,3

Le 10 province dove perde di più		**Le 10 province dove guadagna di più o perde di meno**	
Campobasso	-19,0	Lodi	-2,5
Teramo	-16,8	Sondrio	-2,6
Ancona	-15,8	Como	-2,6
Ascoli Piceno	-14,9	Brescia	-2,8
Fermo	-14,8	Pavia	-3,0
Pescara	-14,5	Messina	-3,0
Chieti	-14,4	Verbano-Cusio-Ossola	-3,1
Crotone	-14,4	Bergamo	-3,3
Pesaro-Urbino	-14,3	Cremona	-3,4
Macerata	-14,2	Lecco	-3,6

Fonte: Osservatorio elettorale LaPolis (Univ. di Urbino) su dati del Ministero dell'Interno.

Figura A.3. *Centro-destra (coalizione guidata da Berlusconi: Pdl, Lega Nord, altri): zone di forza - Elezioni politiche 2013 (v.a. e %)*

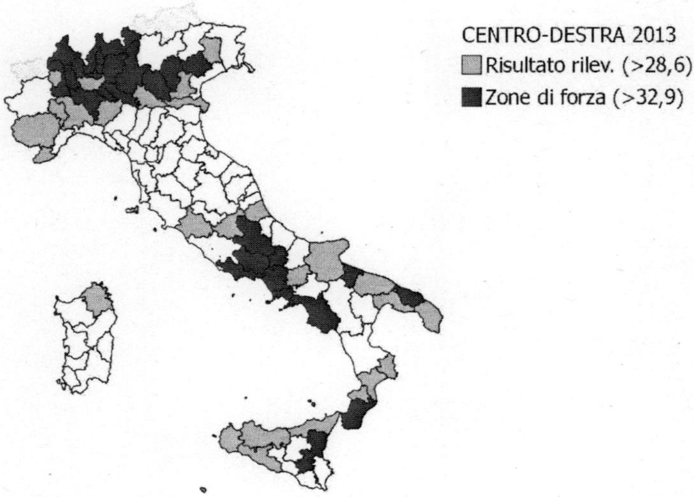

			Per area geo-politica	
Centro-destra	%	**29,2**	Nord Ovest	32,3
			Nord Est	28,9
	v.a.	9.922.850	Zona rossa	21,1
			Centro Sud	28,2
			Sud e Isole	31,9

Le prime 10 province		**Le ultime 10 province**	
Sondrio	43,6	Firenze	16,9
Como	41,3	Reggio Emilia	17,4
Bergamo	41,2	Ancona	18,0
Brescia	40,3	Siena	18,0
Varese	38,9	Bologna	18,0
Latina	38,5	Livorno	18,2
Caserta	38,3	Ravenna	18,7
Salerno	37,5	Pesaro-Urbino	19,6
Pavia	36,7	Nuoro	19,7
Verona	36,4	Modena	20,0

Fonte: Osservatorio elettorale LaPolis (Univ. di Urbino) su dati del Ministero dell'Interno.

Figura A.4. *Centro-destra: differenza tra le coalizioni guidate da Berlusconi nel 2013 e nel 2008 (in v.a. e punti %)*

			Per area geo-politica	
Centro-destra	%	**-17,6**	Nord Ovest	-19,4
			Nord Est	-21,1
	v.a.	-7.141.656	Zona rossa	-14,4
			Centro Sud	-15,3
			Sud e Isole	-17,4

Le 10 province dove perde di più		**Le 10 province dove guadagna di più o perde di meno**	
Catania	-28,4	Vibo Valentia	-10,0
Imperia	-26,9	Siena	-10,4
Treviso	-25,3	Teramo	-11,1
Caltanissetta	-25,2	Livorno	-11,2
Belluno	-25,2	Terni	-11,4
Trapani	-23,2	Firenze	-11,4
Vicenza	-23,1	Foggia	-11,4
Messina	-23,1	Crotone	-11,8
Verona	-22,9	Perugia	-12,0
Siracusa	-22,8	Potenza	-12,1

Fonte: Osservatorio elettorale LaPolis (Univ. di Urbino) su dati del Ministero dell'Interno.

Tabella A.2. *Il profilo sociale e politico del voto: genere (v. %)*

	Genere		*Tutti*
	Maschio	Femmina	
Pd	26,1	24,7	25,4
Sel	2,9	3,6	3,2
Altri di centro-sinistra	1,8	0,0	0,9
Totale coalizione Bersani	*30,8*	*28,2*	*29,6*
Pdl	18,9	24,4	21,6
Lega Nord	3,9	4,3	4,1
Altri di centro-destra	3,4	3,7	3,5
Totale coalizione Berlusconi	*26,2*	*32,3*	*29,2*
Scelta civica	7,8	8,8	8,3
Udc	1,3	2,3	1,8
Fli	0,7	0,3	0,5
Totale coalizione Monti	*9,8*	*11,4*	*10,6*
Rivoluzione civile	2,6	1,9	2,3
MoVimento 5 stelle	28,0	22,9	25,6
Fare - per fermare il declino	1,3	0,9	1,1
Altri	1,2	2,4	1,8

Fonte: Osservatorio elettorale LaPolis (Univ. di Urbino), febbraio-marzo 2013 (base: 3546 casi).

Tabella A.3. *Il profilo sociale e politico del voto: età (v. %)*

	Età						
	18-29	30-44	45-54	55-64	65 e più	Giovani al primo voto	*Tutti*
Pd	17,1	14,8	23,6	31,7	37,0	17,9	*25,4*
Sel	5,7	2,6	3,7	3,7	2,0	8,2	*3,2*
Altri di centro-sinistra	3,5	0,0	0,0	0,0	1,7	0,0	*0,9*
Totale coalizione Bersani	*26,3*	*17,4*	*27,2*	*35,3*	*40,8*	*26,1*	*29,6*
Pdl	13,4	23,8	20,5	17,7	26,6	12,1	*21,6*
Lega Nord	4,2	4,8	3,0	4,3	3,9	3,4	*4,1*
Altri di centro-destra	7,6	4,8	3,1	,6	2,4	9,1	*3,5*
Totale coalizione Berlusconi	*25,2*	*33,4*	*26,6*	*22,6*	*32,9*	*24,7*	*29,2*
Scelta civica	7,3	6,4	6,4	10,0	10,8	10,4	*8,3*
Udc	1,0	1,3	2,3	1,0	2,8	1,3	*1,8*
Fli	1,0	0,5	0,2	0,9	0,1	2,1	*0,5*
Totale coalizione Monti	*9,4*	*8,3*	*8,9*	*11,9*	*13,6*	*13,8*	*10,6*
Rivoluzione civile	2,3	2,0	3,3	2,0	2,0	2,0	*2,3*
MoVimento 5 stelle	31,6	36,2	30,6	25,3	9,0	30,5	*25,6*
Fare - per fermare il declino	1,2	1,1	1,5	1,5	0,6	0,9	*1,1*
Altri	3,9	1,7	1,8	1,3	1,1	2,1	*1,8*

Fonte: Osservatorio elettorale LaPolis (Univ. di Urbino), febbraio-marzo 2013 (base: 3546 casi).

Tabella A.4. *Il profilo sociale e politico del voto: livello d'istruzione (v. %)*

	Livello d'istruzione			*Tutti*
	Basso	Medio	Alto	
Pd	36,7	23,4	24,1	*25,4*
Sel	0,8	2,1	4,8	*3,2*
Altri di centro-sinistra	0,0	0,0	2,0	*0,9*
Totale coalizione Bersani	*37,6*	*25,5*	*30,9*	*29,6*
Pdl	23,7	25,7	17,4	*21,6*
Lega Nord	4,4	4,7	3,5	*4,1*
Altri di centro-destra	1,7	3,4	4,2	*3,5*
Totale coalizione Berlusconi	*29,8*	*33,8*	*25,1*	*29,2*
Scelta civica	7,3	7,7	9,1	*8,3*
Udc	3,6	1,1	1,9	*1,8*
Fli	0,0	0,9	0,2	*0,5*
Totale coalizione Monti	*10,9*	*9,7*	*11,2*	*10,6*
Rivoluzione civile	2,7	1,9	2,5	*2,3*
MoVimento 5 stelle	15,5	28,3	25,9	*25,6*
Fare - per fermare il declino	0,0	0,3	2,2	*1,1*
Altri	3,6	0,7	2,2	*1,8*

Fonte: Osservatorio elettorale LaPolis (Univ. di Urbino), febbraio-marzo 2013 (base: 3546 casi).

Figura A.5. *Posizionamento dei partiti rispetto all'asse sinistra-destra**

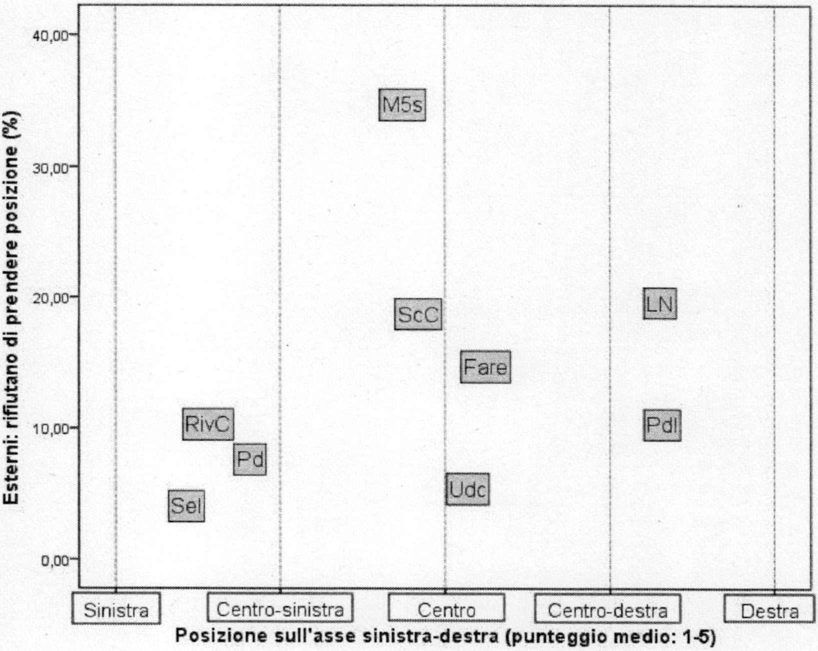

* Il posizionamento di ciascun partito rispetto all'asse sinistra-destra (ascisse) è stato calcolato attraverso il punteggio medio relativo all'auto-collocazione dei suoi elettori su una scala da 1 a 5, nella quale 1=sinistra, 2=centro-sinistra, 3=centro, 4=centro-destra, 5=destra. La quota degli esterni (ordinate) si riferisce, invece, alla percentuale di elettori che rifiuta di prendere posizione sull'asse sinistra-destra.

Fonte: Osservatorio elettorale LaPolis (Univ. di Urbino), febbraio-marzo 2013 (base: 3546 casi).

Tabella A.5. *Il profilo sociale e politico del voto: categoria socio-professionale (v. %)*

	Operaio	Tecnico, impiegato, dirigente, funzionario	Lavoratore autonomo, imprenditore
Pd	19,9	26,4	12,6
Sel	2,7	3,9	1,3
Altri di centro-sinistra	0,0	0,0	0,0
Totale coalizione Bersani	*22,7*	*30,3*	*13,9*
Pdl	22,8	14,0	24,6
Lega Nord	5,3	3,1	4,9
Altri di centro-destra	2,5	5,5	2,9
Totale coalizione Berlusconi	*30,6*	*22,7*	*32,4*
Scelta civica	1,4	9,6	7,8
Udc	0,4	2,5	0,7
Fli	1,0	0,3	0,0
Totale coalizione Monti	*2,9*	*12,4*	*8,5*
Rivoluzione civile	3,6	2,7	0,4
MoVimento 5 stelle	38,4	27,2	44,3
Fare - per fermare il declino	0,6	1,7	0,6
Altri	1,3	3,0	0,0

* I lavoratori dipendenti (operai, tecnici, impiegati, dirigenti, funzionari) sono stati disaggregati in base al settore di appartenenza.

Fonte: Osservatorio elettorale LaPolis (Univ. di Urbino), febbraio-marzo 2013 (base: 3546 casi).

Categoria socio-professionale							
Libero professionista	Studente	Casalinga	Disoccupato	Pensionato	Lav. dipendente pubblico*	Lav. dipendente privato*	*Tutti*
25,6	17,1	19,1	13,1	37,1	26,7	21,9	*25,4*
5,4	6,6	1,3	6,6	2,5	4,0	3,1	*3,2*
0,0	7,0	0,0	0,0	1,5	0,0	0,0	*0,9*
31,0	*30,7*	*20,4*	*19,8*	*41,0*	*30,7*	*25,0*	*29,6*
14,1	9,5	32,6	26,5	21,5	16,1	18,6	*21,6*
1,7	3,1	3,3	1,4	5,5	3,8	4,2	*4,1*
0,0	9,4	3,7	3,2	2,1	4,9	3,8	*3,5*
15,8	*22,0*	*39,7*	*31,1*	*29,0*	*24,8*	*26,7*	*29,2*
12,2	10,3	7,1	4,6	11,2	5,6	6,5	*8,3*
0,4	1,8	2,4	1,0	2,2	2,0	1,4	*1,8*
0,0	1,9	0,0	0,1	0,5	0,2	0,8	*0,5*
12,6	*14,1*	*9,5*	*5,8*	*13,9*	*7,8*	*8,8*	*10,6*
3,2	2,6	1,5	1,2	2,3	3,5	2,8	*2,3*
32,4	27,8	24,4	40,0	11,8	28,8	33,8	*25,6*
3,8	1,9	0,5	0,6	1,1	0,9	1,4	*1,1*
1,2	0,9	4,0	1,7	0,9	3,5	1,6	*1,8*

Tabella A.6. *Il profilo sociale e politico del voto: pratica religiosa (v. %)*

	Pratica religiosa			*Tutti*
	Non praticanti	Saltuari	Assidui	
Pd	24,2	26,8	23,9	*25,4*
Sel	5,5	3,1	2,1	*3,2*
Altri di centro-sinistra	2,6	0,9	0,0	*0,9*
Totale coalizione Bersani	*32,3*	*30,8*	*26,0*	*29,6*
Pdl	17,5	19,9	26,8	*21,6*
Lega Nord	2,9	4,4	4,3	*4,1*
Altri di centro-destra	1,5	4,5	3,2	*3,5*
Totale coalizione Berlusconi	*21,9*	*28,8*	*34,2*	*29,2*
Scelta civica	6,0	6,7	12,2	*8,3*
Udc	1,2	1,3	2,9	*1,8*
Fli	0,1	0,4	0,8	*0,5*
Totale coalizione Monti	*7,4*	*8,4*	*15,9*	*10,6*
Rivoluzione civile	4,4	2,0	1,4	*2,3*
MoVimento 5 stelle	32,5	27,3	18,3	*25,6*
Fare - per fermare il declino	1,0	1,4	0,7	*1,1*
Altri	0,5	1,2	3,5	*1,8*

Fonte: Osservatorio elettorale LaPolis (Univ. di Urbino), febbraio-marzo 2013 (base: 3546 casi).

Tabella A.7. *Voto alle Politiche 2008 in base al comportamento di voto alle Politiche 2013 (v. %)*

	Voto Politiche 2013									
	Riv. civile	Pd	Sel	Scelta civica	Udc	Pdl	Lega Nord	M5s	Altri	Astenuti
Voto Politiche 2008										
Sinistra arcobaleno	27	1	16	0	0	0	1	2	1	2
Partito democratico	23	78	50	27	8	2	1	26	14	11
Italia dei valori	18	2	7	4	0	0	1	8	2	1
Udc	0	1	0	12	42	1	0	2	1	3
Popolo della libertà	1	4	3	26	23	81	30	26	39	20
Lega Nord	0	1	1	5	6	4	47	6	7	3
Altro partito	15	2	3	4	2	1	3	2	17	3
Non avevano l'età per votare	8	4	15	9	8	4	6	8	10	4
Astenuti e reticenti	8	7	6	13	10	7	11	20	9	53
Totale	*100*	*100*	*100*	*100*	*100*	*100*	*100*	*100*	*100*	*100*
N. casi	74	934	107	256	48	390	88	525	107	535

Fonte: Osservatorio elettorale LaPolis (Univ. di Urbino), febbraio-marzo 2013 (base: 3546 casi).

Tabella A.8. *Voto alle Politiche 2013 in base al comportamento di voto alle Politiche 2008 (v. %)*

	Voto Politiche 2013											
	Riv. civile	Pd	Sel	Scelta civica	Udc	Pdl	Lega Nord	M5s	Altri	Astenuti	*Totale*	Freq. non pesate
Voto Politiche 2008												
Sinistra arcobaleno	25	13	22	1	0	0	2	16	3	18	*100*	70
Partito democratico	1	57	5	6	0	1	0	19	4	7	*100*	1089
Italia dei valori	10	15	6	9	0	0	1	51	3	5	*100*	103
Udc	0	8	0	30	23	3	0	16	3	17	*100*	89
Popolo della libertà	0	3	0	6	1	49	3	18	8	11	*100*	746
Lega Nord	0	3	1	7	2	15	31	25	7	10	*100*	139
Altro partito	9	14	2	7	1	5	3	13	29	17	*100*	94
Non avevano l'età per votare	2	15	7	9	2	12	3	27	11	12	*100*	184
Astenuti e reticenti	1	7	1	5	1	7	2	22	5	50	*100*	550

Fonte: Osservatorio elettorale LaPolis (Univ. di Urbino), febbraio-marzo 2013 (base: 3546 casi).

Riferimenti bibliografici

Agosta, A. e D'Amelio, N.
2007 *«Cosa, se...»: uso delle simulazioni e rendimento dei sistemi elettorali*, in R. Gritti e M. Morcellini (a cura di), *Elezioni senza precedenti*, Franco Angeli, Milano, pp. 103-130.

Alagna, L.
2013 *Quanti sono gli elettori italiani su Twitter?*, http://www.stilografico.com/2013/02/18/quanti-sono-gli-elettori-italiani-su-twitter/.

Annunziata, L.
2011 *Casa Bianca, sfida alla delusione*, «La Stampa», 31 dicembre.

Baccetti, C.
2007 *I postdemocristiani*, Il Mulino, Bologna.

Bagnasco, A.
1977 *Tre italie. La problematica territoriale dello sviluppo italiano*, Il Mulino, Bologna.

Baldassarri, D.
2007 *Sinistra e destra: la dimensione ideologica tra Prima e Seconda Repubblica*, in M. Maraffi (a cura di), *Gli italiani e la politica*, Il Mulino, Bologna, pp. 105-130.

Bardi, L., Ignazi, P. e Massari, O. (a cura di)
2007 *I partiti italiani. Iscritti, dirigenti, eletti*, Egea - UBE, Milano.

Barisione, M.
2006 *L'immagine del leader. Quanto conta per gli elettori?*, Il Mulino, Bologna.

Barisione, M., Catellani, P. e De Sio, L.
2010 *La scelta degli indecisi*, in P. Bellucci e P. Segatti (2010, pp. 359-389).

Bassanini, F.
2007 *Riforma elettorale, riforma costituzionale e qualità del bipolarismo italiano*, in *ASTRID, La riforma elettorale*, Passigli Editori, Firenze, pp. 17-34.

Bellucci, P.
2013 *Elettori indecisi? Sì perché (in parte) colti e programmatici*, in «Paradoxa», 1, pp. 39-50.

Bellucci, P., Garzia, D. e Lewis-Beck, M.S.
2013 *Issues and Leaders as Vote Determinants. The case of Italy*, in «Party Politics» (DOI: 10.1177/1354068812472583).

Bellucci, P. e Segatti, P. (a cura di)
2010 *Votare in Italia 1968-2008: dall'appartenenza alla scelta*, Il Mulino, Bologna.

Bellucci, P., Segatti, P., Schadee H.M.A. e Barisione, M.
2010 *Decidere sui temi, sulla competenza dei partiti e dei leader: i fattori di medio periodo*, in P. Bellucci e P. Segatti (2010, pp. 289-327).

Bentivegna, S.
2006 *Campagne elettorali in rete*, Laterza, Roma-Bari.

Bentivegna, S. (a cura di)
2012 *Parlamento 2.0. Strategie di comunicazione politica in internet*, Franco Angeli, Milano.

Berselli, E.
2007 *L'ideologia del forza leghismo*, «la Repubblica», 20 agosto.

Berselli, E.
2009 *Prefazione*, in G. Salvaggiulo, *Flop. Breve ma veritiera storia del Partito Democratico*, Aliberti Castelvecchi, Roma.

Biorcio, R.
1997 *La Padania promessa. La storia, le idee e la logica d'azione della Lega Nord*, Il Saggiatore, Milano.

Biorcio, R.
2008 *La strategia dei principali partiti e la risposta degli elettori*, in Itanes (2008, pp. 109-122).

Biorcio, R.
2010 *La rivincita del Nord. La Lega dalla contestazione al governo*, Laterza, Roma-Bari.

Biorcio, R. e Diamanti, I.
1987 *La scelta di voto: dal risultato all'attore sociale. Appunti per una rilettura del comportamento elettorale in Italia*, in «Quaderni dell'Osservatorio elettorale», 19, pp. 43-86.

Biorcio, R. e Natale, P.
2013 *Politica a 5 stelle. Idee, storia e strategie del movimento di Grillo*, Feltrinelli, Milano.

Boccia Artieri, G.
2012 *Stati di connessione. Pubblici, cittadini e consumatori nella (social) network society*, Franco Angeli, Milano.

Bordignon, F.
2011 *Elettori che seguono un leader, leader che (in)seguono Berlusconi*, paper presentato al XXV Convegno Annuale SISP – Società Italiana di Scienze Politiche, Palermo, 8-10 settembre.

Bordignon, F. e Ceccarini, L.
2012 *5 Stelle, un autobus in movimento*, in «il Mulino», n. 5, pp. 808-816.

Bordignon, F. e Ceccarini, L.
2013[a] *Five Stars and a Cricket. Beppe Grillo Shakes Italian Politics*, in «South European Society and Politics» (DOI:10.1080/13608746.2013.775720).

Bordignon, F. e Ceccarini, L.
2013[b] *Tra protesta e proposta, tra leader e partito. Pensare il MoVimento 5 Stelle*, in «Comunicazione Politica», n. 1, pp. 63-83.

Bordignon, F. e Ceccarini, L.
2013[c] *Grillo e la democrazia del «pubblico». Tra piazza e meetup*, in «Dialoghi», 2 (in corso di stampa).

Bordignon, F. e Porcellato, N.
2008 *Forza Italia, Lega e Forza-Leghismo: coerenza e concorrenza del mercato elettorale nordista*, Convegno annuale SISP (Società italiana di Scienza politica), Pavia, 4-6 settembre.

Caciagli, M.
2002 *Come votano le donne*, in M. Caciagli e P. Corbetta (a cura di), *Le ragioni dell'elettore. Perché ha vinto il centro-destra nelle elezioni italiane del 2011*, Il Mulino, Bologna, pp. 113-137.

Caciagli, M. e Nuvoli, P.
1990 *Il partito del non voto*, in Caciagli, M. e Spreafico, A. (1990, pp. 223-257).

Caciagli, M. e Scaramozzino, P.
1983 *Il voto di chi non vota: l'astensionismo elettorale in Italia e in Europa*, Edizioni di Comunità, Milano.

Caciagli, M. e Spreafico, A. (a cura di)
1990 *Vent'anni di elezioni in Italia. 1968-1987*, Liviana Editrice, Padova.

Calise, M.
2010 *Il partito personale. I due corpi del leader*, Laterza, Roma-Bari.

Camatarri, S.
2013 *Tra destra e sinistra. Un'analisi sull'autocollocazione politica degli elettori a 5 stelle*, in Atti del XI Convegno Internazionale SISE – Società

Italiana di Studi Elettorali, *Sondaggi ed elezioni. Le regole del gioco e della comunicazione*, Pordenone 13-14 marzo 2013, SISE (www.studielettorali.it).

Campo, P.
2013 *Se Sparta è di stanza al Nazareno*, http://www.europaquotidiano.it/2013/01/25/se-sparta-e-di-stanza-al-nazareno/.

Campus, D.
2000 *L'elettore pigro. Informazione politica e scelta di voto*, Il Mulino, Bologna.

Cartocci, R. e Corbetta, P.
2001 *Ventenni contro*, in «Il Mulino», n. 5, pp. 861-870.

Ceccarini, L.
2008 *La fine della questione cattolica?*, in Itanes (2008, pp. 123-135).

Ceccarini, L.
2013 *Non solo Tv. La rete e le relazioni personali*, in «Paradoxa», 1, pp. 22-38.

Ceccarini, L. e Diamanti, I.
2013 *The Election Campaign and the «Last Minute» Deciders*, in S. Fabbrini e M. Lazar (2013, in corso di stampa).

Ceccarini, L., Diamanti, I. e Lazar, M.
2012 *Fine di un ciclo: la destrutturazione del sistema partitico italiano*, in A. Bosco e D. McDonnell, *Politica in Italia. I fatti dell'anno e le interpretazioni. Edizione 2012*, Il Mulino, Bologna, pp. 63-82.

Ceccarini, L. e Di Pierdomenico, M.
2010 *Info-nauti. Cittadini in rete*, in «Comunicazione Politica», n. 3, pp. 63-83.

Ceccarini, L. e Di Pierdomenico, M.
2013 *Navigo, m'informo, discuto di politica: così Demos racconta i cittadini 2.0*, http://www.repubblica.it, 7 gennaio.

Chiaramonte, A.
2008 *Dal bipolarismo frammentato al bipolarismo limitato? Evoluzione del sistema politico italiano*, in R. D'Alimonte e A. Chiaramonte (2008, pp. 203-228).

Chiusi, F.
2013 *Elezioni 2013: non ha vinto Internet, abbiamo perso noi*, http://www.valigiablu.it/elezioni-2013-non-ha-vinto-internet-abbiamo-perso-noi/.

ComPol (a cura di)
2004 *Il grande comunicatore. Dieci anni di Berlusconi sulla ribalta politica*, in «Comunicazione Politica», n. 1, pp. 5-189.

Corbetta, P. e Ceccarini, L.
2010 *Le variabili socio-demografiche: generazione, genere, istruzione e famiglia*, in P. Bellucci e P. Segatti (2010, pp. 83-148).

Corbetta, P. e Gasperoni, G. (a cura di)
2007 *I sondaggi politici nelle democrazie contemporanee*, Il Mulino, Bologna.

Corbetta, P. e Gualmini, E. (a cura di)
2013 *Il partito di Grillo*, Il Mulino, Bologna.

Cosenza, V.
2013 *Servizio Pubblico: record anche su Twitter, ma a che prezzo?*, http://vincos.it/2013/01/11/servizio-pubblico-record-anche-su-twitter-ma-a-che-prezzo/.

Dahlgren, P.
2009 *Media and Political Engagement. Citizens, Communication and Democracy*, Cambridge University Press, Cambridge-New York.

D'Alimonte, R.
2013 *Il Pd paga il prezzo della sconfitta al voto*, in «Il Sole 24Ore», 21 aprile.

D'Alimonte, R. e Chiaramonte, A. (a cura di)
2008 *Proporzionale se vi pare*, Il Mulino, Bologna.

D'Alimonte, R. e Fusaro, C.
2008 *La legislazione elettorale italiana. Come cambiarla e perché*, Il Mulino, Bologna.

De Sio, L.
2008 *Il secondo motore del cambiamento: i flussi elettorali*, in Itanes (2008, pp. 57-70).

Diamanti, I.
1995 *La Lega. Geografia, storia e sociologia di un nuovo soggetto politico*, Donzelli, Roma.

Diamanti, I.
1996 *Il male del Nord. Lega, localismo, secessione*, Donzelli, Roma.

Diamanti, I.
2009 *Mappe dell'Italia politica. Bianco, rosso, verde, azzurro... e tricolore*, Bologna, Il Mulino.

Diamanti, I.
2010 *Populismo: una definizione indefinita per eccesso di definizioni*, in «Italianieuropei» 4, 2010, pp. 168-175.

Diamanti, I.
2013ª *Una mappa della crisi della democrazia rappresentativa*, in «Comunicazione Politica», 1, pp. 3-16.

Diamanti, I.
2013[b] *Il presidenzialismo preterintenzionale*, in «la Repubblica», 15 aprile.

Diamanti, I. e Mannheimer, R.
1994 *Milano a Roma. Guida all'Italia elettorale del 1994*, Donzelli, Roma.

Diamanti, I. e Natale P. (a cura di)
2013 *Grillo e il MoVimento 5 Stelle. Analisi di un «fenomeno» politico. Numero monografico*, in «Comunicazione Politica», 1, pp. 3-124.

Diamanti, I. e Riccamboni, G.
1992 *La parabola del voto bianco: elezioni e società in Veneto: 1946-1992*, Neri Pozza, Vicenza.

Di Corinto, A.
2013 *Integrazione, comunità e leader: i partiti e le prime elezioni virtuali*, http://www.repubblica.it/politica/2013/02/09/news/integrazione_comunit_e_leader_i_partiti_e_le_prime_elezioni_virtuali-52224990/.

Di Gregorio, L.
2010 *Election*, in M. Calise e T.J. Lowi (a cura di), *Hyperpolitics. An Interactive Dictionary of Political Science Concepts*, University of Chicago Press, Chicago.

Di Virgilio, A.
2008 *Cambiare strategia a regole invariate*, in D'Alimonte e Chiaramonte (2008, pp. 33-73).

Draghi, S.
1997 *Il sondaggio come profezia*, in P. Ceri (a cura di) *Politiche e sondaggi*, Rosenberg & Sellier, Torino 1997, pp. 171-188.

Duverger, M.
1951 *Les partis politiques*, Armand Colin, Parigi, trad. it. (1961), *I partiti politici*, Edizioni di Comunità, Milano.

Fabbrini, S. e Lazar, M. (a cura di)
2013 *The General Election of February 2013* in «Contemporary Italian Politics», Special issue, n. 2 (in corso di stampa).

Fedel, G.
2003 *Parola mia. La retorica di Silvio Berlusconi*, in «il Mulino», n. 3, pp. 463-473.

Gesualdi, A.
2013 *Italiae*, Centro Studi sulle Istituzioni, Padova (in corso di stampa).

Habermas, J.
1962 *Strukturwandel der Öffentlichkeit, Untersuchungen zu einer Kategorie der bürgerlichen Gesellschaft*, Luchterhand, Darmstadt; trad. it. (2005), *Storia e critica dell'opinione pubblica*, Laterza, Roma-Bari.

Habermas, J.
1992 *Faktizität und Geltung, Beiträge zur Diskurstheorie des Rechts und des demokratischen Rechtsstats*, Suhrkamp, Frankfurt/Main; trad. it. (1997), *Fatti e norme. Contributi a una teoria discorsiva del diritto e della democrazia*, Guerini e Associati, Milano.

Ignazi, P.
1994 *Postfascisti? Dal Movimento Sociale ad Alleanza Nazionale*, Bologna, Il Mulino.

Ignazi, P.
2012 *Forza senza legittimità. Il vicolo cieco dei partiti*, Laterza, Roma-Bari.

Itanes (a cura di)
2008 *Il ritorno di Berlusconi. Vincitori e vinti nelle elezioni del 2008*, Il Mulino, Bologna.

Jenkins, H.
2006 *Convergence Culture: Where Old and New Media Collide*, New York University Press, New York.

Katz, R. e Mair, P. (a cura di)
1994 *How Parties Organize. Change and Adaptation in Party Organization in Western Democracies*, Sage, London.

Keane, J.
2009 *The Life and Death of Democracy*, Norton & Co., New York.

Kirchheimer, O.
1966 *The Transformation of the Western European Party System*, in J. La Palombara e M. Weiner (a cura di), *Political Parties and Political Development*, Princeton University Press, Princeton, pp. 177-200.

Legnante, G. e Baldassarri, D.
2010 *Campagne elettorali e mediazione sociale: esposizione ai media e relazioni interpersonali*, in P. Bellucci e P. Segatti (2010, pp. 249-288).

Lovari, A. e Masini, M. (a cura di)
2008 *Comunicazione pubblica 2.0. Strumenti, linguaggi, formati*, Franco Angeli, Milano.

Manin, B.
1997 *The Principles of Reprensentative Government*, Cambridge University Press, Cambridge-New York, trad. it. (2010), *Principi del governo rappresentativo*, Il Mulino, Bologna.

Mannheimer, R. e Sani, G.
2001 *La conquista degli astenuti*, Il Mulino, Bologna.

Mastropaolo. A.
2000 *Antipolitica. All'origine della crisi italiana*, L'ancora del Mediterraneo, Napoli.

Mastropaolo, A.
2011 *La democrazia è una causa persa?*, Bollati Boringhieri, Torino.

Mazzoleni, G. e Sfardini, A.
2009 *Politica Pop. Da «Porta a Porta» a «L'isola dei famosi»*, Il Mulino, Bologna.

Mitchell, A. e Hitlin, P.
2013 *Twitter Reaction to Events Often at Odds with Overall Public Opinion*, http://www.pewresearch.org/2013/03/04/twitter-reaction-to-events-often-at-odds-with-overall-public-opinion/.

Morlino, L.
2011 *Changes for Democracy. Actors, Structures, Processes*, Oxford University Press, Oxford-New York.

Morlino, L. e Tarchi, M. (a cura di)
2006 *Partiti e caso italiano*, Il Mulino, Bologna.

Mosca, L. e Vaccari, C. (a cura di)
2011 *Nuovi media, nuova politica?*, Franco Angeli, Milano.

Natale, P.
2002 *Una fedeltà leggera: i movimenti di voto nella seconda repubblica*, in D'Alimonte R. e Bartolini S. (a cura di), *Maggioritario finalmente? La transizione elettorale (1994-2001)*, Il Mulino, Bologna.

Natale, P.
2009 *Attenti al sondaggio*, Laterza, Roma-Bari.

Nizzoli, A.
2012 *Il Grillo «silente». La comunicazione del Movimento 5 Stelle nelle Amministrative 2012*, in «Comunicazione Politica», n. 3.

Nizzoli, A.
2013 *Da Grillo «silente» a Grillo «silenziatore». La comunicazione del Movimento 5 Stelle dopo le Amministrative 2012*, in «Comunicazione Politica», n. 1.

Norris, P. (a cura di)
1999 *Critical Citizens. Global Support for Democratic Government*, Oxford University Press, Oxford-New York.

Norris, P.
2001 *Digital Divide: Civic Engagement, Information Poverty and the Internet Worldwide*, Cambridge University Press, Cambridge-New York.

Pagnoncelli, N.
2006[a] *I sondaggi della politica e la politica dei sondaggi*, in C. Bosio (a cura di), *Esplorare il cambiamento sociale*, Franco Angeli, Milano.

Pagnoncelli, N.
2006[b] *Tu vuo' fa l'americano; cronistoria e analisi del sondaggio PSB*, in R. Mannheimer e P. Natale (a cura di), *L'Italia a metà*, Cairo Editore, Milano.

Pagnoncelli, N.
2008[a] *Sondaggi e cortocircuito dei Media*, in R. Mannheimer e P. Natale (a cura di), *Senza più Sinistra*, «Il Sole 24Ore», Milano.

Pagnoncelli, N.
2008[b] *Exit Polls: la tentazione di dire basta*, in «Vita e Pensiero», n. 5.

Pagnoncelli, N.
2010 *Le difficoltà dei sondaggi politici*, in «Studi di Sociologia», n. 3-4.

Panebianco, A.
1982 *Modelli di Partito. Organizzazione e potere nei partiti politici*, Il Mulino, Bologna.

Parisi, A.M.L. (a cura di)
1980 *Mobilità senza movimento. Le elezioni del 3 giugno 1979*, Il Mulino, Bologna.

Parisi, A.M.L. e Pasquino, G.
1977 *Relazioni partiti-elettori e tipi di voto*, in A.M.L. Parisi e G. Pasquino (a cura di), *Continuità e mutamento elettorale in Italia*, Il Mulino, Bologna, pp. 215-249.

Pasquino, G.
2013 *Finale di partita. Tramonto di una Repubblica*, Egea - UBE, Milano.

Passarelli, G. e Tuorto, D.
2012 *Lega & Padania. Storie e luoghi delle Camicie verdi*, Il Mulino, Bologna.

Pazzaglia, A.
2012 *Il leader di sinistra. La personalizzazione della politica nel caso di Nichi Vendola*, Tesi di laurea magistrale, Facoltà di Scienze politiche, Università degli studi di Urbino Carlo Bo.

Poguntke, T. e Webb, P. (a cura di)
2005 *The Presidentialization of Politics. A Comparative Study of Modern Democracies*, Oxford University Press, Oxford-New York.

Poli, E.
2001 *Forza Italia. Strutture, leadership e radicamento territoriale*, Il Mulino, Bologna.

Ramella, F.
2005 *Cuore rosso? Viaggio politico nell'Italia di mezzo*, Donzelli, Roma.

Revelli, M.
2013 *Finale di partito*, Einaudi, Torino.

Rosanvallon, P.
2008 *Counter-Democracy: Politics in an Age of Distrust*, Cambridge University Press, Cambridge-New York, trad. it. (2012), *Controdemocrazia. La politica nell'era della sfiducia*, Castelvecchi, Roma.

Sani, G.
2006 *I sondaggi? Bene, nonostante l'indecisione, i rifiuti, le reticenze e le bugie* in R. Mannheimer e P. Natale (a cura di), *L'Italia a metà*, Cairo Editore, Milano.

Sani, G.
2007 *«Civis italicus». Il mosaico della cultura politica italiana*, in M. Maraffi (a cura di) 2007, *Gli italiani e la politica*, Il Mulino, Bologna, pp. 297-311.

Sartori, G.
2002 *Homo videns. Televisione e post-pensiero*, Laterza, Roma-Bari.

Sartori, G.
2009 *Il sultanato*, Laterza, Roma-Bari.

Schudson, M.
1988 *The Good Citizen: A History of American Civic Life*, The Free Press, New York.

Securo, A.
2012 *L'elettorato della Lega Nord: popolo o comunità di interessi?*, Tesi di laurea magistrale, Facoltà di Scienze politiche, Università degli studi di Urbino Carlo Bo.

Tarchi, M.
1997 *Dal MSI ad AN. Organizzazione e strategia*, Il Mulino, Bologna.

Trigilia, C.
1986 *Grandi partiti e piccole imprese*, Il Mulino, Bologna.

Tuorto, D.
2010 *La partecipazione al voto*, in P. Bellucci e P. Segatti (2010, pp. 53-79).

Vaccari, C.
2012 *La politica online*, Il Mulino, Bologna.

Verzichelli, L.
2010 *Vivere di politica. Come (non) cambiano le carriere politiche in Italia*, Il Mulino, Bologna.

Nota di metodo

I materiali presentati nelle prime due sezioni di questo volume utilizzano i risultati delle analisi condotte dal gruppo di lavoro dall'Osservatorio elettorale di *LaPolis – Laboratorio di studi politici e sociali* dell'Università di Urbino Carlo Bo – sulle elezioni politiche del 24-25 febbraio 2013. La terza sezione propone, invece, approfondimenti su questioni specifiche prodotti da esperti del settore, che hanno contribuito a questo progetto arricchendolo di dati e informazioni provenienti dai rispettivi «osservatori».

Le analisi dell'Osservatorio elettorale di LaPolis, curate da Ilvo Diamanti, Fabio Bordignon e Luigi Ceccarini, sono state realizzate da un gruppo di lavoro composto da Ludovico Gardani, Andrea Girometti, Alex Pazzaglia, Alice Securo e Fabio Turato. Martina Di Pierdomenico, oltre ad aver svolto gran parte delle elaborazioni statistiche, ha predisposto l'apparato grafico e tabellare del volume.

La ricerca fa riferimento a due distinte basi dati.

1) Per le analisi di tipo ecologico, svolte su dati aggregati a livello provinciale, sono stati utilizzati i risultati conseguiti da ciascuna lista (e coalizione) alle Politiche del febbraio 2013 (Camera dei deputati e Senato della Repubblica), forniti dal Ministero dell'Interno. Le rappresentazioni cartografiche propongono, nella maggior parte dei casi, la distribuzione della variabile in oggetto in base ai quartili: le province italiane sono state cioè suddivise in quattro gruppi, di uguale numerosità, a partire dalla distribuzione ordinata di ciascuna grandezza considerata. Fatte salve le tavole generali contenute nel capitolo 1 (tabb. 1.1 e 1.2), le analisi si concentrano sui risultati relativi alla Camera dei deputati e al solo territorio nazionale, esclusa la regione Valle d'Aosta. Le mappe (e le graduatorie dei contesti provinciali) non includono, inoltre, la provincia di Bolzano: le analisi si fondano quindi, in questo caso, su 108 unità territoriali, come viene specificato in nota alle rappresentazioni grafiche e tabellari. Le differenze rispetto alle precedenti elezioni politiche del 2008 sono proposte sia in valori

assoluti sia come scarto percentuale, ma le analisi cartografiche fanno riferimento esclusivamente alla seconda misura. La scelta di lavorare sugli scarti in punti percentuali presenta dei limiti, in quanto tende a mettere in primo piano le zone di forza di ciascun soggetto politico. Essa consente, tuttavia, di sottolineare gli scostamenti di entità più rilevante in quanto ad incidenza sul totale dei voti espressi.

2) Per le analisi di tipo demoscopico, basate su dati individuali, si è fatto ricorso a due distinte inchieste campionarie, pre e post-elettorale, progettate e curate da LaPolis.

a. L'indagine pre-elettorale si basa su una rilevazione svolta con metodo Cati (*Computer assisted telephone interviewing*), nei giorni 19-21 febbraio 2013, ed è stata effettuata dalla società demoscopica Demetra. Il campione nazionale, di 1.009 unità (rifiuti/sostituzioni 5.916), è tratto dall'elenco degli abbonati alla telefonia fissa. Esso è rappresentativo per i caratteri socio-demografici e la distribuzione territoriale della popolazione italiana di età pari o superiore ai 18 anni (margine di errore 3,1%).

b. L'indagine post-elettorale, realizzata con lo stesso metodo di rilevazione del sondaggio pre-elettorale e dalla stessa società demoscopica, si è svolta nei giorni 13-18 marzo 2013. Il campione nazionale, il cui disegno campionario riproduce la strategia seguita nell'indagine pre-elettorale (margine di errore 2,5%), è composto da 1.528 unità (rifiuti/sostituzioni 9.860).

La distribuzione del voto per categoria sociale, demografica e i flussi elettorali sono stati calcolati utilizzando un file cumulato di tre inchieste campionarie realizzate a ridosso del voto, per una numerosità complessiva di 3.546 casi. I dati sono stati ponderati in base al voto dichiarato, in riferimento alle elezioni politiche 2013, al fine di ricondurre la distribuzione della variabile «voto 2013» al reale esito delle consultazioni. Tali analisi fanno riferimento al territorio nazionale, esclusa la regione Valle d'Aosta. Nello specifico, le tre matrici-dati cumulate provengono da:

- indagine pre-elettorale LaPolis (vedi punto a);
- indagine post-elettorale LaPolis (vedi punto b);
- indagine del 37° *Atlante Politico* di Demos & Pi.

Quest'ultima indagine, progettata e curata da Demos & Pi, si basa su una rilevazione svolta con metodo Cati, nei giorni 4-6 febbraio 2013, ed è stata anch'essa effettuata dalla società demoscopica Demetra. Il campione nazionale, di 1.009 unità (rifiuti/sostituzioni 4.486), si basa sullo stesso disegno delle altre rilevazioni demoscopiche considerate. L'*Atlante Politico* è curato da Ilvo Diamanti, Roberto Biorcio e Fabio Bordignon, con la collaborazione di Martina Di Pierdomenico.

Analisi aggiuntive e ulteriori approfondimenti, rispetto ai materiali presentati in questo volume, sono disponibili su www.demos.it.

Legenda

Le principali sigle di partito utilizzate nel libro

Riv. civile	Rivoluzione civile
Sel	Sinistra ecologia e libertà
Pd	Partito democratico
Cd	Centro democratico
Udc	Unione di centro
Sc	Scelta civica – con Monti per l'Italia
Fli	Futuro e libertà
Pdl	Popolo della libertà
FdIt	Fratelli d'Italia
M5s	MoVimento 5 stelle

Composizione delle aree geo-politiche

Nord Ovest	Piemonte, Lombardia, Liguria
Nord Est	Veneto, Trentino-Alto Adige, Friuli-Venezia Giulia
Zona rossa	Emilia-Romagna, Toscana, Marche, Umbria
Centro Sud	Lazio, Abruzzo, Molise
Sud e Isole	Campania, Puglia, Basilicata, Calabria, Sicilia, Sardegna

Nota: I consuntivi per area geo-politica si basano sui dati relativi al voto sul territorio nazionale, con l'esclusione della regione Valle d'Aosta.

Gli autori

Roberto Biorcio insegna Scienza politica e Sociologia dei fenomeni politici all'Università di Milano Bicocca. È membro del gruppo di lavoro Itanes e collabora alle attività di ricerca di Demos & Pi.

Giovanni Boccia Artieri insegna Sociologia dei new media e Internet Studies all'Università di Urbino Carlo Bo, dove è vicedirettore del LaRiCA - Laboratorio di Ricerca sulla Comunicazione Avanzata.

Fabio Bordignon insegna Metodologia della ricerca sociale e politica all'Università di Urbino Carlo Bo, dove coordina le attività dell'Osservatorio elettorale LaPolis. È ricercatore di Demos & Pi.

Luigi Ceccarini insegna Scienza politica all'Università di Urbino Carlo Bo, dove coordina le attività di ricerca di LaPolis. È membro del comitato scientifico della Società Italiana di Studi Elettorali e del gruppo di lavoro Itanes. È ricercatore di Demos & Pi.

Nicola D'Amelio, Ministero dell'Interno-Servizi elettorali. Insegna Sociologia politica all'Università di Urbino Carlo Bo. È membro del comitato scientifico della Società Italiana di Studi Elettorali.

Ilvo Diamanti è professore di Governo e comunicazione politica all'Università di Urbino Carlo Bo, dove dirige LaPolis. Insegna Régimes politiques comparés all'Università Paris II, Panthéon-Assas. È presidente della Società Italiana di Studi Elettorali e direttore scientifico di Demos & Pi. È editorialista del quotidiano «la Repubblica».

Martina Di Pierdomenico svolge attività di ricerca presso LaPolis dell'Università di Urbino Carlo Bo. È ricercatrice di Demos & Pi.

Terenzio Fava insegna Scienza politica all'Università di Urbino Carlo Bo, dove svolge attività di ricerca presso LaPolis.

Ludovico Gardani insegna Storia del movimento cooperativo di credito all'Università di Urbino Carlo Bo, dove svolge attività di ricerca presso LaPolis. È coordinatore delle attività di ricerca di Demos & Pi.

Andrea Girometti svolge attività di ricerca presso LaPolis dell'Università di Urbino Carlo Bo e all'Istituto di Storia Contemporanea della Provincia di Pesaro e Urbino.

Elisa Lello insegna Sociologia politica all'Università di Urbino Carlo Bo, dove svolge attività di ricerca presso LaPolis.

Claudia Mariotti insegna Sociologia politica all'Università di Urbino Carlo Bo, Sistema politico italiano all'Università di Roma Tre e Contemporary Italian Politics allo IES Abroad.

Antonio Nizzoli, direttore dell'Osservatorio di Pavia. Insegna Sociologia della comunicazione politica all'Università di Urbino Carlo Bo e Teoria e tecniche del linguaggio visuale all'Università di Bergamo.

Nando Pagnoncelli, presidente e amministratore delegato di Ipsos. Insegna Modelli e processi della pubblica opinione all'Università Cattolica di Milano. È direttore scientifico del corso di specializzazione in sondaggi e comunicazione politica «OPeRA» all'Università di Urbino Carlo Bo.

Alex Pazzaglia collabora alle attività dell'Osservatorio elettorale LaPolis dell'Università di Urbino Carlo Bo.

Natascia Porcellato, assegnista all'Università di Cagliari. Svolge attività di ricerca presso LaPolis dell'Università di Urbino Carlo Bo. È ricercatrice di Demos & Pi, per cui coordina l'Osservatorio Nord Est.

Alice Securo collabora alle attività dell'Osservatorio elettorale LaPolis dell'Università di Urbino Carlo Bo.

Fabio Turato insegna Relazioni internazionali all'Università di Urbino Carlo Bo, dove svolge attività di ricerca presso LaPolis. È ricercatore di Demos & Pi.

Annotazioni